强核
国际

U0312028

主蒸汽隔离阀

稳压器先导式安全阀

爆破阀

中核苏阀科技实业股份有限公司
SUFA Technology Industry Co.,Ltd.,CNNC.

中核集团
CNNC

膜片联轴器

国家专精特新"小巨人"企业

拥有自主知识产权，引领核心技术发展

历经40多年专业研发，不断进行技术创新和产品迭代；掌握关键核心技术，建有各类研发试验设施，为工业应用提供挠性传动解决方案。目前已累计获得国家专利111项（其中发明专利12项）。

丰富的工程应用业绩

累计交付膜片联轴器、膜盘联轴器100多万套，广泛应用于石油、天然气、化工、冶金、建材、火电、核电、风电、舰船、航空、轨道交通等领域及各类试验研发设施。产品最高传递功率110MW，最大公称转矩10500kN·m，最大外径3330mm，最高转速60000r/min，最大长度达12m。

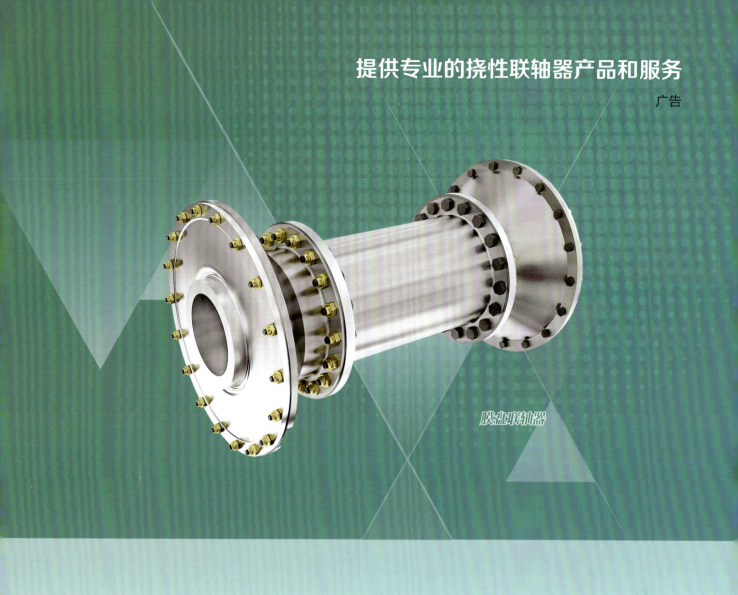

中国机械工业年鉴系列

中国通用机械工业年鉴

2024

中国通用机械工业协会
中国机械工业年鉴编辑委员会   编

机械工业出版社
CHINA MACHINE PRESS

本书内容分为综述篇、大事记、行业篇、企业篇、专题篇、成果篇和统计资料7个栏目，集中反映了2023年通用机械行业的发展情况，详细记载了泵、风机、压缩机、阀门、气体分离设备、减变速机、分离机械、干燥设备、真空设备、气体净化设备及冷却设备等分行业的发展情况，提供了通用机械行业的部分经济指标。

　　本书主要发行对象为政府决策机构、机械工业相关企业决策者和从事市场分析、企业规划的中高层管理人员，以及国内外投资机构、贸易公司、银行、证券、咨询服务部门和科研单位的机电项目管理人员等。

图书在版编目（CIP）数据

中国通用机械工业年鉴 . 2024 / 中国通用机械工业协会 , 中国机械工业年鉴编辑委员会编 . -- 北京：机械工业出版社 , 2025. 4. -- (中国机械工业年鉴系列).
ISBN 978-7-111-78096-0

Ⅰ . F426.4-54

中国国家版本馆 CIP 数据核字第 2025Q3Y513 号

机械工业出版社（北京市百万庄大街22号　邮政编码100037）
策划编辑：魏素芳　　　　　责任编辑：魏素芳
责任校对：龚思文　李　婷　责任印制：任维东
河北宝昌佳彩印刷有限公司印刷
2025年5月第1版第1次印刷
210mm×285mm·15.5印张·12插页·375千字
标准书号：ISBN 978-7-111-78096-0
定价：400.00元

电话服务　　　　　　　　　　网络服务
客服电话：010-88361066　　机 工 官 网：www.cmpbook.com
　　　　　010-88379833　　机 工 官 博：weibo.com/cmp1952
　　　　　010-68326294　　金 书 网：www.golden-book.com
封底无防伪标均为盗版　　机工教育服务网：www.cmpedu.com

中国机械工业年鉴系列

中国机械工业年鉴

作为『工业发展报告』记录企业成长的每一阶段

中国机械工业年鉴

编辑委员会

中国通用机械工业年鉴
编写人员

（按姓氏笔画排列）

刁安娜　王世超　王国轩　王明明　王峤峤　匡中华　刘　蔷

刘亚利　刘海芬　刘婧楠　刘雅生　孙　放　孙仲伯　李多英

李金禄　李晓晨　秦　伟　高书燕　郭　宏　郭　淼　郭　瑞

康　乐　章立新　隋　斌　解　刚

中国通用机械工业年鉴

优化产品结构
发展自主品牌

中国通用机械工业年鉴
编辑出版工作人员

总　编　辑	周宝东
主　　　编	田付新
副　主　编	刘世博
责　任　编　辑	魏素芳
编　　　辑	陈美萍
地　　　址	北京市西城区百万庄大街 22 号（邮编 100037）
编　辑　部	电话（010）88379815　88379827
发　行　部	电话（010）88379838　88379054
电　子　邮　箱	cmiy_cmp@163.com

中国通用机械工业年鉴
特约顾问单位特约顾问

特约顾问单位	特约顾问
沈鼓集团股份有限公司	戴继双
杭氧集团股份有限公司	郑 伟
上海电气鼓风机厂有限公司	富志刚
中核苏阀科技实业股份有限公司	马 瀛
大连大高阀门股份有限公司	于传奇
浙江亿利达风机股份有限公司	吴晓明
南方泵业股份有限公司	沈海军
宣达实业集团有限公司	叶际宣
上海凯士比泵有限公司	朱炯毅
无锡创明传动工程有限公司	谢国栋
上海东方泵业（集团）有限公司	吴永旭
淄博真空设备厂有限公司	黄 毅
江苏神通阀门股份有限公司	吴建新
苏州纽威阀门股份有限公司	周桂林
上海凯泉泵业（集团）有限公司	林凯文

中国通用机械工业年鉴

优化产品结构
发展自主品牌

前　　言

　　2023 年是全面贯彻落实党的二十大精神的开局之年，通用机械行业企业在复杂多变的外部环境下，认真贯彻落实党中央有关决策，坚持稳中求进，加快推进高质量发展，行业发展取得了新的成绩。

　　2023 年，通用机械行业规模以上企业共实现营业收入 10 217.22 亿元，同比增长 4.28%；实现利润总额 835.73 亿元，同比增长 10.45%。

　　2023 年，通用机械行业企业攻克了一批技术难关，涌现出大批创新产品，解决了一批行业"卡脖子"问题，研制出一批中高端技术产品，产品结构持续优化，行业向高端化、智能化、绿色化转型迈出新步伐。

　　《中国通用机械工业年鉴》作为通用机械行业代表性的信息密集型工具书，全面、系统地记录了行业在转型升级、高端制造、"两化融合"以及推进重大技术装备国产化等方面取得的成就，是记录通用机械行业发展轨迹的集大成之作。

　　在《中国通用机械工业年鉴 2024》的编撰过程中，得到了通用机械行业各有关企事业单位和相关用户的大力支持，中国通用机械工业协会与中国机械工业年鉴编辑委员会在此表示衷心的感谢，不足之处敬请指正。

　　通用机械行业是机械工业的重要组成部分。国家"十四五"规划中提出加快构建以国内大循环为主体、国内国际双循环相互促进的新发展格局，通用机械行业将面临更加光荣而艰巨的任务。我们既是行业的记录者，更是行业发展的实施者和推动者，让我们携手，共创通用机械行业的美好未来。

中国通用机械工业协会会长

2024 年 12 月

编 辑 说 明

一、《中国机械工业年鉴》是由中国机械工业联合会主管、机械工业信息研究院主办、机械工业出版社出版的大型资料性、工具性年刊，创刊于 1984 年。

二、根据行业需要，中国机械工业年鉴编辑委员会于 1998 年开始出版分行业年鉴，逐步形成了中国机械工业年鉴系列。该系列现已出版了《中国电器工业年鉴》《中国工程机械工业年鉴》《中国机床工具工业年鉴》《中国通用机械工业年鉴》《中国机械通用零部件工业年鉴》《中国模具工业年鉴》《中国液压气动密封工业年鉴》《中国重型机械工业年鉴》《中国农业机械工业年鉴》《中国石油石化设备工业年鉴》《中国塑料机械工业年鉴》《中国齿轮工业年鉴》《中国磨料磨具工业年鉴》《中国机电产品市场年鉴》《中国热处理行业年鉴》《中国电池工业年鉴》《中国工业车辆年鉴》《中国机器人工业年鉴》《中国机械工业集团有限公司年鉴》和《中国一汽年鉴》。

三、《中国通用机械工业年鉴》由中国通用机械工业协会和中国机械工业年鉴编辑委员会共同编撰，2002 年开始出版。《中国通用机械工业年鉴 2024》设有综述篇、大事记、行业篇、企业篇、专题篇、成果篇和统计资料 7 个栏目，集中反映 2023 年通用机械行业的发展情况，详细记载了泵、风机、压缩机、阀门、气体分离设备、减变速机、分离机械、干燥设备、真空设备、气体净化设备及冷却设备等分行业的发展情况，提供了通用机械行业的部分经济指标。

四、《中国通用机械工业年鉴》主要发行对象为政府决策机构、机械工业相关企业决策者和从事市场分析、企业规划的中高层管理人员，以及国内外投资机构、贸易公司、银行、证券、咨询服务部门和科研单位的机电项目管理人员等。

五、在年鉴编撰过程中得到了中国通用机械工业协会及各分会、行业专家和企业的大力支持和帮助，在此深表感谢。

六、未经中国机械工业年鉴编辑部的书面许可，本书内容不允许以任何形式转载。

七、由于编者水平有限，书中难免出现错误及疏漏之处，敬请读者批评指正。

中国机械工业年鉴编辑部

2024 年 12 月

综合索引

优化产品结构
发展自主品牌

中国工业年鉴出版基地

广告索引

索 引

优化产品结构
发展自主品牌

目　　录

成 果 篇

统 计 资 料

中国通用机械工业年鉴 2024

综述篇

介绍 2023 年通用机械行业总体发展情况及相关产业政策目录

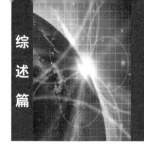

综述篇

大事记

行业篇

企业篇

专题篇

成果篇

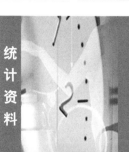

统计资料

综述篇

大事记

行业篇

企业篇

专题篇

成果篇

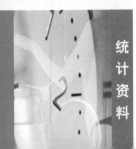
统计资料

中国
通用
机械
工业
年鉴
2024

综述篇

2023 年通用机械行业发展综述

2023 年国家重点产业政策（规划）（摘选）

2023 年通用机械行业发展综述

2023 年是全面贯彻落实党的二十大精神的开局之年，通用机械行业企业在复杂多变的外部环境下，认真贯彻落实党中央有关决策，坚持稳中求进，积极应对风险与挑战，加快推进高质量发展，行业发展取得了新成绩。

一、2023 年行业经济运行情况

1. 生产、营收、利润保持增长

据国家统计局统计，截至 2023 年年底，通用机械行业规模以上企业共 7 889 家，拥有资产总额 12 199.64 亿元，同比增长 8.19%。2023 年，通用机械行业规模以上企业共实现营业收入 10 217.22 亿元，同比增长 4.28%；实现利润总额 835.73 亿元，同比增长 10.45%。

据中国通用机械工业协会对 215 家重点联系企业的月报统计，2023 年完成工业总产值 1 432.19 亿元，同比增长 7.35%。完成工业销售产值 1 420.04 亿元，同比增长 7.93%。其中，出口交货值为 97.92 亿元，同比增长 9.69%。实现营业收入 1 669.78 亿元，同比增长 9.69%。累计订货额为 2 531.37 亿元，同比增长 9.47%。应收账款为 564.09 亿元，同比增长 7.22%。

2023 年，参与统计的重点联系企业主要产品产量及增长情况：风机产量为 928.43 万台，同比增长 7.96%。泵产量为 1 175.75 万台，同比下降 3.58%。其中，真空泵产量为 2.93 万套，同比增长 29.73%；用于半导体、科研的磁悬浮分子泵产量大幅增长。压缩机产量为 72.37 万台，同比下降 23.85%。阀门产量为 84.96 万 t，同比增长 10.31%。气体分离设备产量为 101 套，同比增长 1%。减变速机产量为 315.54 万台，同比下降

0.81%。分离机械产量同比增长 9.02%，压滤机产量同比增长 3.52%。

2. 进口增速下降，出口增速略有增长

根据海关总署统计数据，2023 年，通用机械行业 47 个税号产品累计进出口额为 468.37 亿美元，同比下降 0.77%。其中，进口额为 147.09 亿美元，同比下降 3.9%；出口额为 321.28 亿美元，同比增长 0.73%。进出口贸易顺差为 174.18 亿美元，同比增长 4.85%。

通用机械产品进出口额增速回落的主要原因是世界经济恢复不及预期，欧洲市场通用类微小型产品的出口订单大幅下降。但"一带一路"沿线地区市场、俄罗斯市场保持较快增长。

我国通用机械行业主要产品出口到 200 多个国家和地区，其中，出口额排名前十位的国家是美国、俄罗斯、印度尼西亚、日本、德国、韩国、印度、阿拉伯联合酋长国、墨西哥、越南，出口额合计为 150.3 亿美元，约占出口总额的 46.8%。从进口来源国家（地区）看，进口额排名前十位的国家（地区）是德国、日本、美国、意大利、韩国、瑞士、法国、中国台湾、英国、越南，进口额合计为 109.74 亿美元，约占进口总额的 74.6%。

3. 行业龙头企业、"专精特新"企业优势突显

据中国通用机械工业协会对会员企业年报统计，2023 年，参与统计的 723 家会员企业营业收入合计 3 352.92 亿元，同比增长 5.99%；实现利润总额 317.6 亿元，同比增长 10.22%。营业收入前 50 名企业营业收入合计 1 857.52 万元，同比增长 7.02%，占全部统计企业营业收入的 55.4%；实现利润总额 187.43 亿元，同比增长 15.07%，占全部

统计企业利润总额的 59%。2023 年通用机械行业

营业收入前 50 名企业见表 1。

表 1　2023 年通用机械行业营业收入前 50 名企业

序号	企业名称	序号	企业名称
1	陕西鼓风机（集团）有限公司	26	中核苏阀科技实业股份有限公司
2	杭氧集团股份有限公司	27	天华化工机械及自动化研究设计院有限公司
3	南京高速齿轮制造有限公司	28	金通灵科技集团股份有限公司
4	沈鼓集团股份有限公司	29	重庆川仪调节阀有限公司
5	景津装备股份有限公司	30	吴忠仪表有限责任公司
6	四川空分设备（集团）有限责任公司	31	广州市白云泵业集团有限公司
7	上海凯泉泵业（集团）有限公司	32	沈阳远大压缩机有限公司
8	南方泵业股份有限公司	33	上海凯士比泵有限公司
9	弗兰德传动系统有限公司	34	安徽省天马泵阀集团有限公司
10	苏州纽威阀门股份有限公司	35	超达阀门集团股份有限公司
11	上海连成（集团）有限公司	36	常州中车瑞泰装备科技有限公司
12	利欧集团泵业有限公司	37	丰球集团有限公司
13	江苏苏盐阀门机械有限公司	38	江苏海鸥冷却塔股份有限公司
14	上海汉钟精机股份有限公司	39	苏州制氧机股份有限公司
15	重庆通用工业（集团）有限责任公司	40	宁波鲍斯能源装备股份有限公司
16	上海熊猫机械（集团）有限公司	41	广东凌霄泵业股份有限公司
17	远大阀门集团有限公司	42	深圳市兆威机电股份有限公司
18	新界泵业（浙江）有限公司	43	中国石油集团济柴动力有限公司成都压缩机分公司
19	江苏国茂减速机股份有限公司	44	重庆水泵厂有限责任公司
20	上海东方泵业（集团）有限公司	45	北京航天石化技术装备工程有限公司
21	江苏神通阀门股份有限公司	46	中国电建集团透平科技有限公司
22	山东格瑞德集团有限公司	47	宁波中大力德智能传动股份有限公司
23	江苏赛德力制药机械制造有限公司	48	神钢无锡压缩机股份有限公司
24	山东省章丘鼓风机股份有限公司	49	隆华科技集团（洛阳）股份有限公司
25	大耐泵业有限公司	50	浙江力诺流体控制科技股份有限公司

营业收入前 50 名企业中，营业收入在 100 亿元以上的企业有 4 家，50 亿元以上、100 亿元以下（含 50 亿元）的企业有 2 家，20 亿元以上、50 亿元以下（含 20 亿元）的企业有 17 家，10 亿元以上、20 亿元以下（含 10 亿元）的企业有 27 家。

2023 年，行业企业发展出现一定的分化，龙头企业、"专精特新"企业市场机会更多，经济运行质量更好。部分中小企业受市场需求不足影响，面临的困难更大。根据中国通用机械工业协会对部分重点联系企业的问卷调查，2023 年，60.87%

的企业实现了生产增长，其中，实现两位数增长的企业占比为 38%，出现两位数下降的企业占比为 18.38%。约 55% 的企业累计订货量同比持平或略有增长，22.94% 的企业累计订货额下降 10% 以上。

4. 行业经济运行质量稳步提升

国家统计局数据显示，2023 年，通用机械行业资产总额同比增长 8.19%；利润总额同比增长 10.45%；行业成本费用利润率为 9.22%，较上年提升 0.57 个百分点；主营业务成本同比增长 2.83%；资产负债率为 53.6%，较上年下降 0.78 个百分点。

重点联系企业市场产销衔接良好，产品产销率为99.19%，保持较高水平。

二、行业高质量发展取得实效

1.科技创新引领转型升级

通用机械行业企业攻克了一批技术难关，涌现出大批创新产品，解决了一批行业"卡脖子"问题，研制出一批中高端技术产品，产品结构持续优化，向高端化、智能化、绿色化转型。据中国通用机械工业协会对500多家会员企业统计，2023年研发费用占营业收入的3.7%。

2023年，中国通用机械工业协会组织专家委员，开展国家重大项目攻关、验收与行业科技成果鉴定工作，共60余项新产品或样机通过鉴定。其中，国家科技重大专项4项、"国和一号"示范工程1项。一批科技创新成果落地并实现了标准化。2023年，中国通用机械工业协会共发布17项团体标准。

在钢铁冶金领域，沈鼓集团股份有限公司（简称沈鼓集团）研制的百万吨级氢基竖炉冷态直接还原钢铁装置用压缩机组是当前国内最大的采用多气源并最终实现全氢工业化生产直接还原铁装置的配套产品。该机组的成功研制标志着沈鼓集团助推我国钢铁行业向绿色低碳转型再次迈出示范性、标志性的一步。

在石油化工领域，我国首台（套）150万t/a乙烯"三机"（裂解气压缩机、丙烯压缩机、乙烯压缩机）在用户现场完成安装。该机组是沈鼓集团为山东裕龙石化项目设计制造的，是当前国内规模最大、技术水平最高的国产化超大型乙烯"三机"。沈鼓集团为延长石油60万t/a丙烷脱氢装置研制的系列压缩机组顺利投产，其中产品气压缩机、热泵压缩机属于首次国产化应用。杭氧集团股份有限公司（简称杭氧集团）签约浙江石油化工有限公司2套150 000 m^3/h污氮提纯装置，这是气体分离设备行业迄今规模最大的污氮提纯装置。北京航天石化技术装备工程有限公司为中石化120万t/a乙烯项目研制了全球首台60in

（1in=25.4mm）超大口径裂解气阀。天华化工机械及自动化研究设计院有限公司承制的中石化巴陵石油化工有限公司90万t/a硫铵干燥装置顺利投产。该装置采用先进的内热式流化床干燥技术，是国内最大的单套硫铵流化床干燥设备。

在油气集输领域，沈鼓集团研制的我国首台9兆瓦级大型天然气离心压缩机组顺利通过负荷运行考核，机组各项运行数据良好，填补了我国海上油气平台用压缩机的国产化空白。沈阳鼓风机集团核电泵业有限公司与中国石油管道局工程有限公司联合研制了大型潜油泵。四川空分设备（集团）有限责任公司研制的1 000万 m^3/d天然气膨胀机在冀东油田天然气处理装置完成联合调试并成功连续运行，标志着国产天然气膨胀机由百万级别跃升至千万级别。中国石油济柴动力有限公司成都压缩机分公司为铜锣峡储气库配套的5台DTY5200D型压缩机完工验收。该机组是当前国产最大功率的高速往复式压缩机产品。

在煤炭深加工领域，杭氧集团于2022年中标宝丰8套110 000 m^3/h空分设备合同。该项目为当前国内最大等级的空分装置。沈鼓集团和杭州汽轮动力集团股份有限公司为该项目联合研制的新一代轴流＋离心（6+1）空气透平压缩机组于2023年4月在宁夏宝丰能源二期煤制烯烃项目投运，各项性能指标达到合同要求，满足了生产工艺需要。

在核电领域，中核苏阀科技实业股份有限公司、大连大高阀门股份有限公司联合有关单位研制成功CAP1400主蒸汽隔离阀驱动装置，打破了国外企业在该领域的垄断。沈阳鼓风机集团核电泵业有限公司和哈尔滨电气动力装备有限公司联合研制成功"国和一号"压水堆核电机组屏蔽电机主泵，这是我国核电装备国产化的又一次重要突破。重庆齿轮箱有限责任公司为广西防城港核电站"华龙一号"机组海水循环泵配套的7 100kW重载立式行星传动齿轮箱正式投运。

在半导体和电子领域，北京中科科仪股份有

限公司研制的高真空和超高真空 FJ-300 型分子泵填补了国内空白。

在氢能装备等领域，杭氧集团开发出液氢液氦用低温阀门、氢气透平膨胀机等产品，自主研制 40ft 液氦罐（容积约 40m³），实现首车液氦满载陆运入境。杭氧集团投资建设运营一套 4 000m³/h 氢气提纯装置及一座 6 000kg/d 加氢站（当前国内规模最大、日均加注量最大的加氢站）。由中国科学院理化技术研究所牵头、北京中科富海低温科技有限公司参与建设的国产首套具有自主知识产权的 5t/d 大型氢液化装置顺利通过测试验收。该装置的成功运行，标志着我国已全面掌握大型氢液化装备的设计开发、生产制造、集成运营及调试技术，具备大规模氢气液化装备的供应能力。

2. 智能制造为行业赋能

近几年，通用机械行业企业在技术改造与数智化转型方面持续投入。结合推进数智化转型战略，行业优势企业在推行智能制造过程中，充分结合自身管理模式、生产流程及人员素质，有的放矢、循序渐进地推进智能制造，特别是在工艺流程、信息互通方面进行了大量尝试，在工业数字仿真设计软件、MES 系统、条码化管理（工件二维码标识）、数字化追溯、在线无损检测、产品智能运维、远程在线监控、智能仓储、智能产线及机器换人等方面进行生产智能化和产品智能化的探索。在行业龙头企业的带动下，具有行业特色的智能制造整体解决方案正逐步形成，行业多家企业获得智能制造示范工厂、示范车间称号。

通过持续的信息化、数字化、智能化建设，企业管理水平、装备水平、制造能力、产品质量及生产效率等得到提升，同时也培养了行业复合型人才，为行业全面实现高端化、智能化、绿色化发展打下了坚实基础。

上海凯泉泵业（集团）有限公司针对 CRM、MES、CAPP、PLM 等业务系统，开展二次开发与系统集成，提升了企业研发管理、生产管理、供货管理等业务的运行和衔接效率，大幅提高了生产效益。

江苏神通阀门股份有限公司围绕车间场景搭建了工件条码识别与身份查询系统，大幅提高制造环节信息透明度，实现柔性自动化生产线的库存管理、自动送料、质量追溯、故障报修及动态鉴伪等功能。

南通大通宝富风机有限公司建设了产品选型数字化平台，保证了员工端、制造端、产品端、营销端和客户端的数据互通，让信息在整个产品生命周期实现对接，客户可实时查看产品进度。

中核苏阀科技实业股份有限公司自主研发智慧水务阀门、智能执行器，实现了阀门运行状态的在线监控，实现了核电站运维安全、城市水务管理便捷性。

杭氧集团立足气体运营场景数字化服务，建成空分设备远程监控系统，着力解决气体运维信息孤岛、产销错配及设备智能化调节等问题。

3. 绿色发展催生新动能

行业企业聚焦国家"双碳"发展目标，研制出一批节能降碳新工艺、新技术、新产品，并且加大储能装备及核电、风电、光电、锂电、氢能等低碳新能源配套装备的研发和投资，取得了多项成果。比如，沈鼓集团中标全球最大规模液态空气储能项目——青海格尔木 60MW/600MW·h 液态空气储能项目压缩机组，陕西鼓风机（集团）有限公司（简称陕鼓集团）为湖北应城 300 兆瓦级压缩空气储能项目提供多台透平压缩机组，兰州兰泵有限公司研制出适用于熔盐储能项目的 700℃高温熔盐泵，南京高速齿轮制造有限公司推出工厂节能动力传动方案"永磁＋齿轮驱动系统"。

4. 海外市场打开新局面

随着通用机械产品在国际市场上的认可度不断提升，越来越多的企业开始走向海外，开拓国际市场。企业在进军欧美等发达国家市场的同时，加快对东盟、"一带一路"沿线国家的市场开发力度。2023 年，通用机械生产企业签订多项国际订单，比如，杭氧集团签订赞比亚联合资本 30 万 t/a 化肥项目 20 000m³/h（O₂）空分装置合同，签订印度尼西亚奥比岛（OBI）不锈钢冶炼供气项目。杭州汽轮辅机有限公司签订比利时"Project ONE"150万 t/a 乙烯项目供货合同。陕鼓集团 EKOL 公司签订欧洲汽轮发电项目。四川金星清洁能源装备集团股份有限公司完成非洲第二座 CNG 加气母站 EPC 项目。浙江中控技术股份有限公司中标泰国化工巨头 Indorama 集团数字化管理项目。

三、行业发展中存在的问题

1.市场需求不足

通用机械行业发展面临的最大问题是市场需求不足。由于宏观经济增速放缓，国内市场需求增量下滑。受贸易保护主义抬头、地缘政治冲突等影响，我国通用机械产品对欧美等发达国家市场的出口增速下降，出口承受较大压力。据中国通用机械工业协会对 723 家企业统计，有出口业务的企业有 342 家，其中 111 家企业出口交货值下降。

2.价格竞争充斥全产业链

随着通用机械行业转型升级，优势企业创新能力和产能不断提升，在内需不足、出口承压、产品趋同化一时难以改变的情况下，市场竞争加剧，竞相压价日趋严重，利润率下降。行业内企业特别是中小企业面临的市场环境更加严峻。

3.应收账款居高不下

竞争加剧、付款条件恶化等造成企业应收账款居高不下，直接增加了企业运营风险及运营成本。据中国通用机械工业协会对会员企业统计，2023 年，有近 300 家企业应收账款同比增长在两位数以上，208 家企业应收账款增长均在 20% 以上。在市场需求不足的情况下，企业负担增加，利润空间进一步压缩。

四、行业发展预期

2023 年，国家出台了一系列支持制造业发展的产业政策，鼓励以科技创新引领行业发展方向，这些都为装备制造业发展提供了新机遇。

当前，我国经济发展面临严峻复杂的局面，但有利条件强于不利因素，经济回升、长期向好的基本趋势没有改变。经过多年发展，通用机械行业已形成一批具有较强国际竞争力的大企业集团和具有较强市场活力的中小企业群体，虽然市场需求的波动对行业发展造成了不同程度的影响，但行业经济运行总体表现出稳定增长的韧性。在国家宏观政策的支持与保障下，预计 2024 年通用机械行业高质量发展将会达到新的水平，通用机械行业经济运行总量指标将保持 4% ～ 5% 的增速。

〔撰稿人：中国通用机械工业协会李多英〕

2023 年国家重点产业政策（规划）（摘选）

序号	政策（规划）名称	发布机构（单位）	发布时间	主要内容
1	质量强国建设纲要	中共中央、国务院	2023 年 2 月	到 2025 年，质量整体水平进一步全面提高，中国品牌影响力稳步提升。经济发展质量效益明显提升；产业质量竞争力持续增强，建成一批具有引领力的质量卓越产业集群；产品、工程、服务质量水平显著提升；品牌建设取得更大进展，并形成一大批质量过硬、优势明显的中国品牌

（续）

序号	政策（规划）名称	发布机构（单位）	发布时间	主要内容
2	国家水网建设规划纲要	中共中央、国务院	2023 年 5 月	要立足流域整体和水资源空间均衡，结合江河湖泊水系特点和水利基础设施布局，加快构建国家水网主骨架，畅通国家水网大动脉，建设骨干输排水通道，加强国家骨干网、省（市、县）水网之间的衔接，推进互联互通、联调联供、协同防控，逐步形成国家水网"一张网"，促进水资源与人口经济布局相均衡，支撑经济社会高质量发展
3	中共中央 国务院关于促进民营经济发展壮大的意见	中共中央、国务院	2023 年 7 月	要坚持社会主义市场经济改革方向，坚持"两个毫不动摇"，加快营造市场化、法治化、国际化一流营商环境，优化民营经济发展环境，依法保护民营企业产权和企业家权益，全面构建亲清政商关系，使各种所有制经济依法平等使用生产要素、公平参与市场竞争、同等受到法律保护，引导民营企业通过自身改革发展、合规经营、转型升级不断提升发展质量，促进民营经济做大做优做强
4	关于进一步优化外商投资环境 加大吸引外商投资力度的意见	国务院	2023 年 8 月	更好统筹国内国际两个大局，营造市场化、法治化、国际化一流营商环境，充分发挥我国超大规模市场优势，更大力度、更加有效吸引和利用外商投资
5	空气质量持续改善行动计划	国务院	2023 年 11 月	行动计划要求以改善空气质量为核心，以减少重污染天气和解决人民群众身边的突出大气环境问题为重点，以降低细颗粒物（PM2.5）浓度为主线，开展区域协同治理，远近结合研究谋划大气污染防治路径，扎实推进产业、能源、交通绿色低碳转型
6	国务院办公厅关于推动外贸稳规模优结构的意见	国务院办公厅	2023 年 4 月	外贸是国民经济的重要组成部分，推动外贸稳规模优结构，对稳增长稳就业、构建新发展格局、推动高质量发展具有重要支撑作用。为全面贯彻落实党的二十大精神，更大力度推动外贸稳规模优结构，确保实现进出口促稳提质目标任务
7	关于加快内外贸一体化发展的若干措施	国务院办公厅	2023 年 12 月	加快内外贸一体化发展是构建新发展格局、推动高质量发展的内在要求，对促进经济发展、扩大内需、稳定企业具有重要作用
8	专利转化运用专项行动方案（2023—2025 年）	国务院办公厅	2023 年 10 月	到 2025 年，推动一批高价值专利实现产业化。高校和科研机构专利产业化率明显提高，全国涉及专利的技术合同成交额达到 8 000 亿元。一批主攻硬科技、掌握好专利的企业成长壮大，重点产业领域知识产权竞争优势加速形成，备案认定的专利密集型产品产值超万亿元
9	商务部等 17 部门关于服务构建新发展格局 推动边（跨）境经济合作区高质量发展若干措施的通知	商务部、中央编办、外交部等	2023 年 2 月	明确了 5 类 15 方面政策举措，着力推动边（跨）合区高质量发展，优化顶层设计，促进改革系统集成、协同高效。文件提出稳步有序研究推动新设和扩区调区，并将畅通跨境物流和资金流，加大金融支持力度等

（续）

序号	政策（规划）名称	发布机构（单位）	发布时间	主要内容
10	碳达峰碳中和标准体系建设指南	国家标准委、国家发展改革委、工业和信息化部等	2023 年 4 月	围绕基础通用标准，以及碳减排、碳清除、碳市场等发展需求，基本建成碳达峰碳中和标准体系。到 2025 年，制修订不少于 1 000 项国家标准和行业标准（包括外文版本），与国际标准一致性程度显著提高，主要行业碳核算核查实现标准全覆盖，重点行业和产品能耗能效标准指标稳步提升。实质性参与绿色低碳相关国际标准不少于 30 项，绿色低碳国际标准化水平明显提升
11	关于统筹节能降碳和回收利用 加快重点领域产品设备更新改造的指导意见	国家发展改革委、工业和信息化部、财政部等	2023 年 2 月	到 2025 年，通过统筹推进重点领域产品设备更新改造和回收利用，进一步提升高效节能产品设备市场占有率。到 2030 年，重点领域产品设备能效水平进一步提高，推动重点行业和领域整体能效水平和碳排放强度达到国际先进水平。产品设备更新改造和回收利用协同效应有效增强，资源节约集约利用水平显著提升，为顺利实现碳达峰目标提供有力支撑
12	科技成果赋智中小企业专项行动（2023—2025 年）	工业和信息化部、国家发展改革委、教育部等	2023 年 5 月	围绕中小企业核心技术能力提升，聚焦科技成果有效推广应用，加速科技成果向中小企业集聚，加强产业政策、科技政策、中小企业发展政策的统筹和协同，促进产学研、产业链上下游、大中小企业融通创新
13	制造业可靠性提升实施意见	工业和信息化部、教育部、科技部、市场监管总局	2023 年 6 月	围绕制造强国、质量强国战略目标，聚焦机械、电子、汽车等重点行业，对标国际同类产品先进水平，补齐基础产品可靠性短板，提升整机装备可靠性水平，壮大可靠性专业人才队伍，形成一批产品可靠性高、市场竞争力强、品牌影响力大的制造业企业
14	质量标准品牌赋值中小企业专项行动（2023—2025 年）	工业和信息化部、国家发展改革委、教育部等	2023 年 5 月	专项行动旨在通过质量提升、标准引领、品牌建设，不断增强中小企业竞争力和发展力，激发涌现更多专精特新中小企业。专项行动提出，到 2025 年新增贯彻实施先进质量管理体系标准的中小企业 10 000 家以上，新增参与标准制定等标准化工作的中小企业 1 000 家以上
15	绿色低碳先进技术示范工程实施方案	国家发展改革委、科技部、工业和信息化部等	2023 年 8 月	布局一批技术水平领先、减排效果突出的绿色低碳工程。将绿色低碳先进技术按照源头减碳、过程降碳、末端固碳分为三大类
16	职业教育产教融合赋能提升行动实施方案（2023—2025 年）	国家发展改革委、教育部、工业和信息化部等	2023 年 6 月	到 2025 年，国家产教融合试点城市达到 50 个左右，试点城市的突破和引领带动作用充分发挥，在全国建设培育 1 万家以上产教融合型企业，产教融合型企业制度和组合式激励政策体系健全完善，各类资金渠道对职业教育投入稳步提升，产业需求更好融入人才培养全过程，逐步形成教育和产业统筹融合、良性互动的发展格局
17	甲烷排放控制行动方案	生态环境部、外交部、国家发展改革委等	2023 年 11 月	"十四五"期间，甲烷排放控制政策、技术和标准体系逐步建立，甲烷排放统计核算、监测监管等基础能力有效提升，甲烷资源化利用和排放控制工作取得积极进展。种植业、养殖业单位农产品甲烷排放强度稳中有降，全国城市生活垃圾资源化利用率和城市污泥无害化处置率持续提升

（续）

序号	政策（规划）名称	发布机构（单位）	发布时间	主要内容
18	关于提升加工贸易发展水平的意见	商务部、国家发展改革委、工业和信息化部等	2023 年 12 月	鼓励开展高附加值产品加工贸易。支持电子信息、生物医药、航空航天、新能源、新材料等先进制造业和战略性新兴产业加工贸易发展，充分发挥其辐射带动和技术溢出作用，促进产业集群发展和优化升级。鼓励加工贸易企业用足用好研发费用税前加计扣除等优惠政策，加强研发和技术改造，提升制造水平和产品附加值。鼓励地方利用现有资金政策，进一步支持加工贸易企业核心技术研发创新
19	关于加快传统制造业转型升级的指导意见	工业和信息化部、国家发展改革委、教育部等	2023 年 12 月	到 2027 年，传统制造业高端化、智能化、绿色化、融合化发展水平明显提升，有效支撑制造业比重保持基本稳定，在全球产业分工中的地位和竞争力进一步巩固增强。工业企业数字化研发设计工具普及率、关键工序数控化率分别超过 90%、70%，工业能耗强度和二氧化碳排放强度持续下降，万元工业增加值用水量较 2023 年下降 13% 左右，大宗工业固体废物综合利用率超过 57%
20	关于进一步加强水资源节约集约利用的意见	国家发展改革委、水利部、住房城乡建设部等	2023 年 9 月	到 2025 年，全国年用水总量控制在 6 400 亿 m^3 以内，万元国内生产总值用水量较 2020 年下降 16% 左右，农田灌溉水有效利用系数达到 0.58 以上，万元工业增加值用水量较 2020 年降低 16%。到 2030 年，节水制度体系、市场调节机制和技术支撑能力不断增强，用水效率和效益进一步提高
21	关于加快建立产品碳足迹管理体系的意见	国家发展改革委、工业和信息化部、市场监管总局等	2023 年 11 月	到 2025 年，国家层面出台 50 个左右重点产品碳足迹核算规则和标准，一批重点行业碳足迹背景数据库初步建成，国家产品碳标识认证制度基本建立，碳足迹核算和标识在生产、消费、贸易、金融领域的应用场景显著拓展，若干重点产品碳足迹核算规则、标准和碳标识实现国际互认
22	制造业卓越质量工程实施意见	工业和信息化部、国家发展改革委、金融监管总局	2023 年 12 月	到 2025 年，我国制造业质的有效提升取得积极进展，企业质量意识明显增强，质量管理能力持续提高，质量管理数字化水平不断提升；到 2027 年，我国制造业质量水平显著提升，企业质量管理能力显著提高，产品高端化取得明显进展
23	氢能产业标准体系建设指南（2023版）	国家标准委、国家发展改革委、工业和信息化部等	2023 年 7 月	系统构建了氢能制、储、输、用全产业链标准体系，涵盖基础与安全、氢制备、氢储存和输运、氢加注、氢能应用五个子体系，按照技术、设备、系统、安全、检测等进一步分解，形成了 20 个二级子体系、69 个三级子体系
24	安全应急装备重点领域发展行动计划（2023—2025 年）	工业和信息化部、国家发展改革委、科学技术部等	2023 年 9 月	力争到 2025 年，安全应急装备产业规模、产品质量、应用深度和广度显著提升，对防灾减灾救灾和重大突发公共事件处置保障的支撑作用明显增强。聚焦重点应用场景，攻克一批关键核心技术，推广一批具有较高技术水平和显著应用成效的安全应急装备，形成 10 家以上具有国际竞争力的龙头企业、50 家以上有核心技术优势的重点骨干企业，涌现一批制造业单项冠军企业和专精特新"小巨人"企业，培育 50 家左右国家安全应急产业示范基地（含创建单位），打造竞争力强的安全应急装备先进制造业集群

（续）

序号	政策（规划）名称	发布机构（单位）	发布时间	主要内容
25	新产业标准化领航工程实施方案（2023—2035年）	工业和信息化部、科技部、国家能源局、国家标准委	2023年8月	聚焦新兴产业与未来产业标准化工作，形成"8+9"的新产业标准化重点领域，并提出2025年、2030年和2035年的"三步走"目标。实施方案明确，新产业是指应用新技术发展壮大的新兴产业和未来产业，具有创新活跃、技术密集、发展前景广阔等特征，关系国民经济社会发展和产业结构优化升级全局
26	关于支持首台（套）重大技术装备平等参与企业招标投标活动的指导意见	工业和信息化部、国家发展改革委、国务院国资委	2023年8月	为支持首台（套）重大技术装备平等参与企业招投标活动，促进首台（套）重大技术装备推广应用，指导意见从规范招标要求、明确评标原则、加强监督检查等方面提出10条意见
27	知识产权助力产业创新发展行动方案（2023—2027年）	工业和信息化部、国家知识产权局	2023年8月	到2027年，知识产权促进工业和信息化领域重点产业高质量发展的成效更加显著，知识产权强链护链能力进一步提升。工业和信息化领域重点产业高价值专利创造能力明显增强，规模以上制造业重点领域企业每亿元营业收入高价值专利数接近4件，专利密集型产业增加值占国内生产总值的比重明显提高；知识产权运用机制更加健全，企业知识产权运用能力显著提升；知识产权保护水平稳步提高，保护规则更加完善；知识产权服务机构专业化、市场化、国际化程度不断加强，知识产权服务业高质量发展格局初步形成，知识产权公共服务供给显著增强
28	环境基础设施建设水平提升行动	国家发展改革委、生态环境部、住房城乡建设部	2023年7月	生活污水收集处理及资源化利用设施建设水平提升行动、生活垃圾分类处理设施建设水平提升行动、固体废弃物处理处置利用设施建设水平提升行动、危险废物和医疗废物等集中处置设施建设水平提升行动、园区环境基础设施建设水平提升行动、监测监管设施建设水平提升行动
29	关于做好2023年降成本重点工作的通知	国家发展改革委、工业和信息化部、财政部、中国人民银行	2023年5月	围绕增强税费优惠政策的精准性针对性、提升金融对实体经济服务质效、缓解企业人工成本压力、激励企业内部挖潜等八方面内容，提出22项重点任务
30	智能检测装备产业发展行动计划（2023—2025年）	工业和信息化部、国家发展改革委、教育部等	2023年2月	到2025年，智能检测技术基本满足用户领域制造工艺需求，核心零部件、专用软件和整机装备供给能力显著提升，重点领域智能检测装备示范带动和规模应用成效明显，产业生态初步形成，基本满足智能制造发展需求。推动100个以上智能检测装备示范应用，培育一批优秀场景和示范工厂，深化智能检测装备在机械、汽车、航空航天、电子、钢铁、石化、纺织、医药等领域的规模化应用
31	关于推进污水处理减污降碳协同增效的实施意见	国家发展改革委、住房城乡建设部、生态环境部	2023年12月	坚持系统观念，多措并举，协同推进污水处理减污降碳协同增效。为确保实现任务目标，实施意见从强化源头节水增效、加强污水处理节能降碳、推进污泥处理节能降碳等方面明确了具体举措，并提出强化标准引导、加强科技支撑、完善激励政策、建设绿色低碳标杆厂等支持政策

（续）

序号	政策（规划）名称	发布机构（单位）	发布时间	主要内容
32	关于促进炼油行业绿色创新高质量发展的指导意见	国家发展改革委、国家能源局、工业和信息化部、生态环境部	2023 年 10 月	到 2025 年，国内原油一次加工能力控制在 10 亿 t 以内，千万吨级炼油产能占比 55% 左右，产能结构和生产力布局逐步优化，技术装备实力进一步增强，能源资源利用效率进一步提升，炼油产能能效原则上达到基准水平、优于标杆水平的超过 30%
33	关于推动铸造和锻压行业高质量发展的指导意见	工业和信息化部、国家发展改革委、生态环境部	2023 年 3 月	到 2035 年，行业总体水平进入国际先进行列，形成完备的产业技术体系和持续创新能力，产业链供应链韧性显著增强，绿色发展水平大幅提高，培育发展一批世界级优质企业集团，培育形成有国际竞争力的先进制造业集群
34	机械行业稳增长工作方案（2023—2024 年）	工业和信息化部、财政部、农业农村部等	2023 年 8 月	2023—2024 年，机械行业运行保持平稳向好态势，力争营业收入平均增速达到 3% 以上，到 2024 年达到 8.1 万亿元；培育一批具有竞争力的中小企业特色集群和 10 个左右千亿级具有国际竞争力的产业集群
35	国家碳达峰试点建设方案	国家发展改革委	2023 年 10 月	重点部署了 5 方面试点建设内容。试点城市和园区要根据国家和所在地区"双碳"工作部署，谋划提出能源、产业、节能、建筑、交通等重点领域试点建设任务
36	制造业技术创新体系建设和应用实施意见	工业和信息化部	2023 年 8 月	围绕制造业典型产品的关键技术、物料清单、重点生产企业等技术供给线，以及研发设计工具、生产制造装备、标准、质量、管理服务、关键软件等技术支撑线，构建系统化、标准化的技术体系，支撑产业基础能力建设，打造体系化竞争新优势，实现高水平产业科技自立自强，加快新型工业化进程
37	关于健全中小企业公共服务体系的指导意见	工业和信息化部	2023 年 11 月	到 2025 年，各级中小企业公共服务力量得到加强，国家、省级中小企业公共服务机构服务能力与质效明显提升、示范效应明显增强，市、县级中小企业公共服务体系覆盖面稳步扩大、服务能力稳步提升。服务资源有效整合，横向连通、纵向贯通、便利共享、泛在可及的"一站式"服务平台基本建成，政策直享、服务直达、诉求直办的服务企业模式逐步形成
38	机电产品再制造行业规范条件	工业和信息化部	2023 年 12 月	企业每年研发费用应不低于上一年度营业收入的 3%。鼓励企业开展产学研合作，独立或联合建设实验室、工程研究中心、创新中心等研发平台
39	石化化工行业稳增长工作方案	工业和信息化部、国家发展改革委、财政部等	2023 年 8 月	2023—2024 年，石化化工行业稳增长的主要目标是：行业保持平稳增长，年均工业增加值增速 5% 左右。2024 年，石化化工行业（不含油气开采）主营业务收入达 15 万亿元，乙烯产量超过 5 000 万 t，化肥产量（折纯量）稳定在 5 500 万 t 左右
40	钢铁行业稳增长工作方案	工业和信息化部、国家发展改革委、财政部等	2023 年 8 月	2024 年，行业发展环境、产业结构进一步优化，高端化、智能化、绿色化水平不断提升，工业增加值增长 4% 以上

（续）

序号	政策（规划）名称	发布机构（单位）	发布时间	主要内容
41	锅炉绿色低碳高质量发展行动方案	国家发展改革委、市场监管总局、工业和信息化部等	2023 年 11 月	对锅炉生产制造、建设运行、回收利用等环节做出全链条系统安排。到 2025 年，工业锅炉、电站锅炉平均运行热效率较 2021 年分别提高 5 个百分点和 0.5 个百分点；到 2030 年，工业锅炉产品热效率较 2021 年提高 3 个百分点，平均运行热效率进一步提高

〔供稿人：中国通用机械工业协会秦伟〕

中国
通用
机械
工业
年鉴
2024

大
事
记

记载 2023 年通用机械行业重大事件

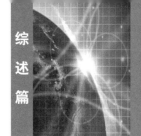

综
述
篇

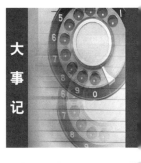

大
事
记

行
业
篇

企
业
篇

专
题
篇

成
果
篇

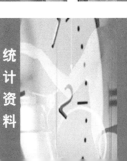

统
计
资
料

综述篇

大事记

行业篇

企业篇

专题篇

成果篇

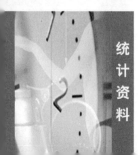
统计资料

2023 年中国通用机械工业大事记

2023 年中国通用机械工业大事记

1 月

6 日 中国通用机械工业协会在西安和北京组织召开了西安泵阀总厂有限公司自主研制的大口径双压板锆合金旋塞阀、锆材母液循环泵两项产品鉴定会。鉴定委员会认为,研制的百万吨级醋酸装置大型锆材母液循环泵和大口径双压板锆合金旋塞阀两项产品拥有自主知识产权,填补了国内空白,主要性能指标达到国际同类产品先进水平,社会效益和经济效益显著。

10 日 国家石油天然气管网集团有限公司建设项目管理分公司与五洲阀门股份有限公司联合研制的 NPS24 Class900 大口径强制密封球阀通过国产化鉴定。鉴定委员会认为,研制的强制密封球阀产品具有自主知识产权,主要技术指标达到国际同类产品先进水平。该阀门可满足长距离天然气输送的要求,提升阀门配套设备的设计与制造能力,为设备制造企业带来良好的经济效益。

11 日 国家石油天然气管网集团有限公司液化天然气接收站管理分公司与成都成高阀门有限公司联合研制的 NPS24 Class1500 超低温上装式固定球阀通过国产化产品样机鉴定。鉴定委员会认为,研制的超低温上装式固定球阀具有自主知识产权,主要技术参数和性能指标达到国际同类产品先进水平。

19 日 杭氧集团股份有限公司首套光伏发电项目顺利并网发电,首个运行月发电量约 2 万 kW·h。这是杭氧集团探索利用厂房屋顶资源发展清洁能源产业的有益实践。该项目预计首年可提供清洁电力 24 万 kW·h,25 年累计发电量约 562 万 kW·h,每年可为国家节省标准煤 64t,每年减少二氧化碳排放量 158t。

30 日 杭州福斯达深冷装备股份有限公司（股票代码：603173）正式登陆上海证券交易所主板,成为 2023 年首家登陆上交所主板企业。福斯达首次公开发行股份数量为 4 000 万股,募集资金扣除发行费用后,将用于年产 15 套大型深冷装

备智能制造项目、研发中心建设项目及补充流动资金。

2 月

12 日 由沈阳鼓风机集团股份有限公司提供核心动设备的中国石油广东石化炼化一体化项目 120 万 t/a 乙烯装置投料试车成功,标志着广东石化打通炼化一体化项目全流程,进入全面试产阶段。沈鼓集团提供的百万吨级乙烯"三机"（裂解气压缩机、丙烯压缩机、乙烯压缩机）实现了多项技术优化创新,是当前已投运的国产化百万吨级乙烯"三机"中规模最大、机型最大、功率最大的机组。

15 日 重庆通用工业（集团）有限责任公司自主研发的高速永磁变频直驱离心式冷水机组试车成功,制冷性能达到国家标准双一级能效水平。经测试,该机组各项指标满足用户要求,性能稳定、运行可靠,同时机组振动噪声水平达到国内先进水平。

16—17 日 上海福思特流体机械有限公司和中国神华煤

制油化工有限公司鄂尔多斯煤制油分公司联合研发的煤直接液化装置用三柱塞高温高压料浆输送泵、五柱塞高温高压料浆输送泵产品样机通过专家鉴定。三柱塞高温高压料浆输送泵曲柄连杆机构具有大推力、长行程特点，分体式泵体可实现柱塞密封和含固介质隔离，采用双面、线密封阀座，提高了进排液阀的使用寿命。五柱塞高温高压料浆输送泵首创回程同步注入冲洗＋密封润滑柱塞组合冲洗油系统，解决了颗粒物进入柱塞密封区难题，提高了柱塞表面润滑性和密封使用寿命。

20日 沈鼓集团核电泵业有限公司与中海油石化工程有限公司联合研制的大型潜没油泵国产化机组产品样机通过中国通用机械工业协会组织的专家鉴定。鉴定委员会认为，沈鼓集团核电泵业有限公司通过叶片流道面积分布控制和多级串联组合分析，开发出高效混流泵水力模型。经试验验证，产品满足了机组高参数化运行稳定性要求，产品样机具有自主知识产权，主要性能指标达到国际同类产品先进水平。

月内 由杭州汽轮辅机有限公司承制的中国石化仪征化纤年产300万t PTA（精对苯二甲酸）项目2台（套）18 100m²凝汽器顺利完成交付。该项目

是中石化首个年产300万t PTA项目，是仪征化纤建厂史上单体投资规模最大的装置，被列入2021年江苏省重大项目和中国石化重点工程。该凝汽器也是中石化系统有史以来单体最大的凝汽器。

月内 哈尔滨电气国际工程有限责任公司与哈电集团哈尔滨电站阀门有限公司签署了乌兹别克斯坦希尔达利亚电站阀门备件供货项目合同，进一步带动哈电集团自主设备走出国门。

月内 中科富海（中山）低温装备制造有限公司承接的合成氨弛放气提氢项目成功投产，氢气纯度为99.999 7%，装置运行平稳。该项目是国内首套天然气化工弛放气提氢工业装置，解决了氢氦分离、惰性气体去除等行业难题。

月内 天华化工机械及自动化研究设计院有限公司的发明专利"旋转压力过滤机试验装置、测试方法及过滤机设计方法"获得海湾阿拉伯国家合作委员会授权。该专利有效地解决了现有采用小型旋转压力过滤机试验机无法得到准确浆料测试参数的缺陷，能够很好地满足工业设计需求，具有流程短、设备简单、测试简便等优点。

月内 上海东方泵业（集团）有限公司成功中标硅基新

材料产业一体化项目（年产20万t高纯多晶硅项目）循环水站和冷冻水站24台双吸泵及消防、雨水系统用泵。合盛硅业股份有限公司硅基新材料产业一体化项目是2022年新疆建设体量最大的项目，投资300多亿元，预计2024年全部建成投产。

月内 由沈阳鼓风机集团股份有限公司研制的我国首台9兆瓦级大型天然气离心压缩机组在国内某海域平台顺利通过72h负荷运行考核，机组各项运行数据良好，一次性投运成功。这标志着我国海上天然气生产一举摆脱了对进口压缩机的依赖，填补了中国海上油气平台用压缩机的国产化空白。

3月

2日 霍尼韦尔宣布埃克森美孚将在其位于德克萨斯州贝敦（Baytown）的一体化联产装置中部署霍尼韦尔二氧化碳分馏和氢气净化系统。该系统是霍尼韦尔碳捕集相关技术之一，预计每年可帮助埃克森美孚捕集约700万t二氧化碳。比起现有的同类技术，该技术能减少设备尺寸，降低工厂的资本运营支出。

6日 沈阳鼓风机集团往复机有限公司为安徽天大石化有限公司承制的30万t/a聚丙烯

项目MGC3-32/21型丙烯气三列立式往复式迷宫压缩机整体负荷试车成功，机组运行各项指标均达到设计要求。该机组填补了多项国内技术空白，采用非接触式迷宫密封，具有无油、无活塞环和支撑环磨损、易损件少等特点。

6日 中国通用机械工业协会主办的第十届国际压缩机、风机高峰论坛在上海召开。论坛邀请了西安交通大学副校长席光等10位专家做主题演讲，来自风机、压缩机行业的企业代表近200人参加本届论坛。论坛组织了4场主旨演讲、6个技术交流活动，演讲嘉宾来自制造企业、终端用户、咨询机构及科研院所，议题涵盖前沿技术、行业应用、市场环境、产业趋势等多方面内容。

7—10日 中国通用机械工业协会主办的第十一届中国（上海）国际流体机械展览会在国家会展中心（上海）成功举办。本届展会参展商共547家，展出面积5.1万m²，展会期间举办各项活动45场。为期4天的展会接待线下观众5万多人次，线上的"直播平台"全天候在线直播，吸引了30个国家和地区的超过20万人次观展并参与直播互动。展会期间，主办方组织了"专业买家商贸对接会"和"国际采购团巡馆"，特邀全球买家及展商上台路演、入场巡馆，进行多元化、全方位的内容展示。举办了买家对接会5场，现场签约金额超过4 000万元。

12日 上海发电设备成套设计研究院有限责任公司与重庆川仪自动化股份有限公司完成"国和一号"1E级磁浮子液位计浸没试验，标志着历时两年多的1E级磁浮子液位计试验全部完成，为推进国家科技重大专项"国和一号"示范工程建设贡献了技术鉴定力量。上海核工程研究设计院股份有限公司与重庆川仪自动化股份有限公司共同承担此次重大专项课题关键任务。

15日 沈阳鼓风机集团股份有限公司为裕龙石化设计制造的中国首台（套）150万t/a乙烯"三机"在营口基地试运转合格后，通过海运发往用户现场。机组振幅小于15μm，多项指标达到国际领先水平。这是沈鼓集团成功研制年产100万t、120万t、140万t乙烯"三机"后的又一历史性跨越，标志着我国百万吨级乙烯"三机"设计制造能力稳居世界领先水平。

16日 国务院国资委发布《关于印发创建世界一流示范企业和专精特新示范企业名单的通知》。其中，合肥通用机械研究院有限公司、哈电集团哈尔滨电站阀门有限公司、沈阳鼓风机集团股份有限公司、杭州汽轮动力集团股份有限公司、杭氧集团股份有限公司、重庆水泵厂有限责任公司、重庆川仪调节阀有限公司、陕西鼓风机（集团）有限公司8家中国通用机械工业协会会员企业成功入选创建世界一流专精特新示范企业名单。

16—17日 中国通用机械工业协会在杭州组织召开了由欧川格阀门有限公司、中国寰球工程有限公司北京分公司和浙江浙能六横液化天然气有限公司联合研制的大型LNG（液化天然气）储罐罐顶安全阀（先导式安全阀＋真空安全阀）样机鉴定会。专家委员会一致认为，研制的大型LNG储罐罐顶安全阀（先导式安全阀＋真空安全阀）样机主要性能指标达到国际同类产品先进水平，其中整定压力偏差、密封性能、全开排量、回座性能等达到国际领先水平。

17日 上海凯泉泵业（集团）有限公司俄罗斯分公司揭牌仪式在莫斯科阿拉比特科技园举行，标志着上海凯泉泵业（集团）有限公司海外战略进入强力推进阶段。

20—22日 广东粤海珠三角供水有限公司在中核苏阀科技实业股份有限公司试验厂区组织召开首台DN4800液控蝶阀设计制造评定及验收会议。与会人员在现场见证了壳体强度、蝶板强度、检修阀座动作 / 密封和液控系统动作等试验项目。阀门模拟现场安装工况，进行联体试验，各项性能满足合同及技术协议要求，检修金属密封性能远优于设计要求，达到国际领先水平。

21—22 日 中共中央政治局常委、国务院总理李强在湖南调研并主持召开先进制造业发展座谈会，来自全国各地的 8 家企业负责人参会。沈鼓集团股份有限公司党委书记、董事长兼 CEO 戴继双代表沈鼓集团汇报了 150 万 t/a 乙烯"三机"、10 万 m^3/h 等级空分压缩机、第三代核主泵等重大装备国产化的情况，介绍了沈鼓集团在能源安全、绿色低碳、能源布局优化和互通，以及产业数字化、智能化发展、建设世界一流企业等方面的发展规划，并围绕加大对首台（套）重大技术装备研发及产业化的支持力度提出了政策建议。

23 日 中国通用机械工业协会在沈阳组织召开了由沈鼓集团核电泵业有限公司与中国石油管道局工程有限公司联合研制的大型潜油泵工程样机（VMG12×15×20-4）鉴定会。专家委员会认为，研制的大型潜油泵工程样机具有自主知识产权，主要性能指标达到国际同类产品先进水平，建议推广应用。

24 日 中国通用机械工业协会在江苏南通组织召开了由南通龙鹰真空科技有限公司与中国船舶集团有限公司第七一一研究所、东北大学联合研制的 LNG（液化天然气）船用螺杆真空泵及南通龙鹰真空科技有限公司研制的多功能低温绝热储运容器智能化加热抽真空成套装备产品鉴定会。专家委员会认为，LNG 船用螺杆真空泵、多功能低温绝热储运容器智能化加热抽真空成套装备两项产品均具有自主知识产权，主要性能指标达到国内领先水平，取得了显著的社会效益和经济效益，建议推广应用。

28 日 由中国通用机械工业协会主办、山东天力能源股份有限公司协办的第二届"双碳"目标下分离机械与干燥设备行业科技创新高峰论坛在济南成功举办，近 150 人参加了论坛。本届论坛的主题为"科技引领、创新推动"，与会嘉宾对"双碳"目标下的通用机械行业面临的形势、任务进行了交流，共同研讨科技进步引领绿色低碳发展的热点议题。

29 日 中科富海（中山）低温装备制造有限公司举行了 5t/d 氢液化器大型卧式冷箱产品下线仪式。该产品由中国科学院理化技术研究所设计、中科富海（中山）低温装备制造有限公司生产制造，是国内首个国产化 5t/d 大型氢气液化装置的核心关键设备，集成了氢透平膨胀机、高效低漏率低温换热器等核心部件，整体性能均优于设计指标。

月内 重庆水泵厂有限责任公司设计生产的氧化铝高温溶出隔膜泵在某铝业有限公司生产现场成功投产。该泵输送压力为 9.5MPa，流量达 750m^3/h，是当前国际高温溶出工艺同等压力条件下单台设备输送流量最高的矿浆隔膜泵产品。产品的性能试验和售后服务得到了业主的充分肯定。

月内 杭州汽轮辅机有限公司成功签约比利时"Project ONE"150 万 t/a 乙烯项目供货合同，为乙烯"三机"配套凝汽系统，服务于贝克休斯（新比隆）压缩机。项目计划于 2026 年投产，该裂解装置位于比利时的安特卫普，是欧洲所有裂解装置中碳足迹最低的。

月内 为满足兖矿鲁南化工有限公司新增用气需求，杭氧集团股份有限公司全资子公司——山东杭氧气体有限公司投资建设并运营的一套 105 000m^3/h 空分装置项目签约。该空分装置是杭氧集团当前气体投资项目中单套体量最大的。

月内 上海凯士比泵有限公司举行彭越浦泵站国内最大口径立式蜗壳泵 SPN1600 出厂

仪式。作为上海市竹园污水片区最大的污水干线——合流污水一期干线，彭越浦泵站堪比合流污水一期干线的"心脏"，是中心城区污水输送量最大的泵站。该项目包括4台立式蜗壳泵，每台泵额定流量为6.75m³/s。与传统产品相比，新型立式蜗壳泵效率更高、高效运行区间更广；通过对泵整体结构和轴系的精心优化，泵的运行更为稳定、维护更加便捷。

4月

3日 由沈鼓集团股份有限公司为中海石油（中国）东海西湖石油天然气作业公司研制的首套天然气陆地终端燃驱离心压缩机组在透平公司总装车间一次试车合格，机组各项指标优异，达到国际先进水平。整个机组取得国际船级社认证，完全满足海上装备需求。该机组装备的燃气轮机具有一键启停功能，可满足现场无人值守的控制需求。

7日 中国通用机械工业协会和中国仪器仪表行业协会在西安组织召开了由国家石油天然气管网集团有限公司华南分公司和西安航天动力研究所联合自主研制的油品界面智能检测仪产品鉴定会。鉴定委员会认为，研制的油品界面智能检测仪具有自主知识产权，性能指标达到国际同类产品先进水平，建议推广应用。

11—13日 中国通用机械工业协会在长沙召开了中国通用机械工业协会第二届标准化管理委员会成立大会暨通用机械行业团体标准审定会，中国通用机械工业协会标准化管理委员会委员及部分标准起草单位代表等共67人参加会议。中国通用机械工业协会会长黄鹏宣布了中国通用机械工业协会第二届标准化管理委员会组织方案，并为新一届委员会委员颁发聘书。

12日 四川空分设备（集团）有限责任公司与河北邢钢科技有限公司签订转型升级搬迁改造项目重要工程中两套40 000m³/h空分设备设计供货及施工总承包合同。该改造项目属于河北省"十四五"规划重大项目中制造业现代化水平提升重大工程，创造性地将熔融还原炼铁与电炉炼钢相结合，实现高端钢种生产，对我国钢铁行业发展具有创新引领示范意义。

19日 中国石油集团济柴动力有限公司成都压缩机分公司自主研制的碳捕集、利用与封存（CCUS）二氧化碳超临界注入压缩机组正式发往吉林油田百万吨级CCUS示范工程现场。该CCUS二氧化碳超临界注入压缩机组是为解决超临界二氧化碳压缩机设计制造"卡脖子"技术难题、推动实现国家重大装备国产化替代而潜心攻关多年研发的产品，实现了技术突破。

26日 由中国通用机械工业协会、中广核研究院有限公司主办，苏州热工研究院有限公司、生态环境部核与辐射安全中心、中机生产力促进中心联合承办的核电泵阀及配套设备第五期培训班开班仪式在苏州举行。举办此次培训班旨在进一步宣传贯彻核安全文化，提高核电设备本质安全，提升相关核电泵阀及配套企业的综合能力和素质，更好地解决核电泵阀及配套设备工程应用中面临的新问题。

月内 山东天力能源股份有限公司承担的沙特InoChem纯碱氯化钙项目核心单元流化床干燥机所有动设备单车空负荷试车成功。该项目是所在区域第一个非油气背景的化工项目，项目建成后，将对当地的纯碱和氯化钙生产起到推动作用。

月内 石家庄工业泵厂有限公司签订尼日利亚钾矿项目渣浆泵订单。该钾矿项目是尼日利亚政府主推的大型矿山建设项目之一，旨在深化"一带一路"沿线国家矿产资源领域合作。

5 月

10 日　中国机械工业联合会在北京举办《中国工业史·机械工业卷》总结发行座谈会。会议对在编纂工作中组织工作优异和做出突出贡献的单位进行了表彰，向中国通用机械工业协会等 25 家单位颁发了优秀组织奖。

13 日　由西南化工研究设计院有限公司总承包的重庆华峰化工有限公司 60 000 m³/h 页岩气制氢装置一次性开车成功，顺利产出合格氢气，各项重要指标均达到国内领先水平。

17—18 日　中国通用机械工业协会在宁波举办通用机械制造业二代企业家精修班，近 30 家企业的二代企业家参加了培训。此次培训活动旨在搭建新一代企业家交流平台，提升会员企业管理水平与管理者能力。

22 日　中国空分工程有限公司与大安吉电绿氢能源有限公司在吉林大安签订大安吉电风光制绿氢合成氨一体化示范项目空分装置合同。该项目采用"绿氢消纳绿电、绿氨消纳绿氢"模式和国内先进的质子交换膜和碱液电解制氢、深冷空分制氮、低压氨合成等技术，真正实现"荷随源动"。项目投产后，可实现年制绿氢 3.2 万 t、年制绿氨 18 万 t，每年可减少温室气体排放 65 万 t。

23—24 日　中国通用机械工业协会和中国机械工业联合会在北京组织召开了由北京航天石化技术装备工程有限公司、国家石油天然气管网集团有限公司建设项目管理分公司、国家管网集团液化天然气接收站管理分公司、国家管网集团南山（山东）天然气有限公司等单位共同研制的超低温先导式安全阀、超低温弹簧载荷式安全阀两项产品样机鉴定会。鉴定委员会认为，研制的两款安全阀均具有自主知识产权，填补了国内空白，主要技术参数和性能指标达到国际同类产品先进水平，经工业试验后，可在 LNG 接收站推广使用。

24 日　杭氧集团股份有限公司宣布与山西晋南钢铁集团有限公司、宁波保税区巨杉投资管理有限公司签署合作协议，共同发起氢能源合作项目公司，开展加氢站及其他氢能源领域产业的深度合作。

26 日　由中国石化天津分公司牵头组织召开天津南港百万吨级乙烯"三机"轴流式止回阀出厂验收会，自贡新地佩尔阀门有限公司设计制造的天津南港百万吨级乙烯"三机"轴流式止回阀（DN2000 Class150）具备出厂条件，同意出厂。轴流式止回阀是大型石化装置的关键设备，运行压力低，压降要求高，且要求在宽泛的流量范围内实现低压降稳定工作，设计制造难度和流态控制难度极大。自贡新地佩尔阀门有限公司在 DN1800 轴流式止回阀实际应用业绩基础上刷新了国产轴流式止回阀的公称通径纪录。

28 日　由陕西鼓风机（集团）有限公司总承包的曲靖通逍新材料有限公司 54 万 t/a 稀硝酸工程项目开工仪式在云南曲靖市沾益区花山工业园区举行。该项目是打通传统煤化工行业和新能源电池材料行业的桥梁项目，也是曲靖市 2023 年的重大工程项目之一。陕西鼓风机（集团）有限公司为该项目量身打造焦化联产锂电材料配套项目全流程系统解决方案，助力用户实现"焦炉煤气 - 合成氨 - 硝酸 - 磷酸铁锂材料"产业链耦合发展，为曲靖打造全国重要新能源电池材料产业链基地贡献力量。

28 日　C919 国产大型客机开启全球首次商业载客飞行。淄博真空设备厂有限公司为中国东方航空提供了具有自主知识产权的 DFJS-07 型地面模拟燃油真空系统，为 C919 首飞、首航和科研提供了基础数据保障。

30 日　中国石油集团举行新闻发布会，宣布国内一次性建设规模最大的世界级炼化项目——中国石油广东石化炼化一体化项目全面投入商业运营。项目中的120万t/a乙烯装置的核心动设备乙烯"三机"由沈鼓集团股份有限公司完全自主研发、设计、制造,实现了多项技术优化创新,是当前已投运的国产化百万吨级乙烯"三机"中规模最大、机型最大、功率最大的机组。

30日 杭氧集团股份有限公司与宁波力勤资源科技股份有限公司子公司PT. KARUNIA PERMAI SENTOSA(KPS)签约印度尼西亚奥比岛(OBI)不锈钢冶炼供气项目,标志着杭氧气体国际化战略迈出开局第一步。合作双方预计投资2.97亿元,组建印尼杭氧气体有限公司。一期项目由杭氧集团股份有限公司运营一套25 000m³/h(O₂)空分装置,为KPS不锈钢冶炼提供氧气、氮气、氩气等工业气体。

月内 四川金星清洁能源装备股份有限公司研制的首台车载撬装燃驱超高转速压缩机组JXQ401发货。机组采用燃气发动机驱动压缩机,具有超高转速(1 800r/min)、短行程、排量大、运行振动小、体积小、结构紧凑及维护方便等特点。

月内 由石家庄工业泵厂有限公司自主研发设计的550D型渣浆泵成功中标某矿业公司旋流器入料泵国产化改造项目,打破了国外大型渣浆泵的技术垄断,实现了对进口产品的替代。

6月

1—2日 中国通用机械工业协会和中国机械工业联合会在苏州组织召开了由中国神华煤制油化工有限公司鄂尔多斯煤制油分公司与中核苏阀科技实业股份有限公司联合研制的煤直接液化装置用高温高压物料分配柱塞阀、煤直接液化装置用多级降压调节阀产品鉴定会。鉴定委员会认为,煤直接液化装置用高温高压物料分配柱塞阀和煤直接液化装置用多级降压调节阀具有自主知识产权,填补了国内空白,主要技术参数和性能指标达到国际同类产品先进水平,建议推广应用。

6日 中国通用机械工业协会在北京组织召开了由上海联风气体有限公司和上海联风能源科技有限公司联合研制的光伏产业氩回收技术和LFAr-10000氩回收装置鉴定会。鉴定委员会认为,研制的LFAr-10000氩回收装置为国内首台(套),达到国内领先水平,具有广阔的应用前景,建议推广使用。

8—9日 中国通用机械工

业协会和中国机械工业联合会在湖北组织召开了由湖北泰和石化设备有限公司与国家管网集团南山(山东)天然气有限公司为龙口LNG接收站研制的46″Class150三偏心侧顶装超低温蝶阀(设计温度为-196～150℃)产品鉴定会。鉴定委员会认为,研制的大口径三偏心侧顶装超低温蝶阀具有自主知识产权,填补了国内空白,主要技术指标达到国际同类产品先进水平,其中密封性能优于国外产品,可在LNG接收站推广使用。

12日 四川空分设备(集团)有限责任公司与中国石油工程建设有限公司西南分公司联合研制的1 000万m³/d天然气膨胀机成功在现场运行,机组各项数据均达到预期。这标志着国产天然气膨胀机达到千万立方级别,打破了国外企业在大型、特大型天然气膨胀机领域的技术壁垒。

15日 杭氧集团股份有限公司配套内蒙古宝丰项目的第一批设备进行吊装发运。为解决空分设备等级大、塔器直径超出运输极限等问题,在项目初期,杭氧集团将设计、生产、安装紧密联系在一起,统筹考虑装置使用效率、制造困难程度、现场安装可行性等,首次采用分段制造、分段发运、用户现场分段安装的方案。内蒙古宝丰项目是内蒙古宝丰煤基新材料有限公司绿氢与煤化工耦合碳减排创新示范项目，是杭氧集团当前签订的规模等级最大、数量最多的特大型空分设备订单。

18 日 中石化 120 万 t/a 乙烯项目超大口径裂解气阀在天津经开区南港工业区一次吊装成功，并顺利安装就位。该 60in（1in=25.4mm）超大口径裂解气阀由北京航天石化技术装备工程有限公司研制，配套于南港乙烯项目首台国产 20 万 t/a 单炉膛液体原料裂解炉。该超大口径裂解气阀的单品质量达 47.5t，制造难度大。其成功应用有力地支撑了乙烯工艺包全部设备国产化。

21 日 双良节能系统股份有限公司中标锡林郭勒苏能白音华电厂 2×66 万 kW 项目主机及辅机间接空冷岛成套设备。该项目总投资 58 亿元，是锡林郭勒盟至江苏特高压输送线路的配套电源项目。项目建成后，将扩大能源消纳范围，满足江苏地区用电需求，加快内蒙古地区经济发展。

26 日 阿特拉斯·科普柯工业压缩机业务研发制造中国总部奠基仪式在无锡举行。该项目建成后，将成为阿特拉斯·科普柯重要的工业压缩机制造和研发基地之一。

29 日 我国首条直通雄安新区的天然气主干管道——国家管网集团蒙西管道项目一期工程投产。特瑞斯能源装备股份有限公司承担了定兴分输站、静海分输站、黄骅末站、永清分输站、廊坊末站等场站的关键设备调压撬及自用气撬产品供货。

月内 西安陕鼓动力股份有限公司为恒力石化 60 万 t/a 1,4-丁二醇（BDO）装置及配套项目 4×21 万 t/a 顺酐装置提供的大型轴流压缩机正式下线。这是全球当前单线最大的顺酐装置轴流压缩机组，也是全球首套用于顺酐尾气循环回收的轴流压缩机组。

月内 中科富海（中山）低温装备制造有限公司研制的首套具有自主知识产权的 1.5t/d 氢液化装备在国外用户现场调试成功，标志着我国已掌握氢液化核心技术，打破了液氢装备被国外企业垄断的局面。

月内 沈鼓集团股份有限公司为延长中燃 60 万 t/a 丙烷脱氢（PDH）装置提供的包括产品气压缩机、热泵压缩机、丙烯压缩机、乙烯压缩机在内的全系列离心压缩机组已连续稳定运行超过 200h。沈鼓集团产品气压缩机组首级采用双进气方式，是我国首台国产化 PDH 装置产品气压缩机，当前性能指标处于国际领先水平。

月内 陕西鼓风机（集团）有限公司总承包的奥迪一汽新能源汽车工程核心标段取得突破性进展。奥迪一汽新能源汽车 PPE 项目是国家重点项目，也是中国首家奥迪纯电动车型生产基地。项目建成后，将形成千亿级产值规模的新能源汽车产业集群，为推动我国新能源汽车产业转型升级、助力实现"双碳"目标发挥重要作用。陕西鼓风机（集团）有限公司为该项目能源系统及能源智能管控系统的核心标段提供分布式能源系统解决方案和系统服务。

月内 国家能源集团江苏泰州公司 50 万 t/a 碳捕集与资源化能源化利用研究及示范项目 1 号压缩机首次满载运行成功。该项目核心压缩机由西安陕鼓动力股份有限公司研制，机组各项运行指标满足设计要求。装置投运后，顺利产出纯度达到 99.99% 的二氧化碳，验证了压缩系统的可靠性和安全性。

7 月

6—7 日 中国通用机械工业协会在江苏盐城组织召开了上海开维喜阀门有限公司研制的 NPS16 Class1500 高压大口径加氢轨道球阀、乙烯装置裂解炉 750℃高温球阀产品科技成果鉴定会。鉴定委员会认为，研制的两款球阀产品均具有自主知识产权，主要性能指标达到国际同类产品先进水平，建议进一步推广应用。

10日 中国通用机械工业协会和中国机械工业联合会在北京组织召开了由中广核太阳能开发有限公司和宁波天生密封件有限公司共同研制的槽式太阳能热发电集热器球形接头（球面密封旋转接头）产品鉴定会。鉴定委员会认为，研制的球形接头具有自主知识产权，填补了国内空白，达到国际先进水平，其中维护性能等技术指标达到国际领先水平，可在槽式太阳能热发电站上批量应用。

13—14日 中国通用机械工业协会和中国机械工业联合会在上海组织召开了由上海一核阀门股份有限公司和福建福清核电有限公司联合研制的主给水调节阀气动执行机构膜片产品鉴定会。鉴定委员会认为，项目研发成果达到国内领先水平，国产产品完全适用现场工况且性能优异，能够满足国产化替代需求。

21日 国家知识产权局公布了第二十四届中国专利奖授奖名单。中国通用机械工业协会推介的3项专利获奖，其中，金奖2项、优秀奖1项。中国通用机械工业协会获评最佳组织奖。

21日 国家能源局核电司暨核电重大专项实施管理办公室组织专家对国家科技重大专项"CAP1400主蒸汽隔离阀驱动装置研制"课题进行综合绩效评价。该课题由中核苏阀科技实业股份有限公司牵头，联合上海核工程研究设计院股份有限公司、大连大高阀门股份有限公司共同完成。专家组认为，课题完成了任务合同书规定的研究内容，满足考核指标要求，实现了研究目标，同意课题通过综合绩效评价。

月内 沈鼓集团股份有限公司成功中标青海格尔木60MW/600MW·h液态空气储能项目压缩机组。该项目为青海省"揭榜挂帅"的液态空气储能示范项目，也是全球最大规模的液态空气储能项目，对打造清洁能源产业高地、构建新型电力系统、提升我国新能源产业全球竞争力具有重要推动作用。

月内 中化西南化工研究设计院有限公司中标中国石油化工股份有限公司广州分公司氢燃料电池供氢中心扩能改造项目变压吸附（PSA）氢气纯化装置，将提供专利技术、工程设计及撬装设备。项目投产后，中国石油化工股份有限公司广州分公司氢燃料电池供氢中心将成为华南地区的核心燃料电池用氢气供应中心。

月内 苏州纽威阀门股份有限公司为国内某丙烷脱氢项目生产的超大口径气动高温三偏心蝶阀顺利通过业主验收。该阀门设计口径为96in，设计温度达704℃，采用特殊定制化设计，解决了高温下卡阻、扭矩大等问题。该阀门研制成功，打破了国外企业在大口径高温蝶阀领域的垄断，填补了国内空白。

月内 湖南首条"跨城"地铁——长株潭城际轨道交通西环线一期正式开通运行，利欧集团泵业有限公司为该项目提供了高效节能智慧排水泵组解决方案。为满足轨道交通枢纽站内排污需求，保证水泵在大过流能力的情况下兼具最高效率和最优性能，排水泵组配置了WQ重污系列排污泵。该产品是利欧集团第三代WQ系列潜水排污泵新产品，在水力性能、密封系统、冷却系统、控制系统及外观等方面进行了创新设计。

月内 江苏双良冷却系统公司中标中国能源建设集团甘肃电投张掖电厂2×1 000MW燃煤机组扩建项目主机间冷塔项目，中标金额为3.9亿元。

月内 重庆水泵厂有限责任公司的离心式除磷泵全系列产品经必维国际检验集团严格审查，通过欧盟CE认证，获得CE证书。

月内 由沈鼓集团股份有限公司牵头、联合哈电集团哈尔滨电气动力装备有限公司共同承担的两项屏蔽电机主泵国家科技重大专项课题顺利通过国家能源局组织的综合绩效评价。这两项课题的完成标志着我国具备了三代核电主泵的自主化研发能力，为国家先进核电技术自主发展可控提供了技术保障。

8 月

9 日 杭州福斯达深冷装备股份有限公司为欧洲某项目提供的 1.6 万 m^3/h 空分装置主体设备冷箱系统发货。该项目是公司为国际领先的电池材料供应商提供的第三套空分装置。

10 日 国家能源局核电司暨核电重大专项实施管理办公室组织专家对"高温气冷堆核级氢气隔离阀研制"课题进行综合绩效评价（验收）。专家组认为，该课题完成了任务合同书规定的研究内容，满足考核指标要求，实现了研究目标。最终，课题通过了综合绩效评价。

10—11 日 中国通用机械工业协会在湖南平江组织召开了湖南天一奥星泵业有限公司研制的大功率液压双驱动潜油泵（型号 TVC1200-60×4）样机鉴定会。鉴定委员会认为，

研制的大功率液压双驱动潜油泵是成功的，填补了国内空白，主要性能指标达到国际同类产品先进水平，建议推广应用。

22 日 内蒙古包头的双良新能源光伏产业园三期 50GW 单晶硅项目 1 号、2 号全钢结构间冷塔顺利封顶。该项目中的智能化全钢结构间冷塔系统由双良节能系统股份有限公司自主研发，单座塔塔高为 128m，塔出口直径为 54m。作为行业内首个采用智能化全钢结构间冷塔系统的硅材料项目，钢塔的应用可大幅提高节水率、降低能耗。在钢塔服役结束后，所有钢材和铝材均可回收。

23—25 日 中国通用机械工业协会在宁夏银川举办团体标准政策宣传贯彻和标准编写能力提升系列培训班，邀请中国标准化研究院标准化理论战略研究所副所长、全国标准化原理与方法标准化技术委员会（SAC/TC286）委员兼秘书长逄征虎，中国质量标准出版传媒有限公司董大仟博士和中国通用机械工业协会标准化管理委员会顾问委员宋云授课。此次培训班采取线上和线下方式进行。

月内 杭州汽轮辅机有限公司与斗山斯柯达动力公司签订沙特阿拉伯 270MW Jafurah 热电联产项目（ISPP）油站供货合同。该项目位于沙特阿拉伯

首都利雅得东部，预计于 2025 年下半年完工。

月内 杭氧集团股份有限公司签订浙江石油化工有限公司 2 套 150 000m^3/h 污氮提纯装置订单。该项目为气体分离设备行业迄今规模最大的污氮提纯装置。

月内 中国船舶集团有限公司第七一一研究所与中石化茂名石化公司签订研制合同，承担新建百万吨乙烯装置甲烷膨胀再压缩机的国产化研制任务。膨胀再压缩机是乙烯装置的核心设备，运行环境温度低，技术难度大，当前严重依赖进口。

月内 陕西鼓风机（集团）有限公司为印度尼西亚某钢铁企业高炉项目提供的大型轴流压缩机组一次试车成功，机组运行稳定，用户给予高度评价。该项目是国家"一带一路"重点建设项目，将在印度尼西亚国内打造集焦化、烧结、炼铁、炼钢、轧钢为一体的绿色环保、高效节能的现代化钢铁生产基地，带动当地相关产业链条提质升级。

月内 浙江中控软件技术有限公司中标泰国 Indorama 集团数字化管理项目，将以"工厂操作系统＋工业 APP"技术架构为 Indorama 集团层面的全方位卓越运营提供技术支持。该项目是继公司的 DCS、MMS、

PIMS等产品与解决方案在Indorama集团成功应用后，"工厂操作系统+工业APP"技术架构在Indorama集团的首次落地，是双方智能化合作的重要里程碑。

月内 上海发电设备成套设计研究院有限责任公司承接的美国GE公司土耳其阿库尤核电站2号机组汽轮机阀芯项目成功交付。阿库尤核电站是土耳其第一座在建核电站。该项目包括4台发电机组，每台发电机组容量为1 200MW，建成后可满足土耳其10%的电力需求。

月内 重庆水泵厂有限责任公司中标内蒙古某公司煤制烯烃示范项目一期配套贫甲醇泵订单。该项目共包含9台贫甲醇泵、6台半贫甲醇泵。贫甲醇泵具有流量大、扬程高等特点。单泵流量达760m^3/h，扬程为1 193m。

月内 杭氧集团股份有限公司与钢研昊普科技有限公司签订战略合作协议，将开展全面战略合作，建立战略伙伴关系，全力拓展双方在供应链管理、气体供应与服务、技术研发等方面的合作。

月内 浙江中控技术股份有限公司DCS控制系统中标全球造纸巨头金光纸业印度尼西亚IKPP工厂RCLK8项目，打破了欧美控制系统在IKPP工厂

的垄断。

月内 陕西鼓风机（集团）有限公司为马来西亚用户提供的多套BPRT机组、轴流压缩机组一次试车成功，全部投产。该项目是马来西亚某重点钢铁企业的产能升级扩展项目，项目建成后产能扩展至原产能4倍以上。陕西鼓风机（集团）有限公司为该项目提供了多套BPRT机组、轴流压缩机组及冶金行业余热余压能量回收系统解决方案和服务。

月内 武汉大禹阀门股份有限公司制造的淹没套筒式调流消能阀发运至新疆阿拉山口市，助力阿拉山口供水管网复线工程项目。该项目建设是完善博尔塔拉蒙古自治州水利工程体系的重要举措，将为阿拉山口提供有力的水资源支撑，缓解当地社会经济发展与水资源之间的矛盾关系。

9月

5日 杭氧集团股份有限公司为内蒙古宝丰煤基新材料有限公司4×100万t/a煤制烯烃示范项目制造的6×110 000m^3/h等级空分装置1号冷箱完成封顶，为后续施工验证了可行性，也标志着杭氧集团首创精馏塔异地制造模式取得成功。该项目是杭氧集团当前签订的规模等级最大、设备数量最多的特

大型空分设备订单。

8日 在双良节能系统股份有限公司绿电智能制氢装备车间，具有自主知识产权的2 000m^3/h电解槽成功下线，刷新了此前同类产品的最大制氢量纪录。该产品采用双良全智慧化系统Wonder Cloud/OS数字化平台+AI算法+AIoT终端一体化系统技术，可保证产品在最优工况下稳定运行。

13日 壳牌公司与苏州纽威阀门股份有限公司在壳牌中国供应链赋能未来论坛大会上签署了战略合作备忘录，这是双方在EFA（集团战略采购框架协议）战略合作基础上的进一步合作，建立了更全面、更紧密的战略伙伴关系。双方将致力于在拓展业务范围、技术合作、产品研发、项目和资产技术支持、能源转型、绿色供应链以及数字化、智能化等方面的全方位合作。

13日 中国通用机械工业协会第八届会员代表大会第二次会议暨第八届理事会第三次会议在四川成都召开。会议审议并通过财务收支报告、第八届理事会调整议案、中国通用机械工业协会副秘书长人事调整议案，聘任杨青、隋斌、王世超、郭瑞为中国通用机械工业协会副秘书长。会议还举行了"通用机械行业企业信用评价"和"国外泵制造业现状与

技术发展趋势研究报告"启动仪式；为入选工业和信息化部百项团体标准示范应用项目和中国通用机械工业协会团体标准的主要起草单位颁发了奖牌，为通用机械行业质量品牌提升示范企业授牌。中国通用机械工业协会监事长隋永滨作了总结发言。

14 日 中国通用机械工业协会主办的第四届中国国际流体机械产业高峰论坛在成都举办，来自制造企业、终端用户、设计单位、高等院校、研究院所及咨询机构的 550 多名代表参加论坛。在论坛上，著名经济学家温铁军教授作题为"全球过剩与中国应对危机的战略调整"的宏观经济形势报告。两个分论坛的主题分别为"新材料与新工艺"和"优化设计与增材制造"，来自流体机械行业的 13 位专家从行业现状、市场趋势、标准应用、前沿技术等方面进行了探讨与分享。

14 日 由中国东方电气集团东方电机有限公司承建、湖北洪城通用机械有限公司承接的坦桑尼亚朱利诺项目最后一台 DN6350 超大型水轮机进水蝶阀经模拟开启和关闭阀门实验后，顺利通过验收。朱利诺项目位于坦桑尼亚鲁菲吉河下游，是坦桑尼亚在建总装机容量最大的水电站，也是我国当前一次性出口容量最大的水电项目。

18 日 中国空分工程有限公司承接的连云港荣泰仓储罐区工程（五期）项目第一座低温储罐——120 000m³ 低温乙烷 / 乙烯通用储罐气顶升圆满完成。穹顶气顶升是储罐建设中施工难度大、工艺复杂、风险较高的关键环节之一。该气顶升储罐内壁直径为 72m，质量约 507t。

20 日 陕西鼓风机（集团）有限公司为湖北应城 300 兆瓦级压缩空气储能电站示范工程项目提供的多台大型压缩机组在总装车间成功下线。这是世界首台（套）300 兆瓦级非补燃压缩空气储能示范工程，采用全球首创、全绿色、非补燃、高效率的压缩空气储能技术。

月内 上海凯泉泵业（集团）有限公司成功中标三峡能源青海格尔木 1 100MW 光伏光热项目 10 万 kW 光热工程配套水泵项目，为该项目空冷系统提供配套水泵及相应的控制柜，保证该系统的正常运行。

月内 北京航天动力研究所中标海洋石油工程股份有限公司某海上平台超高压先导式安全阀项目，这是继 2021 年 8 月首次进入海上平台领域以来，超高压安全阀第二次进入海上平台领域。与第一次相比，此次中标的海上平台超高压安全阀数量更多、规格更加丰富。

月内 宣达实业集团有限公司为中国海油工程导管架附属装置国产化项目研制的注水放空及灌浆系统阀门成功通过中海油要求的所有测试项目，顺利通过验收。为满足注水放空系统中阀门需同时承受内外压的特殊工况，宣达实业集团有限公司在常规阀门设计中加入了阀杆防吹出和防吹入结构，所有密封部位进行密封冗余设计，使其满足水下 450m 的模拟工况要求。

月内 丽水欧意阀门有限公司生产的全国首个 64in、30t 高精度超大口径球阀球体交付客户。丽水欧意阀门有限公司也因此成为全国首家具备 64in 高精度超重超大口径球阀球体生产能力的企业。

月内 杭氧集团股份有限公司成功签约赞比亚联合资本 30 万 t/a 化肥项目 20 000m³/h（O₂）空分装置。该项目位于赞比亚首都卢萨卡，建设规模为 18 万 t/a 合成氨、30 万 t/a 尿素，是东非地区首个现代化尿素项目，也是杭氧集团承担的首个非洲地区的"一带一路"项目。

10 月

11 日 杭氧集团股份有限公司与西门子能源有限公司签订战略合作协议，双方将在推进氢、CCUS 和储能领域的低碳技术方面开展更密切的合作，并深化在供应链、服务和海外市场开发等方面的合作。

15 日 北京星翼空间技术有限公司与南京航空航天大学在南京航空航天大学能源与动力学院举行氢能装备科研合作项目签约仪式，南京航空航天大学、中国通用机械工业协会、江苏省能源研究会、国家电投北京绿氢科技发展有限公司、GHA 氢能发展联盟、西门子能源新能源事业部的相关专家与领导见证了本次签约仪式。

19—20 日 中国通用机械工业协会在宁夏银川组织召开了由沈鼓集团股份有限公司和杭州汽轮动力集团股份有限公司联合研制的新一代轴流＋离心（6+1）空气透平压缩机组工业运行中期评审会。专家组认为，沈鼓集团、杭汽集团联合研制的新一代（6+1）空气透平压缩机组是成功的，各项技术指标满足合同和相关标准要求，达到国际同类产品先进水平，机组效率和振动值等指标优于国外进口产品，是我国重大装备国产化又一重要突破。该项成果可以在大型炼油化工、煤化工等领域推广应用。

21 日 德帕姆（杭州）泵业科技有限公司为乌干达油田开发项目定制生产的 29 套化学注入撬设备顺利完成出厂测试并发货交付。该设备采用模块化设计，结构紧凑，自动化程度高，操作灵活，可满足乌干达复杂的工况需求。

25 日 中国通用机械工业协会在丹东组织召开了丹东克隆集团有限责任公司研制的压水堆核电站关键泵用机械密封产品鉴定会。鉴定委员会认为，研制的核电站在运机组重要泵用机械密封具有自主知识产权，主要性能指标达到国际同类产品先进水平，建议推广应用。

30 日 中国通用机械工业协会在苏州组织召开了由吴江市东吴机械有限责任公司研制的"华鲲一号"科技示范工程用稳压器安全阀工程样机鉴定会。鉴定委员会认为，研制的"华鲲一号"科技示范工程用稳压器安全阀是成功的，具有自主知识产权，填补了国内空白，主要性能指标达到国际先进水平，建议推广应用。

31 日 中国通用机械工业协会在上海组织召开了由中国船舶集团有限公司第七一一研究所研制的大流量带压蒸汽螺杆热泵装置、高压比乙炔真空压缩机组和基于边缘智能终端状态监测的节能压缩机研发及产业化项目成果鉴定会。鉴定委员会认为，研制的大流量带压蒸汽螺杆热泵装置成果已工业化应用，填补了国内空白，总体技术达到国际先进水平；高压比乙炔真空压缩机组实现了国内乙炔真空压缩机的首台（套）应用，填补了国内空白，总体技术达到国际先进水平；基于边缘智能终端状态监测的节能压缩机研发及产业化项目首次提出的基于边缘智能终端的工艺压缩机 AI 算法、建立的融合机理驱动和大数据驱动的多维故障诊断平台，拥有自主知识产权。

月内 日立泵制造（无锡）有限公司中标引江济淮二期工程蒙城站工程项目，将为该项目配套 4 套立式全调节型导叶式混流泵机组。

月内 陕西鼓风机（集团）有限公司承接的某年产 30 万 t 氰胺项目一期投料开车成功，并产出合格的三聚氰胺、液氨和二氧化碳产品。陕西鼓风机（集团）有限公司为该项目提供了大型离心压缩机组及系统方案和服务。此次投产的一期项目是全球首套单线年产 10 万 t 的三聚氰胺生产装置和尾气处理装置，装置设备和材料全部实现了国产化。

月内 长沙水泵厂有限公司与江苏核电有限公司签署出口核二级重要厂用水泵设备合同。这是长沙水泵厂有限公司首次签订海外核电泵类产品供货合同，合同金额超过 1 亿元。

月内 杭州福斯达深冷装备股份有限公司承担的海外 8.4 万 m^3/h 空分项目第二套装置成功试车达产。该项目在海外艰难条件下实现达产，是对杭州福斯达深冷装备股份有限公司在空分装备制造方面多年的技术研发、经验积累和总包能力的一次实际检验。

月内 中核苏阀科技实业股份有限公司顺利完成焦化装置20in大口径高磅级金属密封耐磨球阀的交付，标志着公司在高端球阀国产化方面又迈进了一步。公司自行研制的焦化装置切断球阀引入了煤化工球阀成功研制经验，采用弹簧防灰结构、刮刀设计等适用于多相流介质的球阀结构，具有耐磨、耐高温的特性。

月内 陕西鼓风机（集团）有限公司EKOL公司成功签订欧洲某化工企业汽轮发电项目，将为用户提供包括设备改造升级等系统解决方案及长期服务，助力用户实现绿色高质量发展。这也是当前EKOL公司承接的最大汽轮发电机组改造项目。

月内 重庆水泵厂有限责任公司承制的意大利达涅利集团除磷水箱海外项目顺利交付。达涅利集团和重庆水泵厂有限责任公司作为冶金领域重要的设备服务提供商，自2022年实现首单合作后，持续深化战略互惠合作。

月内 重庆通用工业（集团）有限责任公司首台离心式炉气压缩机组顺利完成用户现场炉气负荷调试运转，机组振

动、温度等各项指标均优于设计标准，整体运行平稳，机组性能满足用户生产工况需求。该机组解决了复杂炉气气动设计、压缩机防腐防结焦、级间喷淋高速叶轮稳定性等难题，实现了单台压缩机满足200万t/a的工艺产线，对于联碱工艺提高单套装置产量具有较大意义。

11月

1日 中国通用机械工业协会在北京组织召开了由北京市阀门总厂股份有限公司研制的高酸性气田用镍基合金平板闸阀（NPS6 Class900）、高酸性气田用镍基合金上装式球阀（NPS6 Class900）产品鉴定会。鉴定委员会认为，两项产品均填补了国内空白，主要性能达到国际同类产品先进水平，经济效益和社会效益显著，可在高酸性气田推广使用。

2—3日 中国通用机械工业协会在湖北广水组织召开了湖北三峰透平装备股份有限公司研制的造纸抽真空系统用TP2500-41大型多级透平真空机、用于含盐多组分蒸发-精馏耦合分离的热泵系统工程样机鉴定会。鉴定委员会认为，研制的国内首台造纸抽真空系统用TP2500-41大型多级透平真空机是成功的，具有自主知识产权，主要性能指标达到国际先进水平，振动

值等部分指标优于国外产品，建议推广应用；研制的用于含盐多组分蒸发-精馏耦合分离的热泵系统具有自主知识产权，填补了国内空白，主要性能指标达到国际先进水平，建议推广应用。

5日 四川空分设备（集团）有限责任公司海南商业航天发射区加注供气系统项目组织了专家出厂评审。评审专家组认为，400m³真空液氧卧式固定容器及150m³真空液氧卧式固定容器技术状态清楚，生产过程中质量受控，经出厂试验检验，产品功能及性能指标满足设计文件要求，同意出厂。

7日 中国通用机械工业协会在浙江诸暨组织召开了阀门行业智能制造工作推进会。会议旨在宣传智能制造先进典型、交流工作经验、探讨发展趋势，部署中国通用机械工业协会2024年推动智能制造相关工作，促进行业智能制造新发展。成都成高阀门股份有限公司、中核苏阀科技实业股份有限公司、浙江迪艾智控科技股份有限公司、江苏神通阀门股份有限公司、重庆川仪调节阀有限公司、扬州电力设备修造厂有限公司等企业的代表在会上作了分享交流。

8日 江苏诚功阀门科技有限公司完成苏州—上海天然气管道联络线工程项目场站及阀

室高压阀门交付。公司为苏沪天然气管道联络线工程提供阀门共177台，包括全焊接球阀、法兰球阀、先导式安全放散阀、节流截止放空阀和阀套式排污阀等。

9日 由中国通用机械工业协会、杭州市经济与信息化局、杭州市机械行业协会共同举办的杭州地区减变速机重点企业形势与发展研讨会在杭氧集团股份有限公司召开。相关部门领导和杭州地区的十几家减变速机重点企业代表参加会议，就杭州市机械行业发展、减变速机行业发展及重点企业生产经营情况和市场环境、科技创新等议题进行了交流研讨。

13日 海南核电"玲龙一号"全球首堆反应堆冷却剂泵电机在哈尔滨电气动力装备有限公司顺利完成冷态试验。"玲龙一号"主泵属于屏蔽泵，本次电机冷态试验合格是主泵制造过程中一次重要的节点，为主泵按期交付施工现场提供了有力保障。

15日 沈鼓集团核电泵业有限公司与中国电力工程顾问集团东北电力设计院有限公司联合研制的百万千瓦级全容量超（超）临界锅炉给水泵成功通过设计方案评审。东北电力设计院有限公司、华东电力设计院有限公司、西南电力设计院有限公司、西北电力设计院

有限公司和辽宁大唐国际葫芦岛热电有限责任公司等单位的行业专家以及客户代表对该设计方案进行了深入探讨和研究。评审专家认为，设计方案可行，技术指标先进，技术创新显著。

18日 杭氧集团股份有限公司自主研制的40ft液氦罐（容积约40m³）装载满车进口液氦运抵吉林珲春口岸，标志着公司成为国内第一家同时具备大型液氦储运装备自主研制、直接进口液氦、国际危险品物流运输、液氦市场终端应用及电子级氦气保供能力的企业，形成了自主、可控、稳定的氦气供应链。

20日 中国通用机械工业协会在浙江温州组织召开了浙江伯特利科技股份有限公司研制的NPS24 Class1500上装式深冷球阀和NPS42 Class150深冷蝶阀两项产品国产化样机鉴定会。鉴定委员会认为，NPS24 Class1500上装式深冷球阀和NPS42 Class150深冷蝶阀产品样机拥有自主知识产权，主要性能指标达到国际先进水平，建议推广使用。

21日 广东廉江核电项目一期工程MP05循环水泵开工仪式在长沙水泵厂有限公司举行。长沙水泵厂有限公司为该项目冷却塔循环水供水系统提供6台（套）循环水泵组，合同金额近1亿元。

21—22日 中国通用机械工业协会在重庆组织召开了重庆水泵厂有限责任公司研制的VVER压水堆核电站小流量上充泵，重庆水泵厂有限责任公司与中国核电工程有限公司联合研制的多用途模块式小型堆（ACP100）上充泵，重庆水泵厂有限责任公司与江苏大学、重庆军通汽车有限责任公司联合研制的移动式智能高压泵送系统－车载提水泵产品鉴定会。鉴定委员会认为，VVER压水堆核电站小流量上充泵、多用途模块式小型堆（ACP100）上充泵的主要性能指标达到国际同类产品先进水平，均填补了国内空白。移动式智能高压泵送系统－车载提水泵主要技术指标达到国际同类产品先进水平，填补了高扬程车载移动应急供水装备国内空白。

28日 一汽解放汽车有限公司与佛吉亚（上海）氢能投资有限公司、法国液化空气（中国）投资有限公司在长春共同签署氢能战略合作框架协议。三方就氢能技术研发、氢能产业链布局等达成共识，将依托各方的技术及资源优势，加速推动氢能在交通领域的应用。

28日 中国通用机械工业协会在成都组织召开了中密控股股份有限公司研制的盛虹炼化140万t/a乙烯"三机"用干

气密封产品出厂见证会。见证专家组认为，盛虹炼化 140 万 t/a 乙烯"三机"用干气密封产品主要性能指标符合技术协议和相关标准要求，具备装机工业运行条件。

29 日 中国通用机械工业协会在烟台组织召开了冰轮环境技术股份有限公司与天津商业大学等联合研制的智能化高效冻干成套设备，与西安交通大学等单位联合研制的 10 兆瓦级工业余热相变提质离心式高温热泵装置，与西安交通大学、中国科学院理化技术研究所、上海齐耀动力技术有限公司等单位联合研制的 LNG 船用 BOG 再液化系列喷油螺杆压缩机组 3 项产品鉴定会。鉴定委员会认为，智能化高效冻干成套设备在食品冻干领域填补了国内空白，主要技术指标达到国际先进水平；10 兆瓦级工业余热相变提质离心式高温热泵装置产品具有自主知识产权，填补了国内空白，主要技术指标达到国际先进水平；LNG 船用 BOG 再液化系列喷油螺杆压缩机组产品填补了国内空白，主要性能指标达到国际同类产品先进水平。

29 日 沈鼓集团股份有限公司为新疆中昆新材料有限公司 2×60 万 t/a 天然气制乙二醇项目（一期）提供的压缩机组一次开车成功，顺利产出合格

聚酯级乙二醇产品。这是当前全球最大的天然气制乙二醇项目。沈鼓集团为该项目提供 10 台离心式压缩机、5 台齿轮压缩机、2 套有机朗肯循环（ORC）发电装置。

30 日 国内首座非补燃式压缩空气储能电站——湖北应城 300 兆瓦级压缩空气储能示范项目厂用系统受电一次成功，标志着该工程全面进入调试阶段，为机组整套启动和并网发电奠定了坚实基础。湖北应城 300 兆瓦级压缩空气储能示范项目是世界首台（套）300 兆瓦级压缩空气储能电站，陕西鼓风机（集团）有限公司为该项目提供了多套核心设备、电气设备及系统解决方案和服务。

月内 北京航天动力研究所流体与旋转机械事业部签订了首个非洲供货合同，产品将用于东非地区首个现代化洁净煤化工合成氨尿素项目——赞比亚联合资本 30 万 t/a 化肥项目。此次合同签订是北京航天动力研究所破渣机产品第一次出口到亚洲以外地区，是该产品在非洲地区的首套业绩。

月内 中控技术股份有限公司 MMS300 振动无线监测解决方案在 Indorama 集团旗下印度 Indorama 化纤私人有限责任公司（IYPL）项目中顺利通过 6 个月试用期，得到客户高度认可，标志着中控技术股份有限

公司的设备状态监测系统在海外市场实现突破。

月内 在第六届中国国际进口博览会上，格兰富（中国）投资有限公司宣布与远景智能签署零碳战略合作谅解备忘录，双方将围绕数字化解决方案、节能增效和工业净零减排在全球范围内开展合作。合作重点将涵盖数字化工厂、工业园区、智能建筑和智能水系统等领域。

月内 西安陕鼓动力股份有限公司与中国能建集团签订甘肃酒泉 300MW 压缩空气储能电站示范工程项目多套大型压缩机组及配套和辅助系统设备订货合同。甘肃酒泉 300MW 压缩空气储能电站示范项目是全球首台（套）300MW 人工硐室压缩空气储能项目，破解了压缩空气储能受地理条件制约的世界性难题，在技术路线、解决方案和产业生态方面均处于领先地位。

月内 亿昇科技有限公司自主研制的 600kW 大功率低压磁悬浮空气压缩机顺利下线。该产品与传统齿轮离心压缩机相比，能效更高，维护成本更低，噪声降低约 20%，相同功率下体积减小约 30%。

月内 北京航天动力研究所 2 台罐顶泄放阀和 60 台安全阀在中国石化天然气分公司青岛液化天然气接收站 27 万 m³

液化天然气储罐系统成功应用。该储罐是中国石化自主研发的国内容积最大的超大型液化天然气储罐，其投产大幅提升了华北地区天然气供应保障能力。罐顶泄放阀被中国石化列为国产化重点产品，北京航天动力研究所产品的成功应用打破了国外产品的垄断，提升了我国大型液化天然气储存技术的自主可控能力。

月内 合肥通用机械研究院有限公司中标马来西亚大金水冷冷水机组测试装置项目。

月内 陕西鼓风机（集团）有限公司与国内用户签订了年产135万t复杂金精矿处理项目合同，将为该项目提供55 000m³/h空分设备总承包工程及系统解决方案和服务。

月内 北京航天动力研究所与浙江石化签订丙烯腈废气废水焚烧炉合同，3台焚烧炉的年处理量达66万t，创全球丙烯腈焚烧炉处理规模之最。

月内 天华化工机械及自动化研究设计院有限公司承揽的中石化巴陵石油化工有限公司90万t/a硫铵干燥项目顺利投产。该项目硫铵装置是当前全国规模最大的单套硫铵流化床干燥装置，设计制造难度大，项目技术复杂，工艺要求高。天华化工机械及自动化研究设计院有限公司对硫铵干燥设备进行高标准设计，引入先进的

内热式流化床干燥技术工艺，确保设备的性能及稳定性。

12 月

1 日 铜锣峡储气库工程用5台DTY5200D压缩机在中国石油集团济柴动力有限公司成都压缩机分公司完工验收。该压缩机是当前国产最大功率的高速往复式压缩机产品，采用联合脉动振动及扭振分析技术，能够适应复杂宽工况运行要求。机组配置远程监测与故障诊断系统，可实时预判运行故障，实现预知性维护。

8 日 哈电集团哈尔滨电站阀门有限公司中标东方电气集团东方锅炉股份有限公司广东红海湾发电有限公司汕尾电厂二期5号、6号机组（2×1 000MW）超（超）临界二次再热锅炉再热系统的全部安全阀。

12 日 贺尔碧格压缩机技术（中国）有限公司常州新工厂举行开业仪式。新工厂位于常州中瑞产业园，一期建筑面积为16 000m²。新工厂整合了上海、常州两个基地的压缩机技术和产品，是贺尔碧格全球工厂中生产产品种类最多、型号最全、生产工艺最复杂的工厂。

13 日 沈鼓集团股份有限公司与山东裕龙石化有限公司战略合作协议签订仪式在山东烟台举行。双方将针对产品全

生命周期服务方案、炼化一体化一期项目运维保障、炼化一体化未来二期项目、装置节能增效、技术升级及新产品开发等方面开展合作。

14 日 上海凯士比泵有限公司BASF湛江一体化项目首批交付仪式顺利举行。上海凯士比泵有限公司陆续承接了该项目294台离心泵订单。

17 日 中国通用机械工业协会在江苏启东组织召开了由江苏神通核能装备有限公司承担的秦二厂进口阀门气动执行器隔膜样机鉴定会。鉴定委员会认为，研制的秦二厂进口阀门气动执行器隔膜的综合性能达到国际先进水平，部分指标优于国外同类产品，可在核电机组上推广应用。

19 日 中国通用机械工业协会和中国机械工业联合会在天津组织召开了由大连深蓝泵业有限公司和北京市燃气集团有限责任公司为天津南港LNG接收站研制的LNG接收站装船泵产品鉴定会。鉴定委员会认为，LNG接收站装船泵产品具有自主知识产权，填补了国内空白，主要技术指标达到国际同类产品先进水平，可推广应用。

19—21 日 中国通用机械工业协会在武汉召开了2023年第二次团体标准审定会。中国通用机械工业协会标准化管理

委员会及部分标准起草单位的代表参加了会议。本次会议审定了 18 项团体标准送审稿，有 17 项团体标准通过审定。

21 日 德帕姆（杭州）泵业科技有限公司首台高温高压固液混输往复泵成功下线，提高了石化领域渣油输送泵国产化进程及自主可控能力。该泵最高出口压力达 40MPa，可以承受近 300℃的高温，具有密封可靠、阻力小、使用寿命长等特点。

24 日 广东石化炼化一体化项目"300 万 t/a 延迟焦化装置"打通装置流程，焦炭塔用超高压除焦水泵高效碎焦，顺利产出第一塔焦炭。沈阳工业泵制造有限公司为广东石化 300 万 t/a 延迟焦化装置首次提供了国内制造的高压除焦水泵。该泵级数多（10 级），转轴长，转速高（4 200r/min），轴系复杂。

26 日 杭氧集团气体智能调度系统及客户服务平台正式上线。

月内 北京航天动力研究所连续中标中国石油天然气集团有限公司吉林石化、广西石化两个百万吨乙烯装置裂解气大阀项目，创造了 48in 裂解气大阀中标数量历史新高，增强了我国乙烯装置关键设备的自主配套水平。

月内 液化空气公司与京东方公司签署了一份新长期合同，为京东方公司在北京经济技术开发区的新项目提供氮气和其他工业气体。这些气体将用于京东方公司第 6 代新型半导体显示器件生产线。液化空气公司将为该项目建设新的生产装置和供应系统，并将负责装置的运营。

月内 陕西鼓风机（集团）有限公司与国家石油天然气管网公司签订西气东输三线中段、川气东送二线天然气管道工程川渝鄂段等项目天然气干线压缩机组合同。该项目是我国"十四五"重大能源基础设施工程，将为我国再添一条"横跨东西"的油气能源大动脉。陕西鼓风机（集团）有限公司为该项目提供了十余台干线管线压缩机及系统解决方案。

月内 重庆水泵厂有限责任公司获得国内最高海拔的尾矿输送隔膜泵项目订单。该项目位于拉萨市，采用的矿浆隔膜泵安装于海拔 4 542.6m 的室内泵站，用于输送铅锌矿浮选尾矿。

月内 北京航天动力研究所向土耳其客户出口一套乙二醇蒸汽喷射真空系统，用于 10 万 t/a 瓶级聚酯切片项目，这是北京航天动力研究所蒸汽喷射器首次进入该客户项目，也是第三次进入土耳其市场。北京航天动力研究所研制的蒸汽喷射真空系统是聚酯化纤装置的关键系统，为聚合反应提供高真空环境，产品结构可靠，运行平稳。

月内 四川金星清洁能源装备股份有限公司完成非洲 CNG（压缩天然气）加气母站 EPC 项目，并实现了重型货车的加气服务。这是公司在非洲承建的第二座 CNG 加气母站，首座加气母站已于 2021 年 1 月投入运营，设备运行良好。

〔供稿人：中国通用机械工业协会孙仲伯〕

中国
通用
机械
工业
年鉴
2024

行
业
篇

从生产发展情况、市场及销售、科技成果及新产品、企业转型发展及投资等方面介绍我国通用机械行业各分行业 2023 年的发展情况

综
述
篇

大
事
记

行
业
篇

企
业
篇

专
题
篇

成
果
篇

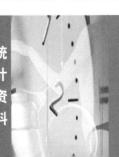
统
计
资
料

综 述 篇

大 事 记

行 业 篇

企 业 篇

专 题 篇

成 果 篇

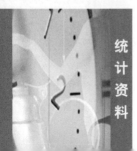统 计 资 料

中国
通用
机械
工业
年鉴
2024

行
业
篇

2023 年泵行业概况

2023 年，泵行业实施创新驱动发展战略，保持了稳定发展态势。全行业加强政产学研用合作，加快数字化转型和智能化升级，企业创新能力继续提升，产业结构更加优化，产品质量持续提高，一些制约行业发展的共性问题得到解决。

一、生产发展情况

2023 年，根据中国通用机械工业协会泵业分会对 177 家会员企业的年报资料统计，完成工业总产值 727.92 亿元，同比增长 7.18%，增速比上年提升 7.12 个百分点；完成工业销售产值 691.63 亿元，同比增长 6.70%，增速比上年提升 6.07 个百分点；完成工业增加值 267.03 亿元，同比增长 9.02%，增速比上年提升 0.84 个百分点。

从参与统计的企业所在地区完成工业总产值来看，各地区完成工业总产值均有不同程度的增长。2023 年各地区工业总产值完成情况见表 1。

表 1　2023 年各地区工业总产值完成情况

区域	工业总产值（亿元）	同比增长（%）
东北地区	64.51	8.71
华北地区	25.35	15.54
华东地区	484.93	8.60
中南地区	101.20	2.09
西南地区	35.73	16.46
西北地区	16.20	8.43

2023 年，参与统计的会员企业中，工业总产值超过亿元的企业有 118 家，共完成工业总产值 704.38 亿元，占全部参与统计企业工业总产值的 96.77%。2023 年泵行业工业总产值前 20 名企业见表 2。

表 2　2023 年泵行业工业总产值前 20 名企业

序号	企业名称	工业总产值（万元）	同比增长（%）
1	上海凯泉泵业（集团）有限公司	484 236	17.81
2	南方泵业股份有限公司	361 991	2.14
3	上海连成（集团）有限公司	352 239	2.80
4	利欧集团泵业有限公司	319 584	-1.71
5	上海熊猫机械（集团）有限公司	281 307	0.44
6	上海东方泵业（集团）有限公司	261 593	-14.40
7	新界泵业（浙江）有限公司	230 146	12.43
8	广州市白云泵业集团有限公司	171 817	5.49
9	大耐泵业有限公司	169 451	14.66
10	上海凯士比泵有限公司	142 605	11.28

（续）

序号	企业名称	工业总产值（万元）	同比增长（%）
11	丰球集团有限公司	138 550	0.04
12	广东凌霄泵业股份有限公司	129 724	-7.10
13	广东肯富来泵业股份有限公司	126 040	1.22
14	重庆水泵厂有限责任公司	124 223	17.96
15	沈阳鼓风机集团核电泵业有限公司	110 492	-9.54
16	安徽省天马泵阀集团有限公司	103 464	-0.69
17	嘉利特荏原泵业有限公司	98 028	32.39
18	江西耐普矿机股份有限公司	95 951	83.17
19	三联泵业股份有限公司	92 093	10.47
20	耐驰（兰州）泵业有限公司	75 940	10.07

二、市场及销售情况

2023 年，参与统计的 177 家会员企业实现主营业务收入 734.33 亿元，同比增长 7.16%，增速比上年提升 4.56 个百分点；实现利润总额 67.23 亿元，同比增长 11.28%，增速比上年提升 9.10 个百分点；实现利税总额 91.30 亿元，同比增长 9.31%。

2023 年，参与统计的企业订货额合计 919.26 亿元，同比增长 14.75%，增速比上年提升 18.49

个百分点。应收账款为 238.25 亿元，同比增长 2.43%。存货为 196.66 亿元，同比增长 5.20%。其中，产成品库存为 72.11 亿元，同比增长 1.64%。应收账款周转率为 3.14 次，比 2022 年有所减少。

2023 年，参与统计的会员企业中盈利的企业有 156 家，亏损的企业有 21 家。2023 年泵行业主营业务收入前 20 名企业见表 3。2023 年泵行业利润总额前 20 名企业见表 4。

表 3　2023 年泵行业主营业务收入前 20 名企业

序号	企业名称	主营业务收入（万元）	同比增长（%）
1	上海凯泉泵业（集团）有限公司	480 202	4.83
2	南方泵业股份有限公司	479 850	18.00
3	上海连成（集团）有限公司	386 109	13.97
4	利欧集团泵业有限公司	354 180	-7.15
5	上海熊猫机械（集团）有限公司	264 418	0.07
6	新界泵业（浙江）有限公司	255 433	19.86
7	上海东方泵业（集团）有限公司	238 707	0.96
8	大耐泵业有限公司	183 956	18.85
9	广州市白云泵业集团有限公司	152 695	5.31
10	上海凯士比泵有限公司	145 661	11.75
11	安徽省天马泵阀集团有限公司	145 318	-1.97
12	丰球集团有限公司	138 295	0.16
13	广东凌霄泵业股份有限公司	131 531	-11.30
14	重庆水泵厂有限责任公司	123 184	11.62
15	广东肯富来泵业股份有限公司	96 899	-5.72
16	嘉利特荏原泵业有限公司	92 333	33.22

（续）

序号	企业名称	主营业务收入（万元）	同比增长（%）
17	江西耐普矿机股份有限公司	91 865	26.45
18	三联泵业股份有限公司	91 612	10.38
19	沈阳鼓风机集团核电泵业有限公司	82 927	-31.73
20	丹东克隆集团有限责任公司	77 713	20.13

表4 2023年泵行业利润总额前20名企业

序号	企业名称	利润总额（万元）	同比增长（%）
1	新界泵业（浙江）有限公司	47 764	29.96
2	南方泵业股份有限公司	45 570	25.11
3	广东凌霄泵业股份有限公司	44 564	-8.38
4	上海熊猫机械（集团）有限公司	34 312	0.13
5	上海凯泉泵业（集团）有限公司	32 295	6.39
6	大耐泵业有限公司	30 481	53.02
7	浙江大元泵业股份有限公司	21 108	27.83
8	重庆水泵厂有限责任公司	20 729	-5.03
9	利欧集团泵业有限公司	20 209	-24.75
10	嘉利特荏原泵业有限公司	15 914	77.02
11	丰球集团有限公司	14 975	3.73
12	上海连成（集团）有限公司	13 897	18.62
13	安徽省天马泵阀集团有限公司	12 673	-2.31
14	青蛙泵业股份有限公司	12 673	31.68
15	广州市白云泵业集团有限公司	11 536	6.94
16	耐驰（兰州）泵业有限公司	10 876	12.97
17	江西耐普矿机股份有限公司	10 871	-33.16
18	广东肯富来泵业股份有限公司	10 662	23.85
19	宁波伏尔肯科技股份有限公司	10 596	43.29
20	杭州碱泵有限公司	10 435	394.32

2023年，泵行业85家企业完成出口交货值87.32亿元，同比增长9.72%，增速比上年提升20.85个百分点。2023年泵行业出口交货值前20名企业见表5。

表5 2023年泵行业出口交货值前20名企业

序号	企业名称	出口交货值（万元）	同比增长（%）
1	利欧集团泵业有限公司	133 409	-11.26
2	新界泵业（浙江）有限公司	107 680	23.18
3	广东凌霄泵业股份有限公司	66 227	-24.70
4	君禾泵业股份有限公司	65 955	-7.94
5	浙江泰福泵业股份有限公司	61 920	21.52
6	江西耐普矿机股份有限公司	45 838	118.93

（续）

序号	企业名称	出口交货值（万元）	同比增长（%）
7	南方泵业股份有限公司	45 512	18.52
8	丰球集团有限公司	33 200	-3.98
9	湖南凯利特泵业有限公司	29 541	57.25
10	浙江振兴石化机械有限公司	20 920	15.31
11	浙江威格智能泵业股份有限公司	20 884	42.30
12	上海凯士比泵有限公司	19 289	100.24
13	浙江大元泵业股份有限公司	19 082	-10.67
14	广东肯富来泵业股份有限公司	14 368	62.50
15	湖南天一奥星泵业有限公司	14 120	0.50
16	上海中韩杜科泵业制造有限公司	12 382	
17	襄阳五二五泵业有限公司	9 957	333.67
18	台州立兴泵业有限公司	9 771	15.58
19	青蛙泵业股份有限公司	9 408	46.51
20	宁波伏尔肯科技股份有限公司	9 058	-7.46

沈阳鼓风机集团核电泵业有限公司签订了山东海阳核电项目5号、6号机组8台屏蔽主泵合同。公司与中核能科签订了CX项目电动调速给水泵合同，与中广核签订了设备冷却水泵研供一体合同。

中国电建集团上海能源装备有限公司签订了华电福建可门三期1 000MW煤电项目给水泵合同，签订了新疆其亚集团兴立660MW发电项目、新疆恒联能源2×660MW超临界燃煤机组、中煤芒来660MW燃煤发电机组等多个燃煤机组给水泵合同。

重庆水泵厂有限责任公司不断优化市场结构，充分发掘存量市场潜力。2023年，公司实现钢铁市场订货5.84亿元、矿冶市场订货额3.23亿元、军核市场订货额3.21亿元、备件和维修订货额近2.4亿元。这几个市场的订货额占公司总订货额的93%。公司致力于增量市场的开拓，依托核心产品推动新业态发展，从增量市场中汲取发展动力。公司研发的加氢泵可完全替代进口产品，具有显著的经济效益和社会效益；中海油透平装置一次性试车成功，得到了用户的高度认可；首套应用于水煤浆气化装置的双联高压煤浆泵产品，流量

及压力脉动控制技术处于国内领先水平。公司瞄准国际市场，持续提升品牌国际影响力，海外业务保持强劲增长势头。公司成功中标印度尼西亚湿法冶炼项目、乌干达注水泵项目、意大利达涅利集团除磷项目及东欧矿企泵站改造项目。2023年，公司外贸订货额超过1亿元，自营出口额达2 400万元，创历史新高。

2023年，襄阳五二五泵业有限公司在矿业冶金市场取得突破性进展，海外市场订单首次突破1亿元大关，新市场订单超过2亿元。公司连续中标印度尼西亚红土镍钴矿项目多个标段合同。

石家庄工业泵厂有限公司成立国际业务部，实施全球化布局。公司借助国内头部企业销售网络，中标印度尼西亚红土镍矿二期项目。2023年，公司实现外贸订货额1.85亿元，同比增长20%。公司直接出口订货首次突破1 000万元大关。公司在国内市场精耕细作，实施差异化营销策略，签约了一批具有代表性的重点项目，形成新的增量市场。

2023年，利欧集团泵业有限公司订单规模快速增长并创历史新高。在国内市场，突破核电、海水淡化、地铁、储能电站、新能源电池等新领

域，实现高压甲铵泵、高压液氨泵、工业用大流量熔盐泵、冷却塔用泵等项目交付。利欧集团泵业有限公司、中国电建集团中南勘测设计研究院有限公司、中电建环保科技有限公司联合体中标河南清丰县城区污水综合治理项目，项目总投资额约8.7亿元；中标黄河流域水域项目，累计中标额近8000万元。公司与沙特阿拉伯投资部签署战略备忘录，双方就在沙特阿拉伯投资泵、热泵、储能、光伏等领域的合作事宜达成友好沟通。

西安泵阀总厂有限公司出台了销售部标书制作、评审以及合同评审、变更管理等有关规定，严格管控标书质量，提升中标率。公司严抓传统优势行业信息与投标管理，多相流泵实现了工程应用业绩。2023年，公司承接烧碱行业项目，合同额为8287.69万元；承接长输管线及撬装行业项目，合同额为6221.35万元。

丰球集团有限公司在巩固原有重点市场的同时，积极拓展国内外市场。2023年，公司完成国内市场货款回收4769万元。在国际市场方面，产品出口额达到2271万美元，与2022年基本持平；资金回收（折合人民币）3319万元，资金回收率在90%以上。

上海连成（集团）有限公司中标深圳宝安区优质饮用水入户工程、中铁十一局通辽水厂项目、中海油深层煤层气勘探项目、清远市燕湖新城排涝工程项目及比亚迪年产3万t碳酸锂项目等一批重点工程。公司在核电领域取得突破，成功签约海南昌江核电项目、俄罗斯核电项目、埃及核电项目和土耳其核电项目。公司加快调整产品重点推广方向，拓展水利、工矿、市政等领域市场。

三、企业科技创新与研发情况

2023年，沈阳鼓风机集团核电泵业有限公司与哈电集团哈尔滨电气动力装备有限公司共同研制的两项屏蔽电机主泵通过国家能源局组织的国家科技重大专项课题验收。公司承担的CAP1000核电机组余热排出泵和CVS化容补水泵设计方案通过专家组评审。公司研制的首台600MW超（超）临界全容量国产化给水泵机组在现场顺利通过168h试验，效率达到86.5%。公司与东北电力设计院签订了1000MW超（超）临界全容量机组给水泵国产化联合研发合同。

中国电建集团上海能源装备有限公司持续加大科研投入，加速战略性新兴产业产品布局。公司持续推动青海共和50MW太阳能光热发电项目热熔盐泵的试验验证，已完成单泵运转功能性测试；联合江苏大学、兰州理工大学、中国科学院上海应用物理研究所等单位，加快推进100兆瓦级冷熔盐泵国产化研发，已完成零部件设计、水力模型开发、结构安全评定等工作。公司开展给水泵组技术攻关和迭代升级工作，完成华能正宁、华电可门等电厂的1000MW全容量国产给水泵及前置泵工程设计及优化，开展了给水泵主轴激光表面淬火工艺的研究。

嘉利特荏原泵业有限公司与兰州理工大学签订新产品研发合作协议。公司研制的高压液氨泵通过省级新产品鉴定，研制的高温大功率液力透平机组被认定为浙江省首台（套）装备。

利欧集团泵业有限公司与浙江理工大学开展校企合作，多个重点项目取得了阶段性成果，其中，深海矿产资源混输泵关键技术研发及应用项目、高性能碳化硅陶瓷膜制备关键技术及应用示范项目被列入浙江省重点研发项目。公司承担的双边产业联合研发计划项目"长距离粗颗粒浆料输送关键技术和浆料泵研发"被列入"尖兵""领雁"研发攻关计划。公司参与研制的高速高负荷多工况调节液力透平用于低温甲醇洗半贫液流程余压发电项目通过了中国氮肥工业协会组织的科技成果鉴定。鉴定专家一致认为，该技术工艺先进，一体化透平直接驱动泵为国内首套，整体技术达到国内领先水平，建议进一步推广应用。

2023年，天津泵业机械集团有限公司累计投入研发资金1760万元。公司实施各类技术创新及相关研究项目共23项。典型转子动静结合面力学研究等3个国防基础科研项目立项，获得多项配套项目研究经费及国防科技工业条件建设资金支持；基于深度学习的计算机视觉检测技术在企业生产中的研究和应用项目获得天津市科技进步奖二等奖。公司被认定为天津市专精特新中小企业和天津市科技领军培育企业。

西安泵阀总厂有限公司依托西安交通大学、浙江大学、西北工业大学、江苏大学的资源，推进校企优势互补、资源共享，公司的研发项目不断取得新突破。2023年，公司与西安交通大学合作完成MMA装置用气液两相流工况用泵的开发；CPF2型聚酯熔体连续聚合物过滤器系统、锆材母液循环泵通过中国通用机械工业协会新产品鉴定；对DMT系列多级泵、X系列化工流程泵等产品进行了优化设计；开展了特材硬化工艺研究。公司申请专利42项，获得授权专利22项。

石家庄工业泵厂有限公司坚持自主创新，增强科研实力。2023年，公司投入研发经费4 094万元。公司持续深化校企合作，与河北科技大学共同成立硕士研究生工作站，与兰州理工大学共建能源与动力工程专业卓越工程师实践教育基地。公司申报国家专利14项，其中发明专利6项；获得授权专利8项，均为实用新型专利；获得软件著作权1项。公司全力推进全生命周期智慧渣浆泵项目，开展二代渣浆泵性能提升试验。公司的SGB渣浆泵智能运维平台正式上线运行，实现设备运行可视化管理。公司确定陶瓷渣浆泵型谱及研发计划，设计ZJC耐磨泵9种、ZFC耐腐抗磨泵3种；定位冶金脱硫市场，开发陶瓷脱硫泵9种；完成550MCR大型泵进口替代方案；完成2种大型尾矿泵、3种大型磨机循环泵储备设计；开发泡沫泵，填补选矿浮选工艺用泵的空白。公司创新工艺设计，完成新产品工艺工装设计14种；制作陶瓷泵模具6种，优化消失模工装42种。公司研制的250HD-B100特制高压单壳渣浆泵被列

为河北省重点领域首台（套）重大技术装备产品。公司被河北省科技厅认定为河北省离心式杂质泵技术创新中心。

山东双轮股份有限公司2023年承担的山东省重大科技创新工程项目"反渗透海水增压与能量回收一体机关键技术研究及产品开发"通过了山东省科技厅组织的专家验收。依托该项目成果生产的1 000t/d、2 000t/d透平式能量回收一体机应用于三沙永兴岛海水淡化厂，运行情况良好，节能效果显著。公司申请国家专利17项，其中，发明专利3项、实用新型专利14项；获得授权专利26项，其中，发明专利6项、实用新型专利20项。南通大学、山东双轮股份有限公司共同承担的"高性能固液混输泵关键技术研究及工程应用"项目获得中国产学研合作创新成果奖二等奖。该项目针对传统石化及矿山用泵能耗高、可靠性差、寿命短等长期制约行业发展的难题，对石化及矿山用泵基础理论、设计方法、关键技术、产品开发等进行了系统、深入的研究。公司研发的系列大功率重型固液混输泵产品性能优良，平均效率比国内外同类产品高3～5个百分点，产品制造成本降低10%～20%，使用寿命提高30%以上。根据用户实际使用情况统计，该产品可连续运行3 000h以上，最长无故障运行时间超过8 000h，达到国际领先水平。公司研制的万吨级大型石化及矿山用泵占国内同类产品市场份额的50%以上。公司与江苏大学、威海市海水综合利用产业技术研究中心共同建设高效节能离心泵山东省工程研究中心。该工程研究中心围绕离心泵水力优化设计、结构动力学研究进行产品开发，解决高效节能离心泵设计、制造、检测、运行维护等环节的关键共性技术问题。2023年，公司被评为国家级绿色工厂。

上海连成（集团）有限公司完成智慧给排水设备的开发，智慧型变频节能给水系统、新型消防控制系统、泵站智能监控系统、变频控制柜、

连成物联网智慧监控平台等产品的升级改进和降本增效工作；完成连成运维平台三期开发工作，提升了云平台的展示功能和数据处理能力。2023年，公司新增实用新型专利8项，已获受理发明专利10项。

重庆水泵厂有限责任公司坚持创新驱动，提升产品核心竞争力。2023年，公司获得授权专利32项，其中发明专利13项；取得授权软件著作权3项；9项新产品通过国家级鉴定。公司的"高端环面蜗杆蜗轮副主动设计与精密加工关键技术"项目获得机械工业技术发明奖一等奖，"3D型高温高压往复式加氢进料泵关键技术与应用"项目获得机械工业科技进步奖三等奖；"超高压增压离心泵"发明专利获得重庆市专利奖金奖。2023年8月，公司获得重庆市企业创新奖。

2023年，江苏振华海科装备科技股份有限公司开发了核级泵和电机，并通过军用核体系审核。公司申报专利11项，获得授权专利11项，其中发明专利1项。公司的"船舶智能低噪低干扰消防防暴装备关键技术及产业化"项目获得机械工业科技进步奖二等奖。

2023年，大耐泵业有限公司"严苛工况流程离心泵关键技术及工程应用"获得中国发明协会发明创业奖成果奖一等奖。公司被评为辽宁省制造业单项冠军示范企业。

2023年，辽宁恒星泵业有限公司研制的HC800-1.6型凸轮转子泵、KND170-7.5型可变量中开多级离心式管道输送泵通过省级科技成果鉴定。公司与江苏大学共建专家工作站。公司获得"国家知识产权示范企业"称号。

2023年，襄阳五二五泵业有限公司获评国家级工业设计中心。公司申报专利27项，其中，发明专利14项、实用新型专利13项。公司组建了材料研发专项团队，构建了金属材料研发和陶瓷材料研发齐头并进的研发体系。

广东肯富来泵业股份有限公司研制的KPS（Ⅱ）单级双吸泵获得2023"临平杯"第三届全国机械工业设计创新大赛产品组银奖。公司成立肯富来研究院，作为企业技术孵化的平台。

四、企业转型发展情况

大耐泵业有限公司持续进行化工流程泵生产制造的数字化建设，将传统经营模式由"生产＋销售"改为"设计＋制造＋销售＋服务"，为客户提供在役设备再制造服务，同时实施再制造服务拓展增值服务。公司获得辽宁省服务型制造示范企业称号，步入新型工业化发展轨道。

重庆水泵厂有限责任公司聚焦精益管理，着力提升整体运维水平。公司完善CRM客户管理系统，打造服务型制造企业，实现以用户为中心的产品＋服务的产业生态链。公司举办了三期精益管理培训活动，启动了数字化精益管理项目；在生产现场全面推行工位标准管理模式，形成了以岗位为单元的管理机制；实施大型往复隔膜泵扩能改造二期项目，已完成电力增容工作。公司被认定为重庆市高端工业泵制造智能工厂，"国家企业技术中心"复评结果为良好。

中国电建集团上海能源装备有限公司针对企业总体履约统筹和生产计划、外协（外委）、物资招采、成本核算、资金支付使用、供应链管理等方面的问题，研究制订相关整改措施，全力改善当前履约困境。公司统筹安排资源，保障重点项目履约，并建立未完全履约重点项目管控清单。公司建立了以市场为导向、以成本管理为核心、全员参与、全程控制的综合成本管理体系，制定了《变动成本概预决算管理办法》《成本（费用）计划管理及审批规定》等有关管理制度，修订了《集中采购管理办法》。

天津泵业机械集团有限公司大力推进信息化建设。在研发设计环节，采用数字化和智能化技术，系统性开展了Simerics、CFturbo及SCORG等新引进软件的推广应用。比如，在双螺杆泵撬块管路设计中采用中望3D及其管路设计插件，取得了良好的效果。在生产制造环节，积极推进数字化和智能化转型。通过 MES 系统的上线，基本实现了工序和机床的在线监控。在运维服务环节，深挖帆软数据分析和决策支持系统、CRM 系统的集成，通过对售后信息的数据收集及管控，降低运维成本，提升服务质量。

2023 年，石家庄工业泵厂有限公司聚焦合规管理，提升运营质量。公司坚持数字赋能管理，积极与国内信息化头部企业深入对接，定制适合企业的信息管理软件，确定了企业数字转型方案。公司深入推进安全标准化与"双控"机制融合，加大动态达标检查力度，提升本质安全管理水平，顺利通过安全标准化二级企业验收。公司修订安全考核制度，从严从重加大安全隐患考核力度；创新安全"自选动作"，实施班组看板管理，增强全员隐患排查治理能力；强化安全警示教育，切实增强全员岗位安全意识；大力推广"安全隐患随手拍"活动，共同筑牢安全防线。公司持续加强内控制度建设，以对标一流企业为出发点和切入点，确定对标对象，建立关键指标体系和工作清单，全面提升企业管理水平。在物资采购管理方面，通过创新管理机制、优化议价方式等措施，降低了原材料及配套设备采购成本；加强供应商管理，打造健康、安全的供应链系统。

五、企业标准化及质量提升情况

沈阳鼓风机集团核电泵业有限公司成立了精益推进组织机构，对试点产品（常规岛凝结水泵和给水泵）工序进行分析，识别异常改善点，有针对性地设立了 10 个改善课题及重点任务；建立了产线模型，实施沙盘模拟推演，提高全员对精益产线的认识；建立了试点产品的作业计划体系，实现产品生产进度可视化，并与绩效考核挂钩。2023 年，公司通过了 ASME 体系换证审核。

2023 年，天津泵业机械集团有限公司主导制定的国家标准《螺杆泵名词术语》完成审查并报批。公司完成了装备承制续审工作；完成了过程

内部审核工作，形成了质量体系审核报告；通过了民品质量管理体系审核；完成了公司的管理评审工作；利用信息化系统开发质量改进工具，在 OA 系统中共修改了 20 个流程，新设立 13 个流程。公司利用质量信息系统开展质量改进工作，召开产品质量问题专项分析会，有效改进了质量问题，增强了员工的质量意识。

丰球集团有限公司始终坚持"以质量求生存，以信誉谋发展"的指导思想，大力加强质量建设。公司加大质量管控力度，不断提高产品市场竞争力。公司从源头抓起，严把原材料进货关，加强外协件的质量控制。2023 年，公司外协一次交验合格率达 98.22%，装配车间一次交验合格率达 98.93%，电机车间一次交验合格率达 98.53%，金工车间批次交验合格率达 99.34%，机加工水压合格率达 98.29%。

2023 年，西安泵阀总厂有限公司以提升客户满意度为工作出发点，在公司范围内强化客户意识与质量责任意识，加强质量周会管理，对售后、生产、设计、采购等环节产生的产品质量、工作质量等问题进行严肃追责。为规范过程质量控制，公司制定了《泵机械加工单元化和装配产线控制措施》《泵产品标记规范》《阀门民品标识规则》等制度。为促进质量管理体系与实际业务的融合，公司成立了 ISO9001 质量管理体系文件修订小组，对体系中与实际不符的情况进行修订；积极推动 JH 取证工作，完成了 JH 申请的资料整改、内部培训等工作。

2023 年，上海连成（集团）有限公司严格控制产品进货、装配、出货的全检过程，做到机加工首检、过程抽检、出货 100% 检验。尤其对一些重大合同、出口订单，要求进货、过程、出货进行 100% 全检。公司定期召开质量月度例会，开展了多项质量专项改进及质量跟踪工作。根据售后部门的反馈，客户现场质量问题同比下降 30.3%，小排污泵整泵出厂质量问题同比下降 43.2%。公司

修订了《质量保证手册》和其他有关管理文件，完成了质量管理体系认证、CNAS 认证以及中石化易派客、俄罗斯原子能协会供应商认证审核。

2023 年，石家庄工业泵厂有限公司深入开展产品细节质量提升行动，部分问题得到根治，取得阶段性成果。公司推行质量看板管理，建立"质量曝光台"机制，切实提高质量管控水平；开展"质量月"系列活动，选取典型案例，树立标杆形象；采取正向激励、反向鞭策"双管齐下"的措施，增强全员质量意识。公司完成试泵站数字化改造，升级检测手段，提高数据精准度和试泵效率；邀请质量专家，组织培训活动，编制了省政府质量奖自评报告；完成公司五大管理体系外审，结合问题项、不合格项，实现改进提升。公司获得中国煤炭工业协会 QC 成果二等奖 1 项、三等奖 2 项。

2023 年，广东肯富来泵业股份有限公司参与了泵产品相关国家标准、行业标准、团体标准的制修订工作。截至 2023 年年底，公司参与制修订的现行有效国家标准 17 项、行业标准 6 项、团体标准 1 项。公司构建了企业标准体系，2020 年获得 AAAAA 级标准化良好行为企业称号，2023 年通过复审。公司研制的 KPP 系列石油化工流程和 KHP 系列卧式中开多级泵产品经过评价，均符合采用国际标准产品标志条件，取得了广东省采用国际标准产品证书和采用国际标准产品标志证书。公司的水环真空泵产品被评为制造业单项冠军产品。公司推行精益生产管理，实施 6S 管理体系，现场管理和质量控制水平得到明显提升。

大耐泵业有限公司持续采用卓越绩效管理模式，提升企业管理的系统性思维；落实"大质量"理念，充分发挥首席质量官制度的作用，实施质量管理一票否决；为解决各类质量问题，灵活采用 TPM 管理、项目管理、5S 管理、六西格玛管理和 BSC 管理等方法。2023 年，公司获得中国通用机械工业协会颁发的质量管理体系分级评价 AAA 级认定证书。

六、人才培养和队伍建设情况

大耐泵业有限公司加大人才引进和培养力度。公司高度重视科技人才的引进和培养，推行"留住关键人才，引进急需人才，储备未来人才"的用人战略，培养一支结构合理、业务素质过硬的设计队伍和优秀的设计带头人。公司制定了《科技成果转化的组织实施与激励奖励制度》，为专业设计人员提供更多的职业发展机会。

2023 年，天津泵业机械集团有限公司招聘应届专科毕业生、本科及以上学历毕业生，增强了技术团队的实力。公司修订了绩效考核指标及核心人员的绩效考核办法，建立公司技术人才培养机制，完善了三层次产品技术带头人制度，通过专业知识考试、专家评鉴、业绩打分等方式评选高层次技术人才，有效促进了技术团队的发展。

2023 年，石家庄工业泵厂有限公司通过社会招聘、线上线下、领导带头入校园等方式引进人才，首次引进了江苏大学和兰州理工大学流体机械专业、金属材料专业的人才。公司配合兰州理工大学开展实践教学工作，组织专业对口的大学生走进企业。公司推进基层人员交流轮岗，有 30 人进行了跨部门交流，有 29 人进行了部门内部轮岗。

辽宁恒星泵业有限公司积极参与工业和信息化部中小企业领军人才项目，派出 4 名管理人员参加 2023—2024 年度中小企业经营管理领军人才——浙江大学辽宁班的学习，学期为一年。2023 年，公司大力推进人才能力提升战略，车间一线工人完成技能提升的共有 28 人，其中具有技师资格的共 7 人。

当前，利欧集团泵业有限公司研发团队的人数已超过 500 人，其中，具有高级职称的有 60 人，享受国家政府特殊津贴的专家有 2 人。公司设有国家级博士后科研工作站，截至 2023 年年底，工作站进站博士累计 24 人。公司每年开展"未来合伙人"校招生培养计划，从高等院校吸纳优秀青年人才。公司每年开展"利欧杯"技能大赛，从优秀的参赛人员中评选出利欧技能大师、利欧技术能手。2023年，共有1 000多人参加大赛。

2023年，西安泵阀总厂有限公司制定了部门组织手册，明确各岗位知识、技能要求及岗位价值量；结合公司人才梯队建设，对于管理储备人员，建立了内部招选、师带徒培养、验收评估的培养模式，制定了一线多能工激励及培养管理办法；建立了岗位等级规范制度，搭建了八级工发展通道。公司依托西安泵阀大学，针对不同人群，设置不同的课程，以多频次的培训模式，促进各岗位人员理论知识的提升。同时，在各系统内开展知识分享活动，营造全员学习的氛围，初步搭建学习型组织。

山东双轮股份有限公司与江苏大学签订了产学研及实践教学基地合作协议。双方将发挥各自的优势，建立产学研及实践教学基地合作关系。公司与兰州理工大学签订了教育部卓越工程师计划工程实践教育基地共建协议，建立高校、企业联合培养人才的新机制，进一步发挥企业在工程人才培养中的作用。通过搭建人才培养和输送体系，一方面，提升学生的工程实践经验；另一方面，提升工程技术人员的理论研究能力。

2023年，广东肯富来泵业股份有限公司遵循"专业技能和综合素质同步提升"的人才培养原则，除了开展员工的岗前培训外，还根据企业发展、员工专业技能需要，通过内部、外部培训资源相结合，有计划地开展符合员工自我提升需求的线上、线下个性化培训。

重庆水泵厂有限责任公司深化人才机制建设，优化人才队伍结构。当前，公司本科及以上学历人员达到403人，中级及以上职称人员达到194人，高级工及以上技能人才达到179人。公司强化机制建设，激发内生动力。通过制度改革，优化形成新的岗位职责和任职条件，建立管理、技术、技能等多序列岗位管理体系，让各职能序列的员工都有晋升通道。公司围绕产业发展、创新能力提升，完善20余项技术创新管理制度，形成了以业绩评价和能力评估为基础的综合评价体系。

2023年，襄阳五二五泵业有限公司以优化人员结构、推动共建共享为目标，坚持打造与转型升级相适应的人才队伍。全年引进博士研究生1人、硕士研究生13人。公司推荐5名技术骨干到高校进修，高层次人才占比不断提高。公司与武汉理工大学共建研究生联合培养基地，完成博士后工作站的前期准备工作。

〔撰稿人：中国通用机械工业协会泵业分会王国轩、解刚〕

2023 年风机行业概况

2023年，风机行业企业抢抓机遇、开拓市场，上半年主要经济指标实现较快增长。进入第三季度，受市场需求不足以及2022年同期高基数等因素影响，行业主要指标增速放缓。第四季度，随着一批稳定经济的政策措施集中出台与落实，风机行业呈现出稳定向好的走势，全年主要指标实现一定幅度的增长。但是，当前行业整体回升向好的基础尚不牢固，仍面临市场需求不振、账款回收难等问题，行业下行压力依然突出。

一、生产发展情况

1. 工业总产值小幅增长，增速持续放缓

据中国通用机械工业协会风机分会对风机行业183家重点联系企业上报数据统计，2023年，完成工业总产值671.2亿元，同比增长2.7%，增速较上年回落2.4个百分点。参与统计的企业中，工业总产值在10亿元以上、40亿元以下的企业有6家，工业总产值在5亿元以上、10亿元以下的企业有13家，工业总产值在1亿元以上的企业有79家。

2. 产品生产有所回升

2023年，风机分会参与统计的会员企业完成各类风机产值367.9亿元，同比增长0.6%。其中，离心压缩机产值约94.1亿元，同比增长6.4%。由于水泥、建筑等行业市场下行，通风机类产品产值下降。各类风机产量2184.9万台，同比增长2.0%。除离心通风机和罗茨鼓风机外，其他8类产品产量均实现增长。2023年风机产品产值及产量见表1。

表1　2023年风机产品产值及产量

产品类别	产值（万元）	产值同比增长（%）	产量（台）	产量同比增长（%）
离心压缩机	940 950	6.4	811	23.6
轴流压缩机	179 415	3.3	76	5.6
能量回收透平机组	115 355	6.0	78	34.5
离心鼓风机	249 000	-8.6	13 358	8.6
罗茨鼓风机	215 635	1.8	76 254	-3.2
离心通风机	949 264	-3.0	3 616 279	-8.9
轴流通风机	586 087	-6.3	3 382 739	8.8
旋涡风机	63 089	-1.3	439 711	4.7
空调风机	150 425	2.0	11 160 501	3.7
其他风机	230 273	12.6	3 159 680	3.2
合计	3 679 493	0.6	21 849 487	2.0

3. 行业盈利能力下降

2023年，风机分会参与统计的会员企业实现营业收入828.2亿元，同比增长3.87%；实现利润总额41.9亿元，同比下降5.87%。183家上报数据的企业中，近五成企业利润同比下降，近四成企业出现亏损。风机行业盈利能力下降的主要原因：一是受复杂的国际形势影响，风机行业主要原材料价格维持高位震荡。同时，企业管理成本、人工成本居高不下，导致生产端成本压力凸显。二是市场需求仍显不足，价格向产业链下游传导不畅，企业经营利润受到显著影响。

4. 风机订单小幅增长

2023年，参与统计的企业累计完成订货1 558.4亿元，同比增长7.99%。其中，当年订货为1 342.8亿元，同比增长9.95%。

5. 外贸出口保持增长

2023年，参与统计的企业完成出口交货值29.9亿元，同比增长10.58%；出口各类风机394.9万台，同比增长14.27%。技术含量高的产品出口占比继续提高，其中，离心压缩机出口量同比增长50%，能量回收透平机组出口量同比增长67%，离心鼓风机出口量同比增长84%。

二、重大技术装备发展情况

2023年，风机行业在石油化工、压缩空气储能、环保、电力等领域连续实现新突破，重大技术装备攻关取得一批标志性成果。

沈鼓集团股份有限公司成功研制多个首台（套）产品，填补了国内空白。公司研制的国内首台CHP法制环氧丙烷装置用离心压缩机组、国内首台5MW ORC透平发电机组、世界首个非补燃压缩空气储能国家试验示范项目用60MW非补燃式压缩空气储能电站用压缩机组等整体技术均达到国际先进水平，部分指标达到国际领先水平。公司在能源化工领域多个市场连续取得新的突破，中标多个项目，比如，浙江石化高端新材料项目、中石化茂名炼油转型升级及乙烯提质改造项目、海南星光余热回收热泵系统项目、青海格尔木60MW液化空气储能项目、福建联合石化动设备/电器/仪表多专业整体检修服务项目及川气东送普光首站控制系统改造项目等。

陕西鼓风机（集团）有限公司签订了全球规模最大的350兆瓦级压缩空气储能项目，其单机容量、储能规模、转换效率均处于世界领先水平；签订了全球首台（套）采用人工硐室储气的300兆瓦级压缩空气储能电站示范项目，突破了压缩空气储能受地理条件制约的难题；签订了全球首台（套）用户侧空气储能项目，这是陕鼓集团EISS4.0能源互联岛在用户侧的创新型实践；签订了全球首个压缩空气-电化学耦合共享储能项目，实现了陕鼓集团"轴流+离心"组合方案从10MW到350MW的覆盖；签订了煤化工领域首个大型CCS项目，也是全国最大规模的二氧化碳地质封存示范基地项目；承接了全球最大规模煤制烯烃项目，实现了陕鼓集团裂解气压缩机在煤制烯烃蒸汽裂解装置中的首次应用；签订了600万t/a低阶煤清洁高效综合利用项目，这是陕鼓集团在新疆的第一套低阶煤清洁高效综合利用项目。此外，公司签订了俄罗斯北极2号天然气采集海上平台项目润滑油站。该项目位于北极圈内，严苛的设计条件极具挑战性。

上海电气鼓风机厂有限公司承担的国家重大科技基础设施项目——单/多级压气机试验台已安装完毕，建成后将具备重型燃气轮机压气机在大尺寸、大流量工况下的试验能力，对提高国内高压压气机的设计试验能力具有重要意义。公司中标某精细化工及原料工程项目动力站超高压煤粉锅炉配套三大风机设备。该项目是"一带一路"建设重大项目，当前已完成全部设计，进入生产制造阶段。

重庆通用工业（集团）有限责任公司自主研发的国内首台国产邮轮用冷水机组样机开发成功；研制了国内首台某项目用双机头永磁直驱钛合金离心式冷水机组；研制的MVR系统用离心式蒸汽压缩机组被认定为先进环保技术装备，入选《国家鼓励发展的重大环保技术装备目录（2023年版）》。

中国电建集团透平科技有限公司中标某电厂百万吨级CCUS研究及示范项目增压风机设备。该项目为陇电入鲁国家"西电东送"重大战略项目，是全国首个"风光火储一体化"送电项目电源支撑点之一。公司中标全球单机容量最大的云南能投红河电厂扩建工程1×700MW循环流化床机组三大风机设备。公司研制的大型超（超）临界机组大功率风机入选国务院国资委《中央企业科技创新成果产品手册》。

三、企业科技创新与研发情况

2023年，风机分会参与统计的会员企业研发投入共计25.3亿元，同比增长2.16%。行业创新能力显著增强，创新成果不断涌现。

沈鼓集团股份有限公司为持续提升企业创新能力，搭建了燃料电池空压机试验台、轴承试验台，自主开发了数字化/智能化设计、模型级性能预测、物性计算等程序。公司完善科技创新体系，全面构建合作共赢生态圈，与沈阳自动化研究所签订了战略合作协议。公司联合国内压缩气体储能领域知名高校、产业链上下游企业等30家单位，组建压缩气体储能创新联合体。公司承担的CHP法制环氧丙烷装置用离心压缩机组等5个项目通过科技成果鉴定；大型连续式跨声速风洞用主驱动压缩机组项目获得机械工业科技进步奖一等奖；聚烯烃装置用循环气压缩机系列研制及产业化应用项目获得辽宁省科技进步奖二等奖、中国石油和化学工业联合会科技进步奖三等奖；大型连续式跨声速风洞设计技术及应用项目获得中国航空学会技术发明奖一等奖。公司顺利通过国家级企业技术中心、国家技术创新示范企业复核，国家级企业技术中心复核成绩在辽宁省排名第一。

陕西鼓风机（集团）有限公司与西安交通大学、西安摩尔石油实验室、郑州机械研究所有限公司等单位合作开展产学研项目 38 项。其中，生物发酵汽电双驱供风及能量回收装置技术及应用、超大型多轴离心压缩机用高速多层齿轮箱关键技术研究及产业化、顺酐生产用节能型电机－汽轮机同轴联合驱动机组研发及应用 3 项科技成果通过鉴定，整体技术均达到国际先进水平。烧结余热能量回收驱动机组（SHRT）技术、硝酸装置蒸汽及尾气循环利用能量回收机组系统技术、煤气透平与电动机同轴驱动的高炉鼓风能量回收机组（BPRT 技术）3 项成果入选《全国工业领域电力需求侧管理参考产品技术目录》。50 万 t/a 燃煤电厂低成本碳捕集成套装置、300MW 压缩空气储能系统压缩机入选国家能源局"2023 年度能源行业十大科技创新成果"榜单。能量回收透平耦合汽电同驱高炉鼓风机组节能技术研发及应用项目获得机械工业科技进步奖二等奖。36 万 t/a 高效宽工况硝酸四合一机组项目、海上平台天然气压缩机机组国产化调试技术研究项目分别获得中国石油和石油化工设备工业协会 2023 年度石油石化装备行业"新技术、新产品、新材料"杰出科技创新成果奖、优秀科技创新成果奖。公司取得高新技术企业资质证书，获批建设高端压缩机及系统技术全国重点实验室。

重庆通用工业（集团）有限责任公司研制的大型化工用双动力通风机采用双动力驱动结构，可靠性高，整机运行平稳。机组将余热蒸汽作为动力源，已应用于 160 万 t/a 乙烯裂解装置中。公司研制的核电用离心式冷水机组被认定为重庆市首台（套）重大技术装备。多晶硅领域用超低温离心式压缩冷凝机组、双级大温升蒸汽压缩机研制及产业化、大流量钛合金离心通风机 3 个项目被列入《重庆市技术创新指导性项目推荐目录》；化工用大型多级低温制冷机组项目获得机械工业科技进步奖三等奖；百万吨级 CCUS 系统用丙烯压缩机项目获得"合力杯"第二届全国机械工业产品质量创新大赛优秀奖；一种大型化工离心压缩机模型级模化选型设计方法和装置专利获得首届重庆专利奖优秀奖。

金通灵科技集团股份有限公司通过优化三元流产品系列、7-18 系列高压离心风机、JE 系列空压机润滑系统及齿轮箱、传统静叶片结构等设计，利用 CFD 等信息化技术，不断提高产品的使用效率，提升产品质量。公司攻克碳化钨喷焊和熔覆技术，将该技术应用于大型机壳与叶轮制作；首次将分布式控制系统应用于空压机的控制，产品抗干扰性能强，节约了成本；研发了新型高效窄流道风机、首台（套）超低温高温升串联蒸汽压缩机等产品，大部分产品已得到应用。

山东省章丘鼓风机股份有限公司与中国科学院理化技术研究所、中国科学院过程工程研究所联合承担的山东省重大科技创新工程项目"高盐高浓有机废水无害化与资源化处理技术装备集成及示范"项目顺利通过验收；完成 8 项省级技术创新项目；细粉物料绿色高效气力输送关键技术及应用项目获得河南省科学技术进步奖二等奖。2023 年，公司的罗茨鼓风机被认定为第二批"好品山东"品牌。山东章鼓节能与环保罗茨鼓风机工程研究中心被认定为山东省工程研究中心。

2023 年，南通大通宝富风机有限公司开发了低温升样机柔性轴转子用挤压油膜阻尼器，主轴直径减小，材料成本大幅降低，填补了悬臂式压缩机、通风机采用柔性轴的技术空白。永磁高速直驱蒸汽压缩机系列研发及产业化项目被列入2023年江苏省碳达峰碳中和科技创新专项资金（科技成果转化）计划。公司的离心通风机产品取得2023年"江苏精品"认证。公司建设的江苏省节能减排风机工程技术研究中心通过江苏省科学技术厅2023年度省工程中心绩效考评，考评结果为优秀。

北京新安特风机有限公司获得北京市知识产权优势单位称号。公司有6个系列防爆通风机获得3C认证，有两个系列产品获得消防排烟风机自愿性认证。

浙江上风高科专风实业股份有限公司研制的地铁、隧道用固定式空气过滤器通过科技成果鉴定，技术达到国内领先水平。直驱式高速永磁离心鼓风机被认定为2023年度浙江省首台（套）产品。

浙江亿利达风机股份有限公司开展新型轻质高强材料在建筑与工程通风机组上的应用研究，将新型材料应用于叶轮和机壳上，从而实现建筑与工程通风机组气动性能优化和整机效率的提升。公司开展基于CFD流场仿真分析技术在空调风机中的开发研究，对空调风机进行优化设计。与原型机相比，改进后的机型在保持全压和流量基本相等的条件下，效率得到提高。

湖北三峰透平装备股份有限公司研制的MVR蒸汽压缩机三元流叶轮制造工艺、离心压缩机窄流道闭式叶轮塞焊工艺及应用、热泵精馏用双级压缩机关键技术及应用、高速电机直驱离心压缩机关键技术及应用等项目通过湖北技术交易所鉴定，整体达到国内领先水平。其中，高速电机直驱离心压缩机关键技术及应用项目达到国际先进水平。

四平鼓风机股份有限公司参与研发的新型高效节能离心通风机产品减少了风机运行过程中的内泄漏，提高了风机效率；针对系统含尘浓度高的应用环境，风机壳体部分及进风机口通流部分采用复合板制造，延长了产品使用寿命及检修周期。

上海通用风机股份有限公司研发的CF67系列建材行业玻璃钢化用串联离心通风机中标批量化生产项目。

百事德机械（江苏）有限公司研制的空气悬浮鼓风机通过了第三方鉴定。公司与福州大学、哈尔滨工业大学、北京航空航天大学、西安交通大学等高校进行多项产学研合作，就鼓风机降噪、减振等问题开展研究。

威海克莱特菲尔风机股份有限公司自主研发的PCTC汽车运输船舱室通风机实现量产；开发新型高效三元流翼型无蜗壳离心风机，能效符合欧盟ErP327法规要求，整机静压效率为70%。公司自主研发的高效动车智能化轻量化通风除尘系统获得"合力杯"第二届全国机械工业产品质量创新大赛银奖。公司获评山东省"一企一技术"研发中心。

苏州顶裕节能设备有限公司自主研发的超高压系列玻璃钢风机最大静压达到12 000Pa，叶轮整体为玻璃钢材质，最高转速为3 960r/min，技术处于国内领先水平。

浙江明新风机有限公司开展了永磁悬浮减速轴流冷却风机、叶轮自动除尘的冷却用轴流风机等11个项目的研发，累计转化科技成果7项，获得发明专利2项、实用新型专利3项。公司与中国计量大学研究院开展过滤排烟风机箱设计与开发产学研合作项目；持续开展新产品试验工作，顺利通过中国合格评定国家认可委员会组织的实验室认可复审。

浙江金盾风机股份有限公司自主研发的应急排风机、安全级反应堆舱空调风机通过国防科学技术成果鉴定。鉴定委员会一致认为，产品技术指标先进，拥有自主知识产权，主要性能指标达到国际同类产品先进水平。

山东临风科技股份有限公司研发的 YH 型冶金环保节能改造用离心通风机属于 2023 年山东省技术创新项目；CHX 型环保除尘用离心风机获得山东省机械工业科技进步奖二等奖；LFHC 型环保除尘用工业通风机获得山东省装备制造业科技创新奖三等奖。公司通过山东省高新技术企业认定，被山东省工业和信息化厅评为 2023 年度第一批创新型中小企业，被认定为省级企业技术中心、省级企业工业设计中心。

余姚风机总厂有限公司自主研发的高效节能篦冷机冷却风机具有稳定性好、低耗、高效、振动小、噪声低等特点，各项技术参数优于行业同类产品。公司研发的新型高效节能篦冷离心式通风机性能试验效率最高可达 86.91%，各项性能指标优良，处于国内同类产品先进水平。2023 年，公司被认定为浙江省科技型中小企业、宁波市"专精特新"中小企业。

南方风机股份有限公司不断强化科技创新能力，提升研发水平，通过了国家高新技术企业的再次认定，获得国家级专精特新"小巨人"企业称号。公司的地铁通风设备关键部件智能化生产线项目获得南海区首批"揭榜挂帅"项目和重点领域科技攻关立项支持。

湖北双剑鼓风机制造有限公司成功研制 4BG450-28 多轴离心压缩机、D85 富氧风机，被认定为湖北省制造业单项冠军示范企业。

南京磁谷科技股份有限公司加大研发投入力度，持续进行产品迭代升级和新技术、新产品的研发。公司将二代磁悬浮离心式鼓风机、磁悬浮空气压缩机新型产品的开发与行业应用作为重点工作，有多个新型产品已实现转产。公司完成了磁悬浮冷水机组产品型谱及基本框架的更新、定型，并投入市场试用。根据各类产品的实际需求，针对现有技术进行优化升级，并在更大承载力磁悬浮轴承、磁悬浮电机平台化、变频器性能提升

等方面进行了研究。

无锡市厚德自动化仪表有限公司自主研发的电涡流传感器、振动速度传感器及转速传感器获得意大利船级社 RINA 认证。

四、企业转型发展情况

风机行业积极推进行业数字化转型和智能化升级，推动新一代信息技术与制造业深度融合。在"双碳"目标引领下，行业企业深入贯彻绿色发展理念，研制节能降碳装备，推广绿色工艺，打造绿色工厂。

沈鼓集团股份有限公司全面对标世界一流企业，将精益理念贯穿于研发设计、生产制造、营销服务等方面，强化精益管理、精益运营，打造卓越的管理运营体系。公司入选国务院国资委"创建世界一流专精特新示范企业"名单，被选树为全国国企改革三年行动综合典型。在数字化、智能化方面，公司打造了集物联网、大数据、人工智能等先进技术于一体的综合性信息化平台——沈鼓智鼎工业互联网平台，入围 2023 年辽宁省重点培育工业互联网平台名单。公司在首届国企数字场景创新专业赛中获得三等奖，高端透平压缩机智能制造示范工厂被评为 2023 年度国家级智能制造示范工厂，"沈鼓集团数字化企业管理能力建设"项目入选 2023 年新一代信息技术与制造业融合发展示范名单（"数字领航"企业方向），"高端装备智能工厂建设运维标准应用试点"项目获批国家智能制造标准应用试点项目。在绿色低碳发展方面，公司围绕"双碳"目标进行全面布局。一是以重大关键装备国产化为使命，不断满足国家重大工程建设需求，为碳中和提供坚实的装备保障；二是加快前沿技术研发与迭代应用，通过科技引领和数字化赋能，助力能源与化工产业绿色低碳转型；三是聚焦国家能源结构调整，在清洁能源、新能源等领域持续发挥关键核心作用。在服务型制造方面，公司始终秉承"至诚服务、精益服务、匠心服务"的理念，坚持以

提升自主创新能力为核心，以创新服务模式及业态为抓手，以工业互联网应用为发展的新动能，通过 8 项常规服务、2 项拓展服务及 N 项子公司特色服务为依托的"8+2+N"增值服务模式，为用户提供产品全生命周期的服务保障。在国内外市场拓展方面，公司以"为客户创造价值"为导向，通过优质的产品和完善的售后服务，在产品研发和市场推广方面不断取得新的突破。公司统筹推进海外区域和国别市场布局，持续提升海外市场竞争优势。2023 年，公司海外订货额创历史新高，订货规模较 2022 年增长近 2 倍，连续两年复合增长率达 130%；首次实现海外订货额占全部订货额的 25% 以上，国际化转型工作取得显著成效。

陕西鼓风机（集团）有限公司持续推进数字化转型，以产品智能化、过程智能化、服务智能化为抓手，促进陕鼓智能制造战略落地；通过实施数智化的系统解决方案及解决方案的数智化服务，不断提升服务质量，为客户创造价值。公司作为国家首批两化融合管理体系贯标示范单位，获得 AA 级认证证书。在国务院国资委主办的首届国企数字场景创新专业赛中，"工业气体智慧运营""空分项目数字孪生全过程管理"两个项目获得二等奖，"产品数字孪生模型开发与应用"项目获得三等奖；"数字员工助力设备智能运维解决方案"入选工业和信息化部 2023 年度智能制造系统解决方案榜单；"基于数字孪生的 5G+ 工业物联网智能运维平台"项目入选工业和信息化部 2023 年物联网赋能行业发展典型案例；"机电仪一体化全生命周期监测诊断平台"项目获评中国质量大会管理创新案例；"气体厂智慧运维及远程管控中心建设解决方案"获评中国企业联合会服务类"全国智慧企业创新实践案例"。公司创新数字服务新模式，运用互联网、物联网、大数据等信息技术，打造智慧服务技术及运营体系，形成设备全生命周期数字化服务，为 1 600 多家用户的 6 800 余台

（套）设备保驾护航，为冶金、石化、军工、天然气等领域用户提供智能化系统解决方案 200 多项。2023 年，陕鼓品牌影响力持续提升。公司入选"2023 世界清洁能源装备产业全球 100 强""2023 年中国机械 500 强""2023 年中国新经济企业 500 强""2023 中国新型储能压缩空气储能企业十强"等榜单；获得"中国工业碳达峰'领跑者'企业""2023 年中国绿色供应链管理企业"等荣誉称号。

重庆通用工业（集团）有限责任公司完成了 DNC、费控、CRM 等信息化系统建设，并与 PLM、财务总账集成实现数据交互，有效提升了管理效率。公司的高端透平机械机加工数字化车间被认定为重庆市数字化车间。公司获得重庆市企业创新奖，被评为重庆制造业企业 100 强，入选 2022 年度工业和信息化部绿色制造名单和第二届中国工业碳达峰"领跑者"企业名单，荣获"国家绿色工厂"称号。

山东省章丘鼓风机股份有限公司致力于数字化管理变革，2023 年完成 710 车间智能化升级改造并投入使用，车间整体空间利用率提高 20% 以上，仓储利用率提高 50% 以上，生产效率提升 20% 以上，运营成本降低 8%。公司取得 2023 年山东省数字化车间、山东省工业互联网标杆工厂、2023 年中国机械 500 强、2023 年度国家绿色工厂及绿色供应链管理企业等荣誉。

长沙鼓风机厂有限公司始终秉承绿色低碳发展的理念，采用先进适用的清洁生产工艺技术和高效末端治理装备等，实现工厂绿色发展。2023 年，公司荣获湖南省"绿色工厂"称号。

南通大通宝富风机有限公司实施数字化一体化管控平台，让数据在员工端、制造端、产品端、营销端和客户端互通对接，实现了企业产品全生命周期管理。2023 年，公司被评为江苏省五星级上云企业、质量信用 AA 级企业。

浙江上风高科专风实业股份有限公司坚定不

移地推进全面数字化转型，推进 SKU 精简、CBB 通用平台构建等工作，以研发 IPD/RDM、营销 LTC/CRM、服务 ITR/CSS 系统为核心，提升全价值链管理水平。

中国电建集团透平科技有限公司不断加强科技研发的数字化，通过气动分析流体仿真软件、有限元分析软件、三维软件、图文档协同管理系统的应用，建立数值模拟－性能试验－产品试制－新产品推广应用的研发路线；不断加大生产设备的智能化，新上线生产管理系统，完成了企业资源计划（EPR）系统的更新工作。2023 年，公司稳步拓展海外市场，沙特 NEOM 未来新城施工通风系统项目实现施工风机首次出口；中标韩国现代 QT1 项目引风机设备和土耳其 Kangal 项目引风机设备。

湖北三峰透平装备股份有限公司作为湖北省现代服务业与先进制造业深度融合试点单位，积极响应国家关于推动先进制造业和现代服务业深度融合发展的政策思想，聚焦制造服务业与服务产品化，围绕风机的研发设计、售后服务，从单一生产制造向"制造＋服务"模式转变，推动产业链价值延伸，拓展产业发展空间，从单体压缩机制造商发展到核心蒸发结晶系统服务商。公司的 MVR 系统和多效蒸发系统在医药、化工、环保等行业得到广泛应用。

苏州顶裕节能设备有限公司引入并完善了包括客户关系管理（CRM）、研发管理（RDM）、企业资源计划（ERP）、产品数据管理（PDM）等系统在内的信息管理平台，以信息技术为驱动，加强生产过程有效监控，提升经营管理水平。

浙江明新风机有限公司采用云服务器进行数据管理，进一步实施新核云 ERP+MES 系统，实现了各部门之间的数据协同。从销售订单下发后，自动生成采购计划、生产计划，自动下发生产车间工单，自动汇总统计在制品、半成品、成品数量，再到产品入仓库、发货环节，实现了闭环管理，改善了以前仓库原材料和五金配件盘点数据不准确的状况，节省了 2%～3% 的原材料采购成本，按时交货率由原来的 92% 提升到 98%。

山东临风科技股份有限公司联合软件开发企业，开发出供应商集采招标平台。通过该平台，对合格供应商的筛选更加严苛，流程更加规范；对大宗物资采购及部分物料出售在平台上进行比价公开招标，提高了公司产品的利润空间。

南方风机股份有限公司围绕数字化管理和精益生产，不断优化内部的业务流程和运营效率，提高工作效率和产能利用率；积极推动清洁绿色能源的厂区覆盖，与其他单位共同开展了南风股份 15MW 分布式光伏项目，践行绿色生产理念。

南京磁谷科技股份有限公司持续对 MES 生产信息化管理系统进行优化，建立 SRM 供应商管理系统，对 ERP 系统进行升级，进一步消除了信息孤岛，完善了面向公司内部多组织的 ERP 管理体系。

五、企业投资与重组发展情况

陕西鼓风机（集团）有限公司投资建设智能化提升项目、设备再制造提升项目、基础设施提升项目、计量检测能力提升项目，有效解决了生产瓶颈问题，提升了项目履约率。

2023 年 7 月，山东省章丘鼓风机股份有限公司可转债发行申请成功过会，10 月正式进行配售、申购、发行。此次募集资金约 2.43 亿元，用于核电风机生产车间建设项目、新型高端节能通风机建设项目、710 车间智能升级建设项目，并补充流动资金。2023 年，山东省章丘鼓风机股份有限公司出资 400 万元，设立山东鲸头鹳智能科技有限公司（合资公司）；出资 275 万元，设立山东章鼓天友环保科技有限公司（合资公司）；出资 490 万元，与山东浪潮通软信息科技有限公司共同设立山东鼓咚咚智造科技有限公司；出资 400 万元，与济南鸿煦机械科技合伙企业（有限合伙）、势加透博（北京）科技有限公司共同设立山东章鼓势加动力科技有限公司；出资 400 万元，与宁波龙猫科技合伙企业（有限合伙）、宁波聿川动力科技有限公司共同设立宁波松鼠动力科技有限公司。

湖北三峰透平装备股份有限公司新建智慧绿色通用机械产业园，新征工业用地约 8.1 万 m^2（121 亩），拟新建智能化车间约 5 万 m^2。2023 年，一期厂房完工。项目建设完成后，公司产能将大幅提升，可新增就业岗位 500 个，满足市场对公司产品的需求。

上海通用风机股份有限公司投入 1 000 万多元，开展涂装线的改造，特别是将废气环保设备更新为沸石转轮 + 催化有机废物高效治理设备，提升了油漆质量，提高了工作效率。

百事德机械（江苏）有限公司高效风机设计及智能化制造基地新厂区建成，自动物流智能线和智能生产线已投入使用。

威海克莱特菲尔风机有限公司技术研发大楼建设完成并正式启用，新建测试中心引入的大型风室和消音室完成测试并启用。

浙江明新风机有限公司年产 2 万台智能风机项目建设完成，正式投入运行。

浙江金盾风机股份有限公司投入 2 100 万元建设的实验室已完成竣工验收；在上虞区滨江新城 17-D 地块投资建设的总部大楼顺利结顶。

南京磁谷科技股份有限公司加大生产设备的投入力度，新增磁轴承线圈自动绕线机、磁轴承自动化装配生产线、高速薄板专用激光切割机、数控外圆磨床等生产及自动化设备，为提升公司产能、产品品质及客户订单交付能力提供了有力的保障。

湖北双剑鼓风机制造有限公司投入 150 万元，用于数字储存与备份方面的信息化建设。

六、标准化及质量提升情况

1. 标准化工作

2023 年，风机行业企业积极参与国家标准、行业标准及团体标准的制修订工作，共完成国家标准 12 项、行业标准 1 项、团体标准 1 项。2023 年风机行业制修订标准目录见表 2。

表 2 2023 年风机行业制修订标准目录

标准编号	标准名称
GB/T 42601.1—2023	石油、重化学和天然气工业 润滑、轴密封和控制油系统及辅助设备 第 1 部分：一般要求
GB/T 42601.3—2023	石油、重化学和天然气工业 润滑、轴密封和控制油系统及辅助设备 第 3 部分：一般用途的油系统
GB/T 43080.3—2023	通风机 通风机效率等级 第 3 部分：不含驱动装置最高转速时的通风机
GB/T 34877.1—2023	工业风机 标准实验室条件下风机声功率级的测定 第 1 部分：通用要求
GB/T 34877.2—2023	工业风机 标准实验室条件下风机声功率级的测定 第 2 部分：混响室法
GB/T 42381.62—2023	数据质量 第 62 部分：数据质量管理：组织过程成熟度评估：过程评估相关标准的应用
GB/T 42400—2023	激光熔覆修复金属零部件硬度试验方法
GB/T 42401—2023	激光修复 缺陷质量分级
GB/T 43204—2023	激光修复过程环境保护要求
GB/T 43205—2023	激光修复安全生产要求
GB/T 43434—2023	激光修复区域抗裂性试验方法
GB/T 8542—2023	高速齿轮传动装置技术规范
JB/T 14154—2023	污水处理用鼓风机能效限定值及能效等级
T/CGMA 0203—2023	整体齿轮增速组装型离心式蒸汽压缩机

2.质量管理创新与质量提升

风机行业企业积极参与中国通用机械工业协会开展的具有行业特色的质量管理体系分级评价，2023年，重庆通用工业（集团）有限责任公司、山东省章丘鼓风机股份有限公司、南通大通宝富风机有限公司、苏州顶裕节能设备有限公司通过审核。

沈鼓集团股份有限公司坚持以市场和客户需求为导向，深化质量体系建设，健全质量管理机制，夯实过程控制基础，实施"质量是一把手工程"制度，把质量职责落到实处。公司健全质量责任机制、考核机制、监督机制和奖励机制，完善质量责任绩效考核体系；构建自律的主体质量保证模式，推广关键工序优质优奖；持续推动开展质量攻关、8D异常改进、QC小组活动、提案改善活动等，树立标杆典型，发挥榜样作用，营造"人人积极改善质量"的环境氛围；应用卓越绩效模式、精益生产等先进的企业质量管理方法，系统开展产品质量风险分析与管控、质量成本管理、质量管理体系升级等活动，全面提高质量管理能力；实施品牌发展战略，建立健全沈鼓品牌培育质量体系，完善品牌培育成熟度评价机制，提升品牌价值和效应。2023年，公司获得第二十届全国质量奖，申报的"重大技术装备国产化突破典型案例"被列为2023年度工业和信息化质量提升典型案例。

陕西鼓风机（集团）有限公司紧紧围绕分布式能源战略（EISS4.0）开展质量工作，按照"系统是以专业为基础的系统，专业是系统领导下的专业"的要求，以"一流质量"为目标，构建分布式能源"1+7"系统解决方案质量管理体系及"5+3+C（降碳）"客户体验的新型能源系统。公司按照分级管理、区域保障的原则，建立公司质量管理总手册，全面建立并及时更新质量管理组织架构，进一步落实质量主体责任和监管责任。公司通过一系列举措，全面提升质量管理水平。公司强化质量制度建设，明确职责，落实责任；推行"缺陷产品"零容忍，对质量问题"五不放过"，做到质量问题"五全"管理，提升企业整体质量管理水平；组织召开质量大会，开展特色质量赛马评价；组织对客户投诉、抱怨、"每单必访"问题跟踪处理；组织协调处理技术质量问题，为货款回收提供支持；"零缺陷"项目、质量改进项目和QC成果完成率达100%，实现质量管控全覆盖；开展质量信得过班组创建活动，并形成制度。公司的绿色动力能源设备大型高效高炉煤气透平创新设计项目获得"华中数控杯"首届全国机械工业产品质量创新大赛金奖；在"合力杯"第二届全国机械工业产品质量创新大赛中，获得金奖1项、优秀奖7项；在2023年全国机械工业优秀质量管理小组活动中，获得一等奖6项、二等奖10项；在2023年陕西省质量管理小组成果发布交流活动中，获得一等奖2项、二等奖6项、三等奖5项、优秀奖3项；在西安市第45届质量管理小组成果发表暨经验交流会上，获得一等奖3项、二等奖9项、三等奖10项。

上海电气鼓风机厂有限公司建立全口径质量损失统计模型，以重点项目为试点，在研发设计阶段推行风险管理工具，建立研发设计流程，输出新产品的质量特性分级清单，建立采购、制造、安装运维阶段的分级控制过程、技术质量标准，确保新产品及工程化应用的质量。

重庆通用工业（集团）有限责任公司持续推进企业标准化体系建设。公司根据市场反馈的质量信息，重点推动冷水机组调节机构优化等15项质量改进工作，均达到改进目标；围绕生产现场工艺布局、产线建设、计划和齐套管理、异常管理四个方面，推行精益生产，优化了风机、冷水机组产线布局，初步搭建起车间级计划管控模型。公司持续开展QC小组活动，"降低三元流叶轮铣削成本"项目获得川渝机械制造行业QCC大赛一等奖。

中国电建集团透平科技有限公司持续创新质量管理体系，对质量信息管理、质量检验管理、合格供应商管理、新产品试制等多个质量管理板块进行升级，大幅提高了质量管理信息和数据归集的效率。2023年，公司产品一次交检合格率稳步提升，外部质量劣质得分、客户反馈信息数量、客户返修编号数量等关键质量评价指标达到近些年最佳水平。

浙江金盾风机股份有限公司通过数据分析、流程优化等方法来预防潜在的质量问题，修订了《安全生产规章制度》等若干安全管理制度；通过开展质量管理体系知识培训，合理发挥生产管理人员的作用，有效降低返工、返修率；结合ERP系统，完善综合管控，提升数据的准确性，降低管理成本，进而实现产品质量的提升。

南京磁谷科技股份有限公司完成了现有质量、环境、职业健康安全三大体系换版工作，并取得GB/T27922售后服务体系认证。公司持续优化作业指导书等程序文件，增加PCB电路板自动化检测等设备，以全面质量管控为目标的质量管理体系得到稳步推行。

七、人才培养和队伍建设情况

2023年12月，风机分会在无锡举办了第十二期"工业通风机设计及振噪检测与故障诊断"培训班，邀请高校教授和行业专家讲授了通风机气动设计、流场分析、节能优化、振噪监测控制，以及通风机行业未来技术发展、风机设计师的核心竞争力等课程。

沈鼓集团股份有限公司始终践行人才是第一资源战略，培养了一批能够承担关键核心技术攻关、原创性/引领性技术攻关、国家重大科研项目研发的科技领军人才。公司与西安交通大学、大连理工大学、东北大学分别联合创办了研究院，与西安交通大学、大连理工大学、东北大学、浙江大学、哈尔滨工业大学合作成立5个技术分中心，形成以"两站四院五中心"为核心、各子公司技术部门为支撑、国外研发机构为补充的多维度创新体系。公司选送优秀人才到高校进行学习深造，与东北大学、西安交通大学、大连理工大学联合开办在职工程硕士班，为企业培养高层次应用型、复合型人才。当前，公司高层次人才队伍中集聚了众多辽宁省优秀企业家、杰出科技工作者、优秀专家，其中49人享受国务院政府特殊津贴；集聚了辽宁省院士后备工程人才、"十百千高端人才引进工程"千层次人才、国家级"百千万人才工程"人才、兴辽英才"百千万人才"领军人才。

陕西鼓风机（集团）有限公司聚焦"承接战略、支持业务、赋能员工"的目标定位，构建了以四大类人员为主体的立体式培训体系，强化了"人、师、课、平台、机制"培训核心要素建设。公司开展管理类培训，大国工匠师带徒项目学员获得省、市荣誉10余项，"红旗杯"班组大赛获多个奖项。公司全面推广以"陕鼓模式"为主题的对外培训，2023年开展"走进陕鼓"主题活动39场。公司持续强化"五型团队"塑造，持续开展"五型团队"创建及评选工作，建设为用户创造价值的团队。

上海电气鼓风机厂有限公司进一步加强"风系列"人才培训工作，重点培训工作主要聚焦四类人员的培养，即干部队伍建设、技术人员赋能、销售团队提升及青年骨干培养。通过人才培养，建设一支具有创新精神的复合型人才干部队伍；打造一支具有一定技术能力、创新能力、项目管理能力、学习能力的卓越工程师队伍；从职业化（销售礼仪）、产品分析能力、销售技巧、商务谈判能力和风险预防能力五个维度提升了销售团队的软实力。公司通过不同层次的培训课程和分类，帮助"追风者"在企业认知期完成从学生到职场人的角色转变，帮助"风行者"在职业选择期成为专业业务骨干，帮助"驭风者"在职业发展期成为专业技术人才和专业管理人才。

重庆通用工业（集团）有限责任公司大力实施人才强企战略，持续健全人才选拔、培养、使用和激励机制。在人才培养方面，公司推行多元化育才策略，全力支持人才的创新与创造活动。公司有4人获得重庆市南岸区"江南菁英"创新人才和技能人才称号，6人在全国职工数字化应用技术技能大赛等职业技能大赛中获奖。公司搭建了专业序列和管理序列的"双序列"晋升通道，畅通了员工实现自我价值的通道。在激励机制方面，公司持续打造"以奋斗者为本"的薪酬和绩效体系，完善了《中层管理人员绩效管理办法》《员工绩效考核管理办法》，建立了以关键绩效指标和目标计划管理为主体的全员绩效考核体系；制定了《创新研发项目激励管理办法》等制度，形成对绩效考核的有效补充。

山东省章丘鼓风机股份有限公司通过实施一系列激励机制，为科技人才搭建起施展才华的平台。2023年，有2人获得中国煤炭工业科学技术奖三等奖，1人被评为泰山产业领军人才创新领军人才，1人被评为章丘区青年岗位科技创新能手，1人获得第四届"章丘十大杰出青年"称号。

中国电建集团透平科技有限公司全力推进人才工程建设，注重对高技术人才与高技能人才的培养。2023年，有1人获得"武侯最美科技工作者"称号。

湖北三峰透平装备股份有限公司积极引进和培养各类技术人才，提高研发人员的素质。公司对有突出贡献、有专长的特殊人才实行年薪制、股权激励等多种分配方式。公司坚持"四个并举"，即引进人才和自主培养并举、人才开发与提高使用效率并举、培养高层次人才与培养一般性人才并举、扩大人才总量与结构优化并举，建设一支多层次、高素质的企业技术创新队伍。公司制定了长期创新队伍建设和创新能力建设的规划，形成了引进和培养相结合、高中层人才相配套的创新队伍建设机制。公司与华中科技大学签订了研究生培养合作协议，吸引优质生源，构建人才培养、科学研究、社会服务等多元一体的协同培养模式。

浙江明新风机有限公司明确了不同职系的晋升评估标准与管理办法，为员工提供一条既包含横向拓展又涉及纵向晋升的双轨制职业发展路径。公司建立职业生涯辅导制度，由专人对员工职业生涯目标实施定期跟踪管理，不断帮助员工调整职业阶段性发展，直至实现职业生涯目标。公司采取三级培训、员工换岗、后备人才培养计划等人才培养模式，初步形成了职前培养、职后发展及培训提升的职业教育体系，帮助员工实现职业健康发展。

南方风机股份有限公司推行人才强企的战略，全面激活并提升公司人力资本效能，联合第三方机构实施了人力资源管理提升项目，并以人力资源改革为起点，持续深化公司管理改革。

南京磁谷科技股份有限公司为提升员工的凝聚力、创造力，吸引和留住优秀人才，实施了2023年限制性股票激励计划，首次授予的激励对象总人数为49人，首次授予限制性股票数量为146.9万股。本次股权激励计划的实施进一步健全了公司长效激励机制，有效激发了公司核心技术团队、业务精英以及管理骨干的创新活力与创造力。

八、行业发展中存在的问题

1. 经营发展环境依然严峻

随着资源环境约束不断增强，原材料和劳动力成本持续上升，投资和出口增速明显放缓，经济下行压力加大，产能过剩的问题仍然突出，风机行业发展面临严峻挑战。由于行业企业在产业链中处于弱势地位，时常面对垫资生产、货款被拖欠、遭遇不合理付款方式等情况，企业资金链紧张，经营压力较大。

2. 工业领域在役风机能效较低

受气动模型设计不当、原始设计富余量大以

及设备加工精度较低等因素影响，行业在役风机的运行效率较低。除电力行业风机运行效率较高外，其余行业风机实际运行效率为 50% ～ 75%，相较于国外先进风机设备约 80% 的运行效率，仍有较大的提升空间。

3. 创新能力仍显不足

风机行业创新能力仍显不足，主要表现在：部分高端产品技术研发处于跟随研发的被动局面，缺乏前瞻性、主动性研究；部分中小企业创新意识和研发力量薄弱，缺乏核心关键技术，产品同质化现象严重；行业科研成果转化能力还不强。主要原因是：创新成本高，企业的创新成果得不到有效的法律保护，创新源动力不足；受人才、体制、成本等诸多因素制约，以企业为主体的创新体系建设艰难；行业缺乏共性技术基础研究，很难有效解决制约行业发展的、具有战略意义的技术难点和共性问题。

4. 数字化、智能化水平参差不齐

虽然部分行业龙头企业数字化、智能化水平较为领先，但从行业整体来看，多数中小企业数字化、智能化转型还处于初级阶段，简单的软件和管理信息化应用不能完全适应和满足生产要求，与先进企业存在较大差距。

5. 人才短缺制约行业发展

人才匮乏是风机行业面临的重要问题，特别是创新人才、管理人才、高技能产业工人以及应用型人才的不足，制约了行业发展。部分企业的薪资待遇、体制机制、资源能力等很难吸引高端技术人才和高技能人才，人才流失现象比较普遍，严重影响企业的良性发展。

〔撰稿人：中国通用机械工业协会风机分会郭宏、匡中华、刘蕾〕

2023 年压缩机行业概况

一、生产发展情况

压缩机行业涉及一般动力用空气压缩机和工艺流程及石油天然气开采用压缩机两大板块。2023 年，中国通用机械工业协会压缩机分会收集会员企业主要经济指标样本 80 家（一般动力用空气压缩机板块主机企业 46 家、工艺流程及石油天然气开采用压缩机主机企业 34 家）、产销量样本 79 家。

2023 年，参与统计的企业生产各类压缩机 196 万台，同比下降 15.1%；完成工业总产值 321.52 亿元，同比增长 17.8%；实现营业收入 310.76 亿元，同比增长 12%；实现利润总额 35.58 亿元，同比增长 37.7%。一般动力用空气压缩机企业共完成工业总产值 213.59 亿元，同比增长 11.3%；实现营业收入 212.24 亿元，同比增长 9.8%；实现利润总额 26.8 亿元，同比增长 24.5%。工艺流程及石油天然气开采用压缩机企业共完成工业总产值 107.93 亿元，同比增长 33%；实现营业收入 98.52 亿元，同比增长 17.1%；实现利润总额 8.78 亿元，同比增长 103.4%。2023 年一般动力用空气压缩机板块工业总产值前 10 名企业见表 1。2023 年工艺流程及石油天然气开采用压缩机板块工业总产值前 10 名企业见表 2。2023 年一般动力用空气压缩机板块营业收入前 10 名企业见表 3。2023 年工艺流程及石油天然气开采用压缩机板块营业收入前 10 名企业见表 4。2023 年一般动力用空气压缩机板块利润总额前 10 名企业见表 5。　　利润总额前 10 名企业见表 6。

2023 年工艺流程及石油天然气开采用压缩机板块

表 1　2023 年一般动力用空气压缩机板块工业总产值前 10 名企业

序号	企业名称	工业总产值（万元）
1	浙江开山压缩机股份有限公司	409 943
2	上海汉钟精机股份有限公司	344 720
3	宁波鲍斯能源装备股份有限公司	189 920
4	苏州欧圣电气股份有限公司	104 416
5	泉州市华德机电设备有限公司	97 092
6	IHI 寿力压缩技术（苏州）有限公司	95 000
7	浙江志高机械股份有限公司	94 632
8	厦门东亚机械工业股份有限公司	89 456
9	鑫磊压缩机股份有限公司	86 559
10	日立压缩机（常熟）有限公司	58 117

表 2　2023 年工艺流程及石油天然气开采用压缩机板块工业总产值前 10 名企业

序号	企业名称	工业总产值（万元）
1	沈阳远大压缩机有限公司	150 058
2	沈阳鼓风机集团往复机有限公司	150 015
3	中国石油集团济柴动力有限公司成都压缩机分公司	128 922
4	神钢无锡压缩机股份有限公司	114 673
5	四川金星清洁能源装备股份有限公司	83 062
6	浙江强盛压缩机有限公司	50 586
7	中石化石油机械股份有限公司三机分公司	45 024
8	中鼎恒盛气体设备（芜湖）股份有限公司	34 732
9	上海齐耀螺杆机械有限公司	31 674
10	固耐重工（苏州）有限公司	29 907

表 3　2023 年一般动力用空气压缩机板块营业收入前 10 名企业

序号	企业名称	营业收入（万元）
1	浙江开山压缩机股份有限公司	416 658
2	上海汉钟精机股份有限公司	319 210
3	宁波鲍斯能源装备股份有限公司	133 990
4	苏州欧圣电气股份有限公司	97 663
5	泉州市华德机电设备有限公司	96 292
6	厦门东亚机械工业股份有限公司	95 690
7	IHI 寿力压缩技术（苏州）有限公司	95 000
8	鑫磊压缩机股份有限公司	84 206
9	浙江志高机械股份有限公司	84 037
10	红五环集团股份有限公司	61 399

表4　2023 年工艺流程及石油天然气开采用压缩机板块营业收入前 10 名企业

序号	企业名称	营业收入（万元）
1	沈阳远大压缩机有限公司	149 686
2	中国石油集团济柴动力有限公司成都压缩机分公司	123 747
3	神钢无锡压缩机股份有限公司	114 275
4	沈阳鼓风机集团往复机有限公司	87 855
5	中石化石油机械股份有限公司三机分公司	51 773
6	四川金星清洁能源装备股份有限公司	50 419
7	浙江强盛压缩机有限公司	45 459
8	上海齐耀螺杆机械有限公司	31 674
9	中鼎恒盛气体设备（芜湖）股份有限公司	30 345
10	固耐重工（苏州）有限公司	29 055

表5　2023 年一般动力用空气压缩机板块利润总额前 10 名企业

序号	企业名称	利润总额（万元）
1	上海汉钟精机股份有限公司	76 478
2	浙江开山压缩机股份有限公司	47 731
3	宁波鲍斯能源装备股份有限公司	28 660
4	苏州欧圣电气股份有限公司	25 899
5	厦门东亚机械工业股份有限公司	18 468
6	鑫磊压缩机股份有限公司	12 118
7	浙江志高机械股份有限公司	11 748
8	泉州市华德机电设备有限公司	9 578
9	杭州久益机械股份有限公司	7 174
10	力达（中国）机电有限公司	3 269

表6　2023 年工艺流程及石油天然气开采用压缩机板块利润总额前 10 名企业

序号	企业名称	利润总额（万元）
1	沈阳远大压缩机有限公司	22 581
2	神钢无锡压缩机股份有限公司	13 522
3	浙江强盛压缩机有限公司	8 630
4	中鼎恒盛气体设备（芜湖）股份有限公司	8 359
5	中国石油集团济柴动力有限公司成都压缩机分公司	5 743
6	中石化石油机械股份有限公司三机分公司	4 570
7	沈阳鼓风机集团往复机有限公司	3 893
8	固耐重工（苏州）有限公司	3 363
9	上海齐耀螺杆机械有限公司	3 137
10	沈阳申元气体压缩机有限责任	2 516

二、企业科研开发情况

2023 年 1 月，钛灵特压缩机无锡有限公司

自主研制的 6 级压缩二氧化碳压缩机组在某油田 CCUS 项目成功投入应用，机组各项运行参数均

满足客户要求。该二氧化碳压缩机组为6级压缩，采用整体撬装式；采用多轴多级（3轴6级、4轴8级）齿轮组装结构，解决了叶轮直径大、效率低等难题，压缩过程无油，密封效果好，无泄漏；产品结构紧凑，方便安装和运输，便于客户维护。

2023年2月，由山东豪迈机械制造有限公司自主研制的离心式二氧化碳压缩机组在新疆某碳捕集项目中顺利达产。该压缩机组采用高速、多级等温设计，可以在更广范围内、更低进气压力下实现二氧化碳气源压缩需求；叶轮采用"曲线元素"三元叶轮设计与制造技术，节能效果明显。2023年4月，公司为中海油设计制造的CHD2高速往复式压缩机组成功投运。该机组应用于海上平台终端天然气处理厂扩容增产，机组选型与工艺设计综合考虑两股工艺气的压力波动，通过级间补气的方式将上游两股工艺气整合压缩，实现天然气的高效增压。

2023年3月6日，沈阳鼓风机集团往复机有限公司为安徽天大石化有限公司提供的30万t/a聚丙烯项目用MGC3-32/21型丙烯气三列立式往复式迷宫压缩机整体负荷试车圆满成功，机组运行各项指标均达到设计要求。机组采用非接触式迷宫密封，无油，易损件少，占地面积小。该机组填补了多项国内技术空白，处于国内先进水平。

2023年3月，中石化石油机械股份有限公司的专利成果在第三届湖北省高价值专利大赛中获得金奖1项、银奖2项。其中，"一种同时控制压缩机进排气压力的方法"获得银奖。该专利是通过综合运用旁通流量调节及压缩机转速调节方法，实现压缩机进排气压力控制，拓宽了机组应用范围。专利技术应用于页岩气开发、储气库建设等压缩机制造领域。

2023年8月，由中国石油集团济柴动力有限公司成都压缩机分公司自主研制的CCUS二氧化碳超临界注入压缩机组成功投入应用。该机组运行平稳，各项参数和指标均达到设计要求，填补

了国内空白。该机组的投用加速了CCUS二氧化碳压缩机的产业化进程，为CCUS-EOR工业化应用和中国石油CCUS产业规模化发展提供了可靠的装备支撑。2023年12月6日，铜锣峡储气库用5台DTY5200压缩机组在中国石油集团济柴动力成都压缩机分公司完工发运。DTY5200压缩机具备远程自动启停及加卸载功能，采用联合脉动振动及扭振分析技术，能够适应复杂宽工况运行要求。机组配置远程监测与故障诊断系统，可实时预判运行故障，实现预知性维护。

2023年8月，中国船舶集团第七一一研究所中标北方华锦联合石化有限公司精细化工及原料工程项目。中标设备涉及环氧丙烷装置MVR热泵机组、苯乙烯装置尾气压缩机、芳烃联合装置PSA尾气压缩机、碳二回收单元富乙烷气及富乙烯气压缩机等机组。其中，环氧丙烷装置MVR热泵机组可提高装置的蒸汽利用率，有效降低用户装置的运行成本；PSA尾气压缩机组与传统的往复机型相比，不仅可极大地降低客户初始投资和后期设备维护费用，还能使装置的连续运行时间至少提高5倍。10月9日，中国船舶集团有限公司第七一一研究所自主研制的船用低负荷压缩机顺利完成产品型式认可试验，各项指标均满足技术要求和设计标准。该产品认证成功，保证了全球首款江海直达型14 000m³ LNG加注运输船配套低负荷压缩机产品按期交付。2023年12月，由中国船舶集团第七一一研究所研制的DMC回收塔顶气相螺杆压缩机在东营联泓新材料科技股份有限公司一次性投产成功。

2023年8月，豪顿与大连洁净能源集团签订合同，将为其大连海水制氢产业一体化示范项目提供氢压缩机。辽宁大连普兰店区海水制氢产业一体化示范项目为大连洁净能源集团的重点项目。该项目将打造为国内首例集滩涂光伏、储能、海水淡化、电解制氢为一体的示范项目，也将成为国内首例孤网运行、不受上网指标限制的制氢规

模示范项目。

2023 年 9 月，中国石油和石化工程研究会石油化工技术装备专业委员会在四川成都召开了由武汉市齐达康能源装备有限公司研发的 YB 型撬装式气液混输增压装置评估会。专家认为，该产品主要技术创新点是：装置进气压力为 0 ～ 15MPa，能适应现场工况需求；装置集成化程度高，安装、移动方便，易损件少，故障率低，维修简单；采用独特的密封工艺，密封寿命长达 8 000h 以上；装置自动化程度高，可与站内控制系统联动，实现无人值守。

2023 年，四川金星清洁能源装备股份有限公司成功研制出 JXQ401 车载撬装燃驱超高转速压缩机组。机组采用燃气发动机，具有超高转速、排量大、运行振动小、体积小、噪声小、结构紧凑和维护方便等特点，适用于油田天然气增压、气举及集气。机组进气压力为 0.5 ～ 25MPa，设计排气压力为 25MPa，适用于多种极端环境工况。2023 年 9 月，公司出口俄罗斯的 LNG 全集成加液设备安装完成并成功加液。公司还自主开发了全俄文站控软件和后台管理系统，与俄罗斯客户的后台系统无缝对接，极大地降低了人工成本。该系统具有适应性强、效率高、实时远程监控和灵活对接等特点。

2023 年 9 月 21 日，第二届全国机械工业产品质量创新大赛揭晓。西安交通大学与冰轮环境技术股份有限公司申报的"高压加氢压缩机"项目、中鼎恒盛气体设备（芜湖）股份有限公司申报的"隔膜压缩机的研发与生产"项目获得银奖；中山市凌宇机械有限公司申报的"等压再生吸干机的结构创新"项目、"压缩热分流技术应用"项目，以及南京航天大学、北京星翼空间技术有限公司和中国通用机械工业协会申报的"氢气储运加注领域核心产品之高性能压缩机"项目获得铜奖；中石化石油机械股份有限公司三机分公司申报的"天然气压缩机气缸 FMS 智能生产线"项目

获得优秀奖。

2023 年 10 月 31 日，中国通用机械工业协会在上海组织召开了由中国船舶集团有限公司第七一一研究所承担的大流量带压蒸汽螺杆热泵装置、高压比乙炔真空压缩机组、基于边缘智能终端状态监测的节能压缩机研发及产业化项目产品及成果鉴定会。专家组认为，大流量带压蒸汽螺杆热泵装置填补了国内空白，总体技术达到国际先进水平。高压比乙炔真空压缩机组实现了国内乙炔真空压缩机的首台（套）应用，填补了国内空白，总体技术达到国际先进水平。基于边缘智能终端状态监测的节能压缩机研发及产业化项目首次提出的基于边缘智能终端的工艺压缩机 AI 算法、建立的融合机理驱动和大数据驱动的多维故障诊断平台，拥有自主知识产权。

2023 年 11 月 5 日，中石化石油机械股份有限公司三机分公司为中石化西南油气分公司元坝气田提供的高含硫压缩机完成了 72h 加载试运行，机组主要技术参数均达到设计要求，现场工业性试验取得圆满成功。2023 年 11 月，公司为河南濮阳文 23 储气库二期工程提供的 4 台往复式压缩机组顺利投运。此次运行成功的 4 台压缩机组均为国产电驱往复式，采用六缸两级压缩，出口设计压力达到 34.5MPa。

2023 年 11 月 15 日，由北京石油化工工程有限公司总承包的安徽碳鑫科技有限公司甲醇综合利用项目乙醇联合装置循环二甲醚压缩机组（氮气）负荷试车一次成功。

兰州兰石石油装备工程股份有限公司研制的 45MPa 离子液氢气压缩机被列为甘肃省重大科技专项、兰石集团科技创新引领项目。2023 年，公司对压缩机开展了整机耐压测试、控制程序调试、动力系统调试、离子液循环调试、基础功能测试、氢气循环压缩测试等 10 余项调试与试验，完成功能测试。机组各项功能及数据均达到设计要求。

希望森兰科技股份有限公司高度重视知识产

权工作，通过贯彻执行 GB/T 29490—2013《企业知识产权管理规范》，实现知识产权的创造、运用、保护、服务全链条管理。公司已获得多项知识产权，包括发明专利、实用新型专利、外观专利和软件著作权等。2023 年 12 月，公司获评"2023 年度国家知识产权优势企业"。

三、企业转型发展情况

丰电科技集团股份有限公司长期探索压缩空气系统能效技术，并致力于高效压缩空气能源供应系统技术与产品研究。高效压缩空气能源供应系统为用户提供整体方案设计、建设施工、智能运维等解决方案，彻底解决工业企业高能耗和复杂的压缩空气系统带来的管理难题。公司的高效压缩空气能源供应系统已成功落地多个标志性项目，系统整体的稳定性和节能降碳效果得到了用户高度评价。2023 年 3 月，公司与巴斯夫杉杉电池材料（宁夏）有限公司签订了动力型锂电正极材料项目压缩空气制备和能源供应合同书。该项目由丰电科技集团股份有限公司负责压缩空气能源供应系统的整体设计、投资建设及运营管理。

鑫磊压缩机股份有限公司基于用户需求和行业发展趋势，为用能单位提供集设备、AI 能源站、生态服务于一体的智慧用气模式场景解决方案。AI 能源站在拥有一级能效设备的基础上提供 AI 算法，能够根据母管压力波动情况控制设备启停，调节设备运行参数，保障稳压供气，实现站房安全供能、无人值守和节能降耗。通过 AI 算法模型，多点捕捉工况变化，自主调整参数及运行设备数量，将设备的加载率提高至 90% 以上。公司通过数智化技术的应用，推动了空压站的智能化管理和绿色发展。

2023 年，四川金星能源装备股份有限公司进一步深化数字化转型，全面应用先进的技术和数字化解决方案，并加强数据分析和智能化决策能力。公司的"基于物联网大数据 AR 技术集成面向设备远程运维解决方案"入选四川省工业互联网 APP 优秀解决方案名单。基于物联网大数据 AR 技术集成面向设备远程运维解决方案具有数据采集、边缘计算、数据分析和决策支持等功能。数字金星物联平台（IoT）、资产全生命周期管理（EAM）、数字金星工业互联网运维中心、资产故障预测及健康管理平台（PHM）体现了设备自动化、管理数字化、生产精益化、人员高效化的先进理念。公司将数字化转型战略延伸至海外市场。"数字金星"工业互联网平台的应用，使出口项目的建设过程更加智能化和高效化，进一步提升了公司在国际能源市场的竞争优势。公司凭借在欧洲 LNG 液化工厂一期项目积累的良好信誉以及过硬的产品质量，成功签订多套 LNG 液化工厂项目合同。"数字金星"工业互联网平台已成功连接超过 6 000 台设备、16.4 万种物料，与 1 660 家企业、344 家供应商建立了云端合作关系，带动了行业供应商进行数字化转型。

上海汉钟精机股份有限公司紧跟制造业发展大趋势，深化制造与服务深度融合发展战略，从以制造为主向"制造＋服务"的产业转型。2023 年 2 月，公司入选上海市 100 家智能工厂名单。当前，公司已具备 ERP 管理、自动仓储等相应系统平台，MES 制造执行系统、PLM 全生命周期管理系统和 FMS 柔性生产线、自动化生产线等系统；建立了云端服务管理系统，收集实时运行数据，增加预测设备寿命准确性及数据可查性，为设备提供全生命周期的保护与数据监测服务。

冰轮环境技术股份有限公司依托物联网、云计算、边缘计算、大数据、人工智能等技术，构建了冰轮环境智慧云服务（MICS）战略蓝图。公司利用新一代信息技术驱动企业数字化转型和产业升级，搭建了涵盖设计、制造、营销、物联网、供应链等于一体的智汇云平台（MICC），为产品运行、客户体验、产品质量、服务质量、新商业模式推进等保驾护航。2023 年 11 月，冰轮环境技术股份有限公司入选山东省 2023 年省级先进制造业和现代服务业融合发展试点拟认定名单。

四、企业投资与重组发展情况

2023 年 1 月 19 日，鑫磊压缩机股份有限公司在深圳证券交易所创业板正式挂牌上市。9 月 23 日，公司未来工厂钢结构开工。未来工厂项目总占地面积 14.9 万 m²（223 亩），总建筑面积近 33 万 m²，计划总投资超过 12 亿元，项目建设期为 2 年。项目建成后，将形成年产 80 万台小型空气压缩机、6.5 万台螺杆式空气压缩机、3 000 台离心式鼓风机、1 000 台磁悬浮（水冷）热泵机组及 15 万台空气源热泵机组的生产能力。

2023 年 2 月 23 日，厦门东亚机械工业股份有限公司投资的空气压缩机制造基地项目在厦门市同安区正式开工。新工厂总建筑面积约 32 万 m²，工程项目拟投资 7.33 亿元，计划于 2025 年竣工。该项目拟建设永磁螺杆空气压缩机、无油双螺杆空气压缩机及离心式空气压缩机、真空泵、鼓风机等生产线，生产的系列产品均可无油运行。

2023 年 4 月 25 日，IHI 寿力新项目——石川岛寿力回转科技制造（苏州）有限公司奠基仪式在苏相合作区举行。该项目总投资 9 000 万美元，主要生产各类工业用大型离心压缩系统及设备。

2023 年 5 月 15 日，丰电科技集团股份有限公司定向发行 728.14 万股股份。本次发行对象为新增的 2 名股东，其中，珠海知一盈睿投资合伙企业认购金额为 5 000 万元，万得影响力股权投资（嘉兴）合伙企业认购金额为 2 000 万元。

2023 年 5 月，德蒙（浙江）气体装备制造有限公司年产 5 000 台智能工业气体压缩机新工厂奠基。新工厂占地面积约 1.3 万 m²（20 余亩），总建筑面积为 3.5 万 m²；计划投资 1.05 亿元，用于厂房建设、研发投入及设备投资。新工厂建成后，预计实现年产值 2.5 亿元。

2023 年 5 月，东德实业继 2022 年获得 5 000 万元 A 轮融资后，公司再获得资本加持，正式完成亿元级 A+ 轮融资。本轮资金将主要用于公司氢

能核心装备产业园区的建设，将建设氢能装备压缩机生产线、空气系统生产线以及氢气循环系统生产线。

2023 年 6 月 16 日，株式会社日立产机系统宣布，正式成立 Hitachi Global Air Power（HGAP），日立产机（苏州）压缩机有限公司更名为日立压缩机（常熟）有限公司。

2023 年 6 月 26 日，阿特拉斯·科普柯工业压缩机业务研发制造中国总部奠基仪式在无锡举行。该基地将建设成为阿特拉斯·科普柯无锡压缩机技术研发制造服务园区。

2023 年 11 月，华远气体有限公司获得国有资本数千万元 A 轮融资。以上资金将主要用于公司的气体项目（压缩空气、氮气、热力蒸汽等）拓展投资建设，将进一步推进公司在气体产业的发展。

2023 年 12 月，贺尔碧格压缩机技术（中国）有限公司在常州高新区开业。贺尔碧格常州新工厂位于中瑞（常州）国际产业创新园，是贺尔碧格全球工厂中产品种类最多、型号最全、生产工艺最复杂的工厂。贺尔碧格压缩机技术（中国）有限公司项目总投资 1 亿美元，达产后的年销售额将超过 6 亿元人民币。

五、标准化工作

1. 团体标准

2023 年，中国通用机械工业协会团体标准《喷油螺杆空气压缩机油品使用指南》《往复压缩机气阀气密性试验》《空气压缩机进气滤清器性能试验》和《螺杆空气压缩机电控系统》发布。《工艺螺杆机智能监测诊断系统》和《隔膜氢气压缩机技术规范》两项团体标准通过中国通用机械工业协会标准化管理委员会审核，进入发布环节。

2. 国家标准及行业标准

截至 2023 年年底，全国压缩机标准化技术委员会负责归口的标准共 125 项，其中，国家标准 35 项、机械行业标准 90 项。压缩机专业领域标

准按类别分，基础通用标准共 11 项，产品标准共 82 项，安全标准共 3 项，材料标准共 4 项，方法标准共 25 项。2023 年批准立项的压缩机标准项目见表 7。2023 年发布的压缩机标准见表 8。

表 7　2023 年批准立项的压缩机标准项目

标准项目名称	标准类别	制修订	项目周期（月）
压缩空气站能源绩效评价	国家标准	制定	18
压缩空气干燥器　规范与试验	国家标准	合并修订	16
容积式压缩机噪声的测定	国家标准	修订	16
往复活塞压缩机用工程塑料阀片	行业标准	修订	18
直联便携式往复活塞空气压缩机	行业标准	修订	18

表 8　2023 年发布的压缩机标准

标准编号	标准名称	代替标准
GB/T 13277.1—2023	压缩空气　第 1 部分：污染物净化等级	GB/T 13277.1—2008
GB/T 13277.8—2023	压缩空气　第 8 部分：固体颗粒质量浓度测量方法	
GB/T 20322—2023	石油及天然气工业　往复压缩机	GB/T 20322—2006
GB/T 25359—2023	石油及天然气工业　集成撬装往复压缩机	GB/T 25359—2010
JB/T 4223—2023	车装容积式空气压缩机机组　技术规范	JB/T 4223—2007
JB/T 5233—2023	罐车用风冷滑片空气压缩机	JB/T 5233—2005
JB/T 6432—2023	压缩空气净化设备型号编制方法	JB/T 6432—1992
JB/T 7663.1—2023	容积式压缩机　第 1 部分：包装技术规范	JB/T 7663.1—2005
JB/T 7663.2—2023	容积式压缩机　第 2 部分：涂装技术规范	JB/T 7663.2—2007
JB/T 7665—2023	通用机械噪声声功率级现场测定　声强法	JB/T 7665—2007
JB/T 14685—2023	无油涡旋空气压缩机	
JB/T 14686—2023	大型往复活塞压缩机活塞杆偏移测量方法	
JB/T 14687—2023	往复活塞压缩机膜式气量调节装置	
JB/T 14688—2023	绿色设计产品评价技术规范　一般用冷冻式压缩空气干燥器	

3. 国际标准

全国压缩机标准化技术委员会负责 ISO/TC118 "压缩机、气动工具及气动机械" 技术委员会及其下设的 ISO/TC118/SC4 "压缩空气净化技术"、ISO/TC118/SC6 "空气压缩机及压缩空气系统" 分技术委员会的国内对口工作。截至 2023 年年底，ISO/TC118 颁布的有关压缩机及压缩空气净化技术方面的 ISO 国际标准共有 27 项。其中，压缩机方面共 12 项，包括基础标准 4 项、方法标准 2 项、安全标准 1 项、产品标准 4 项、能效标准 1 项；压缩空气净化技术方面标准 15 项，包括基础标准 1 项、产品标准 1 项、分等标准 1 项、方法标准 12 项。

压缩机及压缩空气净化技术方面的 ISO 国际标准当前已全部转化为我国标准。12 项压缩机标准全部修改采纳为我国国家标准，其中，ISO 2151:2004《声学 - 压缩机和真空泵噪声试验规程 - 工程法（等级 2）》由全国真空技术标准化技术委员会（TC18）转化为 GB/T 21271—2007《真空技术　真空泵噪声测量》。15 项压缩空气净化技术标准全部修改采纳为我国的相应标准，其中，ISO 3857-4:2012《压缩机、气动工具及机械术语　第 4 部分：空气净化》转化为 JB/T 7664—2020《压缩空气净化　术语》。

六、人才培养与队伍建设

在国家产学研深度融合的政策指引下，压缩机行业企业积极与高校开展科研合作，强化技术创新团队人才培养与队伍建设，促进科技成果转化。行业协会及相关大专院校开展多样化培训，培养压缩机行业技术人才。

2023年3月，德耐尔能源装备有限公司与浙江理工大学举行校企科技合作签约仪式。双方将发挥各自的优势，实现科技资源共享，加强关键技术研发，提升科技人员的创新能力。

2023年，柳州工学院机械工程学院举办压缩空气技术与应用研修班。第一届压缩空气技术与应用研修班于2023年5月结束。2023年9月5日，机械工程学院与柳州二空机械科技有限公司及压缩空气行业校企合作单位共同举办压缩空气技术与应用研修班动员会及就业推介会。校企多方将在空气压缩机、机械自动化等方面拓展更多合作领域，探索培育创新型、复合型人才的新模式和新机制，深化产学研合作，实现互利共赢。

江苏恒久机械股份有限公司与中国矿业大学合作，建立了"人才共育、过程共管、成果共享、责任共担"的校企合作模式；与西安交通大学合作，搭建了互利双赢的校企合作模式，为企业与学校的共同发展提供了强有力的支撑。

四川大川氢能科技有限公司与西安交通大学合作，建立研究中心，开展加氢站用氢气压缩机、加氢站健康管理、氢燃料电池汽车空气压缩机及氢循环系统等关键技术攻关及产品研发。2023年，公司90MPa、45MPa液驱压缩机已形成产品系列。

2023年10月，中国通用机械工业协会培训部与压缩机分会共同举办了压缩机故障诊断培训班。本次培训班以往复式压缩机的理论知识、故障分析、故障诊断与处理等常见问题为切入点，邀请行业专家授课，为压缩机制造企业、使用单位等培养合格的设计人员、营销人员和设备管理维护人员；提高企业设计、售后、操作等相关人员的理论水平和技术能力，提升压缩机产品的安全性和可靠性，推动压缩机行业高质量发展。

2023年12月19日，红五环集团与衢州学院机械工程学院举行党建联建暨衢州学院红五环创新研究院签约仪式。双方在基地共建、项目共研、人才共育、成果共享等方面优势互补、共创双赢，结下了丰硕的合作成果。校企双方相关负责人共同签署了党建联建和创新研究院建设协议。

七、行业存在的问题

1.中低端市场竞争激烈，行业集中度低

压缩机行业产品质量和技术水平良莠不齐。一方面，部分产品已达到国际先进水平，能够满足高端市场的需求；另一方面，多数压缩机制造企业集中在低端市场，竞争异常激烈。严重的低价竞争导致企业利润逐渐被挤压，无法获得足够的利润，从而导致企业难以在研发和扩大生产上进行投入，陷入恶性循环。

2.品牌国际影响力偏弱

我国压缩机行业品牌在国际市场上的影响力与欧美品牌存在一定的差距。我国压缩机企业对品牌建设的重视度不够，缺乏长远的品牌战略和规划，未形成具有企业特色的品牌形象和优势。例如，部分企业生产的产品已经达到国际先进水平，但由于品牌知名度较弱，尚不能在国际市场上与国际知名品牌抗衡。尤其是在高端市场，扩大市场份额相对困难。

3.人才短缺制约行业发展

人才短缺是长期困扰压缩机行业的问题，特别是研发人员、技术工人、高素质管理人才及应用型人才的严重不足，制约了行业高质量发展。

4.企业营商环境亟待改善

压缩机行业中小型民营企业较多，企业自我持续发展能力不强，营商环境亟待改善，主要表现为：一是市场运营环境没有得到根本改善，企业资金链紧张。全行业应收账款快速增长，特别是一般动力用空气压缩机板块应收账款增速已连续两年高于营业收入增速。二是行业企业在产业链中处于弱势地位，缺少话语权。企业在经营中时常面对垫资生产、货款被拖欠、遭遇不合理付款方式等情况。

八、发展建议

技术创新是提高压缩机产品核心竞争力的关键。在未来发展中，压缩机企业应进一步加大研发投入，引进和培养高层次的研发人才，开展政产学研用战略合作，促进技术交流和成果转化。要开发具有自主知识产权和核心技术的高性能、高可靠性、高寿命的产品，满足市场需求和用户需求。

压缩机企业应进一步树立品牌意识，制定长远的品牌战略和规划；抓住国际市场的机遇，加强与国际市场的对接和合作，拓展海外市场。

压缩机企业要着力培植企业核心竞争力，加快提升生产过程的无人化、自动化水平，充分利用大数据、云计算、物联网等现代信息技术，推动传统制造型企业向智造服务型企业发展。同时，建议企业高效利用工业互联网平台，加强上下游企业深度协作，构建产业链联盟，大力提升柔性化生产制造以及网络协同制造和服务水平。

〔撰稿人：中国通用机械工业协会压缩机分会刘海芬〕

2023 年阀门行业概况

一、生产发展情况

据中国通用机械工业协会阀门分会统计，2023 年，149 家重点联系企业资产总计 777.8 亿元，同比增长 6.9%；完成工业总产值 527.06 亿元，同比增长 8.38%；实现营业收入 579.6 亿元，同比增长 9.77%；实现利润总额 55.47 亿元，同比增长 2.52%；完成出口交货值 83.82 亿元，同比增长 18.11%。

2023 年，阀门行业参与统计的企业总资产贡献率为 8.04%，比 2022 年下降约 3.5 个百分

点；成本费用利润率为 12.5%，比 2022 年下降 1.1 个百分点；主营业务收入利润率为 9.53%，比 2022 年下降 0.79 个百分点；流动资产周转率为 1.04 次，比 2022 年增长 0.04 次；资产负债率为 42.26%，比 2022 年下降 2.14 个百分点。

2023 年阀门行业工业总产值前 20 名企业见表 1。2023 年阀门行业营业收入前 20 名企业见表 2。2023 年阀门行业利润总额前 20 名企业见表 3。2023 年阀门行业出口交货值前 20 名企业见表 4。

表 1　2023 年阀门行业工业总产值前 20 名企业

序号	企业名称	工业总产值（万元）	序号	企业名称	工业总产值（万元）
1	苏州纽威阀门股份有限公司	479 317	5	中核苏阀科技实业股份有限公司	185 278
2	江苏苏盐阀门机械有限公司	325 443	6	吴忠仪表有限责任公司	178 543
3	远大阀门集团有限公司	269 679	7	重庆川仪调节阀有限公司	169 279
4	江苏神通阀门股份有限公司	256 800	8	浙江迪艾智控科技股份有限公司	120 929

（续）

序号	企业名称	工业总产值（万元）	序号	企业名称	工业总产值（万元）
9	良固阀门集团股份有限公司	114 789	15	江苏盐电阀门有限公司	96 646
10	浙江力诺流体控制科技股份有限公司	112 430	16	北京航天石化技术装备工程有限公司	94 000
11	上海冠龙阀门节能设备股份有限公司	107 665	17	上海凯科阀门制造有限公司	93 142
12	陕西航天泵阀科技集团有限公司	103 279	18	五洲阀门股份有限公司	89 545
13	江苏亿阀股份有限公司	102 000	19	浙江石化阀门有限公司	87 956
14	超达阀门集团股份有限公司	100 001	20	成都成高阀门股份有限公司	77 968

表 2　2023 年阀门行业营业收入前 20 名企业

序号	企业名称	营业收入（万元）	序号	企业名称	营业收入（万元）
1	苏州纽威阀门股份有限公司	456 036	11	浙江力诺流体控制科技股份有限公司	111 121
2	江苏苏盐阀门机械有限公司	322 097	12	良固阀门集团股份有限公司	109 129
3	远大阀门集团有限公司	260 053	13	上海冠龙阀门节能设备股份有限公司	107 665
4	江苏神通阀门股份有限公司	213 304	14	江苏万恒铸业有限公司	101 883
5	中核苏阀科技实业股份有限公司	180 975	15	陕西航天泵阀科技集团有限公司	100 846
6	重庆川仪调节阀有限公司	162 446	16	北京市阀门总厂股份有限公司	97 060
7	吴忠仪表有限责任公司	153 937	17	江苏亿阀股份有限公司	93 181
8	超达阀门集团股份有限公司	144 797	18	浙江石化阀门有限公司	89 162
9	北京航天石化技术装备工程有限公司	123 000	19	江苏盐电阀门有限公司	87 860
10	浙江迪艾智控科技股份有限公司	122 143	20	哈电集团哈尔滨电站阀门有限公司	87 409

表 3　2023 年阀门行业利润总额前 20 名企业

序号	企业名称	利润总额（万元）	序号	企业名称	利润总额（万元）
1	苏州纽威阀门股份有限公司	77 914	11	青岛伟隆阀门股份有限公司	11 520
2	江苏苏盐阀门机械有限公司	39 075	12	成都成高阀门股份有限公司	10 945
3	江苏神通阀门股份有限公司	29 470	13	超达阀门集团股份有限公司	10 860
4	中核苏阀科技实业股份有限公司	22 117	14	浙江伯特利科技股份有限公司	9 935
5	远大阀门集团有限公司	19 867	15	江苏亿阀股份有限公司	9 864
6	吴忠仪表有限责任公司	18 522	16	上海凯科阀门制造有限公司	9 645
7	重庆川仪调节阀有限公司	16 183	17	浙江石化阀门有限公司	9 628
8	北京航天石化技术装备工程有限公司	12 400	18	江苏盐电阀门有限公司	8 621
9	浙江迪艾智控科技股份有限公司	11 873	19	浙江三方控制阀股份有限公司	8 187
10	浙江力诺流体控制科技股份有限公司	11 867	20	五洲阀门股份有限公司	8 145

表4 2023年阀门行业出口交货值前20名企业

序号	企业名称	出口交货值（万元）	序号	企业名称	出口交货值（万元）
1	苏州纽威阀门股份有限公司	256 248	11	江苏圣业阀门有限公司	18 643
2	远大阀门集团有限公司	71 433	12	浙江永园阀门有限公司	15 580
3	青岛伟隆阀门股份有限公司	43 268	13	凯斯通阀门有限公司	15 311
4	江苏盐电阀门有限公司	40 816	14	五洲阀门股份有限公司	15 254
5	天津银河阀门有限公司	39 501	15	苏州工业园区思达德阀门有限公司	14 236
6	球豹阀门有限公司	34 404	16	浙江迪艾智控科技股份有限公司	13 754
7	宁波会德丰铜业有限公司	33 411	17	铜陵天海流体控制股份有限公司	12 069
8	浙江伯特利科技股份有限公司	27 284	18	德维阀门铸造（苏州）股份有限公司	11 731
9	江苏圣泰阀门有限公司	22 468	19	北京航天石化技术装备工程有限公司	10 000
10	江苏万恒铸业有限公司	21 966	20	科福龙阀门集团有限公司	9 826

从行业竞争格局来看，我国阀门生产企业主要集中在浙江、江苏、上海等地，长三角地区已成为国内最大的阀门产业集群，部分企业为上市公司或新三板挂牌公司，具有较强的资金实力和品牌影响力，如苏州纽威阀门股份有限公司、中核苏阀科技实业股份有限公司、江苏神通阀门股份有限公司等。此外，东北、华南和华中地区也是阀门生产集中地。从企业规模来看，我国阀门行业企业数量多，但中小企业居多，产业集中度较低。

二、科研开发情况

2023年，部分阀门企业在新产品和新技术方面取得显著成果，部分产品填补了国内外技术空白，增强了国内产业的自主可控能力。

1. 多项产品技术取得突破

2023年6月，北京航天石化技术装备工程有限公司为中石化120万t/a乙烯项目提供的超大口径裂解气阀在天津经开区南港工业区成功安装就位，创造了60in（1in=25.4mm）超大口径裂解气阀口径的世界纪录。2023年5月，自贡新地佩尔阀门有限公司设计制造的天津南港百万吨级乙烯三机轴流式止回阀（公称通径为2 000mm，压力级为Class150）通过出厂验收。该阀在公称通径为1 800mm的轴流式止回阀实际应用业绩基础上，进一步刷新了国产轴流式止回阀口径的纪录。2023年9月，苏州纽威阀门股份有限公司研发的-253℃液氢用真空夹套角式截止阀、真空夹套止回阀、紧急切断阀通过型式试验，取得由国家特种泵阀工程技术研究中心颁发的特种设备型式试验证书，打破了国外企业在该领域的技术垄断；丽水欧意阀门有限公司生产的全国首个64in、30t高精度超大口径球阀球体交付客户。

2. 多项具有完全自主知识产权的产品顺利通过国产化科技成果验收

2023年7月，国家科技重大专项CAP1400（国和一号）核电机组主蒸汽隔离阀驱动装置通过国家能源局组织的绩效评价。该装置由中核苏阀科技实业股份有限公司、大连大高阀门股份有限公司联合上海核工程研究设计院股份有限公司研制，打破了国外技术垄断，并已取得核电站建设项目供货合同。2023年4月，苏州纽威阀门股份有限公司和用户单位联合研制的核一级电动截止回阀（升降式、旋启式两种结构）及核级无阀盖截止阀样机通过鉴定。2023年7月，四川滨大阀门有限责任公司为我国首台具有完全自主知识产权的F级50MW重型燃气轮机配套提供的高压旁路装置和低压旁路装置顺利通过竣工试验。2023 年 9 月，中核苏阀科技实业股份有限公司和华能核能技术研究院有限公司联合研发的高温气冷堆氦气介质隔离阀样机研制成果顺利通过鉴定。该高温气冷堆氦气介质隔离阀具有自主知识产权，填补了国内空白，达到国际先进水平，解决了高温气冷堆关键设备核级氦气隔离阀的"卡脖子"问题。宣达实业集团有限公司为中国海油工程导管架附属装置国产化项目研制的注水放空及灌浆系统阀门成功通过所有测试项目，顺利完成验收。此外，中核苏阀科技实业股份有限公司承接的首台 DN4800 液控蝶阀设计制造、浆态床渣油加氢装置用多通道柱塞阀的研制及应用、LNG 低温轴流式止回阀及 LNG 低温球阀等国产化项目成果顺利通过验收，完成了国产化攻关的技术目标，主要性能达到国际同类产品先进水平，填补了国内空白。

3.支撑国内重要建设项目，国产化替代稳步推进

2023 年，国家管网龙口南山 LNG 项目完成超年度建设计划，实现低温蝶阀全系列尺寸全部国产化应用。这是全系列尺寸国产低温蝶阀在我国 LNG 接收站行业的首次工业化应用。其中，46in 大口径三偏心超低温蝶阀填补了国内空白，主要技术指标达到国际先进水平，密封性能优于国外产品。2023 年 6 月，湖北泰和石化设备有限公司和国家管网集团南山（山东）天然气有限公司为龙口 LNG 接收站研制的 46″ Class150 三偏心侧顶装超低温蝶阀通过中国机械工业联合会和中国通用机械工业协会组织的产品鉴定。鉴定委员会认为，研制的大口径三偏心侧顶装超低温蝶阀具有自主知识产权，填补了国内空白，主要技术指标达到国际同类产品先进水平，密封性能优于国外产品。2023 年 10 月，中船重工特种设备有限责任公司签订广西白龙核电项目 1 号、2 号机组 PV70 爆破阀设备采购合同，合同金额为 1.03 亿

元。2023 年 11 月，北京航天动力研究所 2 台罐顶泄放阀和 60 台安全阀在中国石化天然气分公司青岛液化天然气接收站 27 万 m³ 液化天然气储罐系统成功投入应用。2023 年 12 月，北京航天动力研究所连续中标中国石油天然气集团有限公司吉林石化、广西石化两个百万吨乙烯装置裂解气项目，创造了 48in 裂解气阀门中标数量历史新高。此次中标进一步打破了国外厂商对大口径裂解气阀的市场垄断，增强了我国乙烯装置关键设备的自主配套水平。

4.积极拓展新兴领域，助力国家能源结构调整

2023 年 7 月，中广核太阳能开发有限公司和宁波天生密封件有限公司共同研制的槽式太阳能热发电集热器球形接头（球面密封旋转接头）通过鉴定。该球形接头具有自主知识产权，填补了国内空白，达到国际先进水平，维护性能等技术指标处于国际领先水平。2023 年 8 月，苏州纽威阀门股份有限公司的闸阀与蝶阀产品顺利通过认证机构 BV 公司的碳足迹核查认证，获得 ISO14067 碳足迹认证证书。2023 年 11 月，张家港富瑞阀门有限公司设计制造的液氢用紧急切断阀、液氢用截止阀等产品通过了用户单位指定的第三方检测，发往项目现场。此外，江苏神通核能装备有限公司承担的秦二厂进口阀门气动执行器隔膜样机，上海一核阀门股份有限公司、福建福清核电有限公司联合研制的主给水调节阀气动执行机构膜片，浙江伯特利科技股份有限公司研制的 NPS24 Class1500 上装式深冷球阀、NPS42 Class150 深冷蝶阀，北京航天石化技术装备工程有限公司、国家石油天然气管网集团有限公司建设项目管理分公司等单位研制的超低温先导式安全阀、超低温弹簧载荷式安全阀，欧川格阀门有限公司、中国寰球工程有限公司北京分公司和浙江浙能六横液化天然气有限公司联合研制的大型 LNG 储罐罐顶安全阀（先导式安

全阀＋真空安全阀），国家石油天然气管网集团有限公司建设项目管理分公司与五洲阀门股份有限公司联合研制的 NPS24 Class900 大口径强制密封球阀，以及国家石油天然气管网集团有限公司液化天然气接收站管理分公司和成都成高阀门有限公司联合研制的 NPS24 Class1500 超低温上装式固定球阀等产品研发成功。这一系列产品的成功研发和应用，为我国实现天然气大规模应用、新能源开发、氢能综合利用提供了设备支撑。

5.企业与高校开展合作，加强科研队伍建设

2023 年 7 月，中核苏阀科技实业股份有限公司 – 华东理工大学阀门可靠性联合研发中心顺利完成验收。该研发中心已经初步建立了阀门可靠性制造联合研发平台，形成了一批创新技术和产品，提高了阀门的可靠性水平。

2023 年 8 月，西华大学与西安泵阀总厂有限公司举行共建西华大学能源动力类硕士研究生实践基地、能源与动力工程国家一流本科专业实践教学基地签约揭牌仪式。双方将继续拓展校企合作新领域，促进深度合作，在人才培养等领域实现校企双赢。

2023 年，永嘉县与兰州理工大学达成新一轮合作共建协议，兰州理工大学温州泵阀工程研究院和兰州理工大学温州研究生院建设进入全新阶段。

三、企业数智化转型情况

阀门行业部分企业通过引进工业互联网技术、搭建数字化工厂平台、建设智能化生产线等措施，积极推进智能工厂建设。2023 年 5 月，安徽省屯溪高压阀门股份有限公司新购置的等离子柔性智能堆焊中心正式投入使用。该柔性智能化堆焊中心生产效率高，可大大节省焊接材料。2023 年 8 月，重庆川仪自动化股份有限公司承担的"智能调节阀创新示范智能工厂""变送器创新示范智能工厂"两个示范项目通过验收。该公司仪器仪表

基地智能调节阀数字化工厂项目建设全速推进，项目总投资约 3.62 亿元。2023 年 11 月，首条智能机器人喷涂产线在四川飞球（集团）有限责任公司调试上线。该智能机器人喷涂产线将新设备与现有工艺相结合，可促进阀门件涂装工艺的智能化升级。纽顿流体科技有限公司投资建设的纽顿总部工业园正式启用。

部分阀门企业逐步建设集成化、标准化、数字化、智能化的系统，实现了产品研发、设计、采购、接收、库存、生产、质量控制管理等完整的供应链及生产过程的信息化、数字化管理。例如，苏州纽威阀门股份有限公司在研发过程中应用多种仿真技术与 PDM 管理系统，提升产品研制效率和工艺设计能力；通过集成 SAP ERP 信息管理系统、MES 生产制造执行系统、APS 高级排产系统、DNC 机床联网系统、WMS 智能仓库管理系统、智能货柜系统和 RCS 搬运系统等，对各类生产设备进行数字化改造，实现了数据融合共享；设立试验中心，配置各种类型的智能检测设备，不断提升产品质量和性能；产品远程监控诊断系统及售后运维服务系统让全球客户享有更快速、有效的服务；建成全自动封闭式综合治理设施及智能监控系统，保证各生产环节的绿色环保要求。中核苏阀科技实业股份有限公司对 CRM、MES、CAPP、PLM 等系统开展二次开发与系统集成，提升了企业研发管理、生产管理、供货管理等业务的运行和衔接效率，大幅提高了生产效益。车间管理实现产品质量和生产设备运行状态在线检测和实时监控，并对生产质量和故障进行报警和诊断分析，在提高生产效率的同时，保证了产品质量。

阀门行业企业加大产品向高端化、智能化升级，推动传统制造向服务型制造转型。2023 年 1 月，博纳斯威阀门股份有限公司研制的智慧输水系统成功投入应用。该产品技术覆盖输水系统数字孪生和智慧运营，重点体现在当前水利项目所

关注的系统在线监测、水锤防护、预警报警、系统优化运行等方面。四川精控阀门制造有限公司为渤中 19-6 气田 I 期开发项目提供全套自控气动关断阀。该批次高压大口径自控阀门可适应海上平台苛刻工况要求，实现了自控气动关断。中核苏阀科技实业股份有限公司针对阀门智能执行机构进行技术攻关，核级阀门产品已实现气液执行器突破；自主研发的超大水务阀门智能检测系统取得突破，智慧蝶阀产品可实现在线检测、远程动作，执行系统指令。

四、国际市场开拓情况

2023 年，双恒阀门集团、江苏江恒阀业有限公司、艾坦姆流体控制技术（山东）有限公司通过了欧亚经济共同体 CU-TR 认证，获得 EAC 海关联盟认证。2023 年 7 月，浙江迪艾智控科技股份有限公司旗下的安徽红星阀门有限公司水力检测技术中心获得中国合格评定国家认可委员会（CNAS）的认可。11 月，艾坦姆流体控制技术（山东）有限公司检测中心获得 CNAS 实验室认可证书。12 月，艾坦姆流体控制技术（山东）有限公司超低温球阀和超低温调节阀取得挪威船级社（DNV）型式认可证书。此外，中核苏阀科技实业股份有限公司顺利完成 2023 年度 API 认证监督审核。阿伐流体控制有限公司顺利通过 ISO 9001:2015 质量管理体系、ISO 14001:2015 环境管理体系以及 ISO 45001:2018 职业健康安全管理体系等年度认证监督审核。

2023 年，部分阀门企业通过国际合作或者在海外设立子公司等措施，加快了融入全球供应链的步伐，提升了企业的国际竞争力。例如，苏州纽威阀门股份有限公司在沙特阿拉伯设立全资子公司，投资金额为 800 万美元，进一步完善了公司的全球化布局。五洲阀门股份有限公司与韩国大宇建设公司达成重要合作关系，签署了合作意向书，双方将在未来的国际项目中深入合作，实现共同发展。

部分企业中标海外项目，得到了国际市场的认可。2023 年，哈电集团哈尔滨电站阀门有限公司中标乌兹别克斯坦锡尔河二期 1 600MW 联合循环电站项目配套阀门，涵盖了余热锅炉本体及 SCR 系统所需的开关阀。北京航天动力研究所与智利 FASTPACK S.A. 公司签订安全阀供货合同。这是北京航天动力研究所安全阀产品在南美地区湿法冶金行业的首套业绩。良固阀门集团股份有限公司中标巴基斯坦某地 2×660MW 燃煤电站项目。

2023 年，上海凯工阀门股份有限公司生产的天然气管道球阀出口俄罗斯，完成了交货任务。上海发电设备成套设计研究院有限责任公司承接的美国通用电气公司土耳其阿库尤核电站 2 号机组汽轮机阀芯项目成功交付。由中国东方电气集团东方电机有限公司承建、湖北洪城通用机械有限公司承接的坦桑尼亚朱利诺项目最后一套超大型水轮机进水蝶阀顺利通过验收。本次验收的蝶阀总质量超过 450t，公称通径达到 6.35m，是当前国内口径最大的蝶阀。

五、企业投资与重组发展情况

2023 年 6 月 16 日，安特威工业流体智能控制装备项目开工奠基仪式在常熟经开区举行。

2023 年 8 月 3 日，安徽大众阀门集团有限公司举行智能管线阀门生产项目开工奠基仪式。该项目占地面积 20 000m²（30 亩），总投资 1.8 亿元，其中固定资产投资 1.3 亿元。项目建成投产后，可年产智能管线阀门 4 500t，预计年销售收入 2 亿元。

2023 年 8 月 13 日，东辰智能科技有限公司举行年产 2 万套高温特种智能控制阀研发制造基地项目开工典礼。该项目建设周期为 18 个月，总用地面积 19 802m²，总建筑面积 57 909m²。

2023 年 12 月 16 日，良固阀门集团股份旗下的智慧工厂良固特种阀门正式揭牌。该生产基地专攻特种阀门的生产制造，旨在打造一座集高科技、智能化于一体的现代化工厂。

2023年，远大阀门集团有限公司投资12.4亿元，对新征厂区进行科学规划，组建铸造、加工、涂装、包装全流程生产线，用于生产铸铁类高端水利阀门以及铸钢、不锈钢美标阀门，提升工艺自动化水平，提高产品精度和生产效率。2023年6月3日，年加工50 000t精密阀门项目开工。2023年9月，公司对厂区铸钢锻造二车间进行改造，将制壳设备升级改建为自动制壳线，购置自动制蜡机、冰水机、自动烧壳窑等相关生产设备。

此外，浙江石化阀门有限公司投资300万元，建设调节阀流量试验台，满足用户对产品流量调节性能的要求；投资6亿元，建设新工厂，引进智能化装备。成都成高阀门股份有限公司投资2 000多万元，进行智能加工设备的更新改造。其中，意大利数控卧式加工中心、尼古拉斯立卧多用复合加工设备等智能化加工设备基本安装调试完毕。

六、阀门行业存在的问题

我国阀门行业经过多年的发展，已经形成了一定的规模和水平，但与国际先进水平相比，仍有较大的差距，具体表现在以下方面。

1.行业集中度低导致低价竞争

我国工业阀门制造企业行业集中度较低，整体呈现数量多、规模小的特点。国内龙头企业与国际知名企业相比，体量较小，市场格局分散。由于阀门制造低端市场进入门槛不高，大多数阀门制造企业集中在低端市场，导致竞争异常激烈，部分企业采取低价竞争策略，导致利润逐渐压缩和减少。无法获得合理利润使得企业难以在研发和扩大生产上进行大额投入，有些企业甚至为了低价而降低品控，为行业整体的信誉和竞争力带来负面影响。

2.技术创新能力有待提高

技术创新是阀门行业发展的核心驱动力，但我国阀门行业整体的技术创新能力还不够强。一

方面，我国阀门行业多数企业对研发工作不太重视，研发经费占营业收入的比例较低。2023年参与统计的重点联系企业平均研发投入占营业收入的比例约为4%，远低于国际先进水平。另一方面，我国阀门行业多数企业缺乏专业的研发人员，尤其是缺乏高层次的研发人才，高级技术职称人员占比低，企业技术创新能力较弱。

3.品牌影响力不强

品牌是企业在市场竞争中获得优势和信任的重要资产，是提升企业形象和价值的重要手段。然而，我国阀门行业多数企业不太重视品牌建设，缺乏长远的品牌战略和规划，没有打造出自己的品牌特色。部分企业生产的产品已经达到了国际先进水平，但品牌竞争力较弱，难以与国际知名品牌抗衡。尤其是在高端市场上，扩大市场份额相对困难。

4.智能化水平需两端发力

在未来的工业运行场景中，阀门的精准调控、故障诊断和数字化运维将是重要发展趋势。在生产端，数智化转型可以帮助阀门企业提升产品智能化水平。通过建立数字化的生产系统，企业可以根据客户需求快速调整生产线，生产符合用户要求和市场需求的产品。在产品端，大力发展数字化、智能化产品，通过对使用数据的分析，企业可以了解产品或设备的在线运行水平，可以为用户企业提供个性化定制化服务，提高客户满意度。

七、发展建议

1.加强技术研发创新，满足市场新需求

随着科技的不断进步，市场对产品功能的需求日益提升。我国阀门行业技术水平不断提升，智能型阀门产品逐渐兴起。阀门制造企业应加大研发投入，不断实现从低端产品到中高端产品的技术迭代。

2.加强质量品牌建设，为"走出去"奠定坚实基础

我国是阀门制造大国，但并不是阀门制造强

国，一个突出的表现是阀门行业品牌建设大大落后于制造业发展。阀门企业应坚持以创新驱动发展，加强质量品牌建设。全球产业链已由以往的制造国际化竞争时代转向品牌国际化竞争时代，阀门企业应积极"走出去"，打造世界知名的阀门品牌，并以品牌国际化为契机，倒逼企业苦练内功、自我完善，助推我国阀门行业高质量发展。

3.深入实践智能制造，助力实现"双碳"目标

阀门行业中小企业居多，相当一部分中小企业仍处在从机械化转向数字化的初级阶段，信息化、自动化基础薄弱，受技术、人才、资金等条件制约，尚未实现数字化制造转型，未来智能制造之路还需很长一段时间去探索。智能制造是一个系统工程，推进智能制造要紧密结合行业结构调整，切忌盲目跟风。一定要结合行业实际和企业自身资源禀赋，推进智能化、数字化，让智能制造真正发挥功效。在实现生产智能制造、绿色制造的同时，积极开发数字化、绿色化产品，实现产品运行的智能化与低碳节能，助力实现"双碳"目标。

4.做好产业链补链、强链，构建现代产业体系

当前，国际形势复杂多变，产业链、供应链的安全稳定是构建新发展格局的基础。阀门行业仍存在部分核心环节和关键技术受制于人、高端

和高质量产品供给能力有待提升等问题，迫切需要锻造产业链、供应链长板，巩固提升优势产品的领先地位。同时，要尽快补齐产业链、供应链短板，在构建现代产业体系的关键领域和重要节点上实现自主可控、安全可靠。

5.走"专精特新"之路，培育更多"专精特新"企业

鼓励、引导、中小企业走具备专业化、精细化、特色化、新颖化优势的"专精特新"发展道路是顺应时代发展的需求。阀门行业需要培育更多"专精特新"企业，才能连接"断点"，疏通"堵点"，增强产业链、供应链韧性，最大限度地解决"卡脖子"难题。对"专精特新"企业而言，补短板是当下之需，锻长板是长远之策，必须根据外部环境的变化，选择合适的产业路径和经营模式。

此外，新一轮科技革命和产业变革将带来新的发展机遇，这将为阀门行业发展提供更多空间，加快阀门行业向高端化、智能化、绿色化转型的步伐。阀门行业企业应积极进行结构调整，从过去依靠资源要素投入驱动转向科技创新驱动，打造新质生产力，依靠技术进步，促进传统产业升级，提升产业链韧性；通过科技创新，推动行业高质量发展，为经济发展提供新动能。

〔撰稿人：中国通用机械工业协会阀门分会郭瑞、王明明、秦伟〕

2023 年气体分离设备行业概况

2023 年，气体分离设备行业企业面对复杂的国内外市场环境，加强科技创新，调整产品结构，向高端化、绿色化、智能化方向转型升级，高质量发展取得新成效。

一、生产发展情况

2023 年，气体分离设备市场出现较大变化，

大型、特大型空分设备需求明显增多，为光伏等领域配套的高纯氮设备需求也有较大幅度增长。整体来看，空分设备需求仍然较为旺盛。据中国通用机械工业协会气体分离设备分会统计，2023年参与统计的12家企业完成工业总产值344.78亿元，同比增长9.8%；实现营业收入369.11亿元，同比增长6.74%；实现利润总额37.16亿元，同比下降0.83%；完成出口交货值22.98亿元，同比增长64.77%。

2023年，参与统计的企业生产各类空分设备260套（含大型空分设备114套、制氮设备117套），同比增长34.02%；折合制氧总容量471.98万 m^3/h，同比增长57.39%，创历史新高。生产6万 m^3/h 等级以上特大型空分设备29套。

2023年，空分设备的产量、产值均有增长，尤其是折合制氧总容量创历史新高，表明当前市场对空分设备的需求仍较为旺盛。在产值增长的情况下，利润总额略有下降，效益没有相应提高，表明企业普遍面临较大的竞争压力，产品价格被压低，产品毛利率在逐步降低。

2023年，行业企业积极开拓国际市场，取得显著成效，出口交货值大幅提高。杭氧集团股份有限公司出口5万 m^3/h 等级空分设备2套、3万 m^3/h 等级空分设备1套、1万 m^3/h 等级空分设备2套。特别是公司的低温石化装备海外销售取得可喜成绩。公司开拓"一带一路"市场，成套空分装置首次出口到非洲。四川空分设备（集团）有限责任公司出口空分设备2套、石化分离装置1套。杭州福斯达深冷装备股份有限公司签订首个海外用于大型液化天然气装置的绕管换热器项目。苏州制氧机股份有限公司出口高纯氮设备10套、空分设备2套。山东佳脉气体工程有限公司出口变压吸附制氮机5套、变压吸附制氧机3套。此外，河南开元空分集团有限公司出口小型空分设备1套，四川蜀道装备科技股份有限公司出口液化设备1套，上海联风气体有限公司出口氩气回收装置1套。

杭氧集团股份有限公司实施精益管理，推进数字化转型，全面落实改革发展目标。公司着眼于优化流程体系和治理架构，启动数字化转型，深入推进项目化管理和智能制造，实施"数据基础保障""气体运营可视化平台""能源信息管控平台""气体智能工厂"等项目。公司导入ESG管理体系，持续完善优化信息化管理，促进制造板块的资源整合，推进制造子公司股权结构优化。为满足兖矿鲁南化工有限公司新增用气需求，杭氧集团下属的山东杭氧气体有限公司通过对现有空分设备供气能力进行技术改造，投资建设并运营一套105 000 m^3/h 空分装置，置换部分老旧空分设备产能，同时满足鲁南化工新增用气需求。

杭氧集团股份有限公司坚持"重两头、拓横向、做精品"的发展战略，实现"工程总包－设备制造－气体运营"全产业链经营，在充分发挥设备制造领域优势的基础上，大力发展气体业务。公司新签印度尼西亚气体项目，迈出了气体产业国际化的第一步。公司省域业务布局实现新突破，川渝地区首个气体项目落地。公司参股设立加氢站合资公司，拓展山西地区的氢能源市场及业务。截至2023年年底，气体投资累计制氧量320万 m^3/h。公司优化气体运营，拓展零售业务，丰富气体产品品类，在满足钢铁等传统行业用气需求的同时，积极开发医疗气体、食品气体和高纯气体，不断拓展气体应用领域。公司大力拓展无人值守现场制气业务，2023年新签项目12个，累计投资无人值守现场制气项目34个。公司加快对西亚特电子、万达气体等已并购的公司的整合，丰富特种气体产品品类。

2023年，杭州福斯达深冷装备股份有限公司持续强化品牌建设，深耕国内市场，海外战略实施成效显著。在海外业务方面，公司针对不同地区、不同客户实施个性化方案，专业的团队和灵活的服务方式赢得了客户认可。在国内业务方面，公司实施"铁粉"战略，切实有效提高客户黏性，不断开拓新客户。公司产品应用于玻璃纤维、碳纤维、钠离子电池等新领域，在液化天然气冷能利用液体空分装置、二氧化碳捕集与利用冷箱等领域取得业绩突破。公司在传统行业继续保持竞争优势地位，签订了煤化工行业6万 m^3/h 等级空分成套项目、钢铁行业6万 m^3/h 等级空分成套项目、有色金属行业7万 m^3/h 等级空分成套项目及石化行业4万 m^3/h 等级空分成套项目。2023年，公司新签订单合同额约41亿元，再创历史新高。

二、企业科技创新与研发情况

2023年，气体分离设备行业企业通过自主创新，突破多项关键核心技术，研制出一批重大技术装备，满足了相关重大工程项目建设需求。在特大型空分设备方面，国产特大型空分成套装置等级规模再次刷新历史纪录。行业企业在流程技术和关键部机性能方面持续改进，质量控制继续加强，耦合集成系统不断优化，装置整体性能进一步提升。在稀有气体提取方面，空分设备提取氖氦氪氙及精制技术装备、天然气提氦及氦液化技术装备在实现突破的基础上，产业化应用规模快速扩大，有效解决了我国稀有气体氖氦氪氙的自主保障问题，并缓解了氦气短缺问题。在大型氢液化成套装置方面，液氢装置流程工艺及低温阀门、低漏率换热器、高效螺杆压缩机等关键配套设备均有新的进展。此外，行业企业有针对性地开发节能、低碳、储能相关技术装备，在高能效低碳排放技术开发、大规模压缩空气储能、液化空气储能、CCUS碳捕捉/封存/应用技术等新领域也涌现了诸多科技成果，多项产品获得示范应用。

2023年，行业企业持续加大科研投入，积极承接国家重点专项和科技攻关项目，推进创新平台建设，开展产学研用相关单位、链主企业及配套单位协同创新，取得一系列科技成果。

2023年，杭氧集团股份有限公司持续优化研发架构，谋划前瞻性研发项目，加大科研投入。公司加强产研融合力度，加强与科研院所的合作，形成高质量创新联合体。公司取得了一系列科研成果，其中，承托式滑动型径向流纯化装置获评国际首台（套）项目，相关技术获得国际发明专利3项；80万 t/a 丙烷脱氢装置电机制动氢气透平膨胀机获评国内首台（套）项目；13.5MPa高压板式换热器完成技术评审和标准评审，具备面向市场的条件；自主设计制造的液氢罐试验成功，打通了氢气产业链布局关键一环；LNG储罐真空阀通过鉴定，整体技术达到国际同类产品先进水平。公司研制的国内最长截面的换热器已开车调试运行；在150万吨级乙烯冷箱设计、制造方面取得了新进展；开展了铝合金管板激光焊接研究。公司签约浙江石化2套150 000 m^3/h 污氮提纯装置。这是当前行业内规模最大的污氮提纯装置。公司为浙江石化二期提供的4套105 000 m^3/h 空分设备完成性能考核验收，装置运行稳定，能耗指标达到国际先进水平。公司自主研制的40ft液氢罐（容积约40 m^3）装车下线，对保障我国氢气供应链安全稳定具有重要意义。2023年，公司申请知识产权96项，其中发明专利37项；申请涉氢专利2项，获得授权专利1项；主导或参与起草国家标准5项、行业标准6项。

四川空分设备（集团）有限责任公司坚持自主创新，以发展绿色、低碳、高效能源技术为目标，全面开展绿色低碳的低温工程技术开发、关键技术研发及实验研究，并开展国内首台（套）先进低温技术的工业示范及推广应用，形成了一系列拥有自主知识产权的绿色、低碳、先进、高效的低温技术体系。

2023年，中科富海（中山）低温装备制造有限公司研制的5t/d氢液化器大型卧式冷箱产品下线。该产品研发得到了科技部国家重点研发计划"可再生能源与氢能技术"重点专项——"液氢制取、储运与加注关键装备及安全性研究"项目的支持。公司设计、制造、集成的安徽阜阳 1.5t/d 氢液化装置完成各项性能测试，连续稳定生产出合格液氢产品，通过了专家现场技术鉴定，各项性能参数均达到并优于设计指标。公司出口加拿大的 1.5t/d 氢液化装置在用户现场调试成功。

三、标准化工作情况

截至 2023 年年底，全国气体分离与液化设备标准化技术委员会（SAC/TC504）归口管理国家标准 3 项、行业标准 40 项、英文版国家标准 1 项，在研英文版国家标准计划 1 项、行业标准计划 7 项。

2023 年发布的气体分离设备相关标准共 6 项，分别是 GB/T 10606—2023《空气分离设备术语》、JB/T 6895—2023《铝制空气分离设备安装焊接技术规范》、JB/T 7260—2023《空气分离设备 铜焊缝射线照相和质量分级》、JB/T 7550—2023《空气分离设备用切换蝶阀》、JB/T 7551—2023《天然气分离与液化设备 术语》、JB/T 9078.1—2023《天然气分离设备 第 1 部分：技术规范》和 JB/T 9078.2—2023《天然气分离设备 第 2 部分：性能试验方法》。

2023 年 9 月 5 日，全国气体分离与液化设备标准化技术委员会在浙江杭州召开年会，会议审查通过了《乙烯冷箱》《液氮洗设备》《低温法烷烃脱氢分离设备》《电机制动氢气透平膨胀机》和《液化天然气冷能空气分离设备》5 项行业标准。会议听取了全国气体分离与液化设备标准化技术委员会 2023 年度工作报告、财务报告，审议了 2024 年工作计划。

2023 年 11 月 16 日，全国气体分离与液化设备标准化技术委员会召开三届四次会议（视频会议），审查通过了英文版国家标准《空气分离设备术语》。

中国通用机械工业协会气体分离设备分会坚持团体标准、行业标准、国际标准协同发展的理念，充分依托分会团体标准工作委员会和行业企业，制定了一批适用的团体标准，在空分设备等优势技术产品方面取得一批国内领先、与国际同步的标准化成果。气体分离设备分会组织行业企业起草了《电机制动氢气透平膨胀机》《空分设备安全运行规范》《智能空分先进控制系统》3 项团体标准。其中，《电机制动氢气透平膨胀机》和《空分设备安全运行规范》团体标准于 2023 年 8 月发布。

四、人才培养与队伍建设情况

2023 年，杭氧集团股份有限公司通过校园招聘、引进数字化及国际贸易高端人才、聘请职业经理人等方式优化人才队伍。公司建立了覆盖公司全体员工的四大培训体系，全年开展培训 196 期。通过完善市场化激励约束机制，公司首次限制性股票激励计划顺利推进，充分调动了管理团队和核心骨干的积极性，首次授予激励对象的第一期限售股已按期顺利解禁；在新兴产业和亟需开拓领域，充分试行市场化选人用人和薪酬激励机制，加快业务拓展和成果落地。

2023 年，四川空分设备（集团）有限责任公司共招聘新员工 101 人，其中本科及以上学历人员 57 人（含 9 名研究生）。公司组织开展员工培训 20 次，包括安全、消防、应急演练培训，法律知识培训，新员工入职培训，压力容器设计人员资格培训，质量管理外部培训及技术人员继续教育培训等。公司组织员工参加职称认定和职称评审工作，2023 年新增助理工程师 17 人、工程师 4 人、高级工程师 12 人、正高级工程师 3 人。

开封空分集团有限公司以原有企业职业技能培训工作组织机构为基础，组织开展职业技能等级认定申报工作，获得自主开展车工、铆工、气体深冷分离工等工种等级认定资格。

开封黄河空分集团有限公司根据业务发展需要，制订人才引进计划。公司通过内部培训、外部培训等方式，为员工提供系统、全面的培训，提高员工的专业技能和综合素质。公司采取薪酬激励、职务晋升、优秀员工表彰等多种激励措施，激发员工的工作积极性和创造力。公司持续完善人才管理制度，营造公平、公正的用人环境，为员工的职业发展提供更多的机会。

四川蜀道装备科技股份有限公司致力于打造全方位的人才培养体系，建立健全培训体系，有针对性地开展新员工入职培训、通用技能培训、专业技能培训，实现了员工和企业共同发展。对公司招聘、实习生管理、新进人员管理等方面的程序进行了全面的梳理，并制订了相关的工作流程。公司修订了《员工招聘管理办法（试行）》、《本部实习生管理办法（试行）》，新出台了《退休人员返聘管理办法（试行）》制度。

山东佳脉气体有限公司聘请国内知名人力资源专家，制订以营销战略为核心的人力资源战略，搭建绩效考核体系，制定了公司薪酬管理制度和培训制度，为优质人才的引进提供系统化支撑，对老员工起到激励作用。

五、行业发展中存在的问题

1. 自主创新能力不足

行业科技创新主要集中于大企业，大多数中小企业缺乏自主创新能力。主要表现在：研发投入不足，有国际化视野、跨学科的高素质专业人才数量少，缺少公共研发、试验及检测平台，以

企业为主体、产学研用相结合的创新模式发挥作用不大，对新材料、新工艺、新应用等的基础研究不够深入，对自动化、智能化装置的研发力量不足。

2. 营商环境亟需改善

近几年旺盛的市场需求催生了一批同质化竞争的设备制造企业，市场转入低速增长后，企业之间的竞争更加激烈，不仅以低价获取合同，甚至出现了以减少材料量、加工量等来获取市场份额的现象。这就造成企业效益下降，经营风险上升，进而导致投入减少，发展后劲不足，形成恶性循环。此外，行业内不尊重知识产权、抄袭仿造、不尊重竞业限制协议的现象较多。行业亟需加强自律，通过加强能效、质量标准的分级、分等，使产品价格理性回归，以改善当前的营商环境。

3. 市场存在隐性壁垒

新产品、新技术的应用缺少风险分散机制保障，用户对新产品、新技术的推广应用缺乏积极性。在电子特种气体等高端装备市场存在隐性壁垒，首台（套）的应用成本较高，难以推进，而且推广更加困难，存在首台（套）即唯一台（套）的现象。

〔撰稿人：中国通用机械工业协会气体分离设备分会王世超〕

2023 年减变速机行业概况

一、生产发展情况

根据中国通用机械工业协会减速机分会对 35 家会员企业上报的数据统计，2023 年共实现营业收入 356.55 亿元，同比增长 1.5%；实现利润总额 43.12 亿元，同比增长 1.03%。

根据江苏国茂减速机股份有限公司、宁波东力股份有限公司、浙江通力传动科技股份有限公司、南京高速齿轮制造有限公司（工业齿轮箱部分）、杭州前进齿轮箱集团有限公司、浙江双环传动机械股份有限公司、宁波中大力德智能传动股

份有限公司、深圳市兆威机电股份有限公司、浙江夏厦精密制造股份有限公司、银川威力传动技术股份有限公司 10 家上市公司年报统计，2023 年共实现营业收入 420.22 亿元，同比增长 10.78%。其中，减速机相关主营业务收入 256.46 亿元，同比增长 5.33%。2023 年减变速机行业营业收入前 20 名企业见表 1。

表 1　2023 年减变速机行业营业收入前 20 名企业

序号	企业名称
1	南京高速齿轮制造有限公司
2	弗兰德传动系统有限公司
3	江苏国茂减速机股份有限公司
4	常州中车瑞泰装备科技有限公司
5	深圳市兆威机电股份有限公司
6	宁波中大力德智能传动股份有限公司
7	江苏泰隆减速机股份有限公司
8	邦飞利传动设备（上海）有限公司
9	山东华成中德传动设备有限公司
10	银川威力传动技术股份有限公司
11	江阴齿轮箱制造有限公司
12	淄博纽氏达特行星减速机有限公司
13	杭州杰牌传动科技有限公司
14	浙江通力传动科技股份有限公司
15	杭州速博雷尔传动机械有限公司
16	河南蒲瑞精密机械有限公司
17	湖北科峰智能传动股份有限公司
18	沃德传动（天津）股份有限公司
19	浙江通宇变速机械股份有限公司
20	杭州英特帕普传动有限公司

据海关统计，2023 年，行星齿轮减速器进出口总额为 2.89 亿美元，同比下降 53.7%。其中，进口额为 0.19 亿美元，同比下降 93%；出口额为 2.7 亿美元，同比下降 21.5%。贸易顺差为 2.51 亿美元，同比增长 298%。齿轮传动及其他变速装置进出口总额为 30.51 亿美元，同比下降 24.5%。其中，进口额为 1.13 亿美元，同比下降 88.2%；出口额为 29.38 亿美元，同比下降 4.7%。贸易顺差为 28.25 亿美元，同比增长 33.0%。

2023 年进出口总额显著下降的主要原因：一方面，由于国内减变速机产品国产化替代水平进一步提升，降低了中高端产品的进口需求；另一方面，部分企业通过海外建厂的方式对外进行直接投资，这在一定程度上拉低了产品出口数据。此外，国际贸易摩擦特别是西方国家对我国进出口产品展开的限制与调查也是造成进出口数据大幅波动的重要原因。

从减变速机行业 2023 年经济运行情况看，虽然主要经济指标的增速较为稳定，但市场需求变化明显。风电、光伏、锂电、精细化工等行业持续景气带来相关领域减变速机需求上升，特别是在精密行星减速机和机器人减速机相关产品领域，受益于工厂和生产线智能化改造的需求，相关减速机产品的热度持续上升。但在冶金、建材、矿山等传统市场领域，受宏观经济影响，减速机产品需求萎缩较为明显。特别是下半年以来，在手订单明显减少，行业发展增速放缓。

二、企业科技创新与研发情况

2023 年，江苏国茂减速机股份有限公司实现了光伏回转减速机系列化机型的开发。在风电领域，变桨偏航减速机样品已通过主机厂测试，为后续业务拓展蓄力。此外，针对欧式起重机开发的减速机新品已批量出货，在客户端逐步替代外资品牌。公司对硬齿面系列减速机、HB 齿轮箱、机床用谐波减速产品进行改进和开发，以满足未来市场的需求。公司获评 2023 年度国家级绿色供应链管理企业。

江苏泰隆减速机股份有限公司开发了核电站电力用平行轴减速器。该产品是针对核电特殊工况开发的全新机电一体化产品，采用多维齿轮啮合特性分析、多目标齿轮修形、行星传动均载特性等先进技术，具有传动效率高、承载能力强、可靠性高、温升低等特点，综合性能达到国际先进水平。产品可充分满足核电站运行环境恶劣、工况复杂、对密封性能及可靠性等要求极高的使用要求。2023 年，公司的研发中心获评江苏省工程研究中心。该中心已成为我国减速机领域开放式的综合技术平台。公司申请专利 56 项，包括发明专利 24 项、实用新型专利 32 项；获得授权专利 38 项，其中发明专利 10 项。公司完成第五批国家专精特新"小巨人"企业申报，入选第四批江苏省绿色工厂名单。

太原重工齿轮传动分公司和上海电气风电集团股份有限公司自主研制的陆上半直驱 8MW 风电齿轮箱从新能源园区成功下线发运。该产品从设计到工艺的优化、再到各种零部件的加工和装配，历时 3 个月，产品一次性通过全部型式试验。陆上半直驱 8MW 风电齿轮箱额定功率为 8 884kW，传动链长 6 900mm，具有集成度高、体积小、重量轻及扭矩密度大等特点。

重庆齿轮箱有限责任公司牵头申报的国家重点研发计划项目"高抗压耐腐蚀齿轮传动系统关键技术"成功获批立项，这是公司自 2019 年首次牵头国家科技部重点研发计划项目后再次牵头国家重点项目。该项目拟研发 3 000m 深海采矿设备的齿轮传动系统，针对海洋环境复杂工况下齿轮传动系统高可靠、长寿命重大需求涉及的关键科学与技术问题，重点从协同设计方法、高压动密封技术、制造装配技术、试验与服役状态监测技术等进行研究，以突破海洋环境下高抗压耐腐蚀齿轮传动系统基础前沿和共性关键技术，实现深海齿轮传动系统设计、制造、状态监测全链条技术的安全自主可控，提升我国高端海洋装备的设计与制造技术水平。2023 年，公司获得"国家知识产权示范企业"称号。

南京高速齿轮制造有限公司成功开发出国内首例新一代带过载保护功能的偏航驱动。该项目申请多项专利，并通过欧洲顶级能源企业和权威认证公司的严苛测试和认证。在全球风电行业权威媒体 Windpower Monthly 发布的 2022 年度全球最佳风电机组-传动链评选中，公司凭借

16 ～ 18MW 全集成中速传动齿轮箱获得最佳传动链金奖。全集成中速传动齿轮箱是公司与国内整机生产商合作开发的一款新品，扭矩密度达到 200N·m/kg。

诺德公司为工程机械领域某世界 500 强企业提供了安全可靠、节能高效的驱动技术解决方案。为项目涂装车间的高温动力滚床、常温升降机、移行机及 PVC 托盘式摩擦输送系统等设备提供近 500 台驱动装置，包括 NORDBLOC.1 系列同轴斜齿轮减速电机和 UNICASE 系列直交轴锥齿轮减速电机等产品。

伦茨公司开发的全新机电一体化变频器 i550 MOTEC 适用于分布式驱动技术、墙装式或背装式的紧凑型解决方案。产品 IP66 的高防护等级能够轻松应对多种恶劣环境，适用于汽车、物流、食品饮料、纺织、户外工业设备等高可靠性、高污染及狭小安装空间等场合。

2023 年，山东华成中德传动设备有限公司持续提升创新能力。公司获得山东省企业研究开发财政补助，入选 2023 年淄博市"中间人才"自主评价企业名单。公司的淄博市精密重载齿轮传动重点实验室入选淄博市重点实验室；获批设立山东省和淄博市"一企一技术"研发中心。公司的"舰船主机及大功率发电机组用精密齿轮研发及产业化"项目入选 2023 年度山东省军民融合发展重点项目和山东省技术改造设备奖补资金项目；"高可靠长寿命滚道行星轮关键制造技术研究与应用"项目获得中国机械工业科技进步奖二等奖；"模块化精密高效智能齿轮箱"获得全国机械工业设计创新大赛银奖。

2023 年，国家市场监督管理总局正式批准在中车戚墅堰机车车辆工艺研究所有限公司筹建国家轨道交通装备关键机械系统及部件产业计量测试中心。该中心将围绕产品研发和应用需求，梳理全产业链的计量测试需求，开展计量测试技术研究，补齐计量测试短板，解决产业中"测不了、

测不全、测不准"的计量测试难题，建成"全产业链、全寿命周期、全溯源链、具有前瞻性"的轨道交通装备关键机械系统及部件产业计量测试体系，对于保障产品质量稳定可靠、助推轨道交通装备关键机械系统及部件产业高质量发展具有重要意义。

杭州杰牌传动科技有限公司多项产品、项目入选国家级、省级装备和案例名单。其中，"杰牌智能传动全流程质量追溯和提升数字化场景"案例入选工业和信息化部公布的 2022 年制造业质量管理数字化典型场景和解决方案优秀案例名单，"产品远程运维场景"案例入选工业和信息化部公布的 2023 年度智能制造示范工厂揭榜单位和优秀场景名单。杰牌 JCM 变频一体齿轮减速电机入选 2022 年度浙江省首台（套）装备名单。

深圳市兆威机电股份有限公司在现有产品的生产工艺和技术基础上不断进行技术改进，对现有的生产工艺和生产设备进行改造升级，优化信息化、自动化能力，保持公司在微型驱动、微型传动行业的优势。公司的技术中心成功入围 2023 年国家发展改革委认定的第 30 批国家企业技术中心名单。2023 年，公司获得中国专利优秀奖，被认定为国家绿色工厂；东莞子公司被认定为国家高新技术企业。

2023 年 5 月 16 日，江苏省机械工业科技进步奖表彰大会在南京召开。南京创力传动机械有限公司联合南京农业大学、江苏农林职业技术学院共同完成的"基于全生命周期健康维护的高端重载齿轮传动装置"项目获得江苏省机械工业科技进步奖一等奖。

浙江双环传动机械股份有限公司始终坚持科技创新，先后成立国家级博士后工作站、国家 CNAS 认证实验室等多个创新平台，现为国家齿轮工程技术研究中心、新能源汽车传动齿轮浙江省工程研究中心。公司积极打造产学研一体化，与德国慕尼黑工业大学、浙江大学等高校长期合作开展多项齿轮传动领域的基础性研究，并同国外高端客户合作开展技术攻关和工艺改进。截至 2023 年 10 月 31 日，公司主导参与制定的国家标准和行业标准共计 22 项，拥有专利 396 项，获得软件著作权 26 项。公司被评为 2023 年度浙江省科技领军企业。

浙江三凯机电有限公司是一家集科研、生产、销售于一体的动力传动装置研发制造商，主营精密行星减速机、工业行星减速机及蜗轮蜗杆减速机等产品。公司获得国家高新技术企业、浙江省高新技术企业研究开发中心、浙江省知识产权示范企业等多项荣誉，获得"合力杯"第二届全国机械工业产品质量创新大赛银奖。

河南蒲瑞精密机械有限公司主要从事减速机、车轮组、吊钩组、卷筒组、联轴器等机械类配套件及机构总成的销售、研发、制造与服务。公司拥有国家认定的企业技术中心、国家技术检验测试中心、河南省工业设计中心，近年来实现了快速发展，已成为国内重要的机械加工类配套件制造基地之一。公司获得 2023 年河南省制造业单项冠军称号。

万鑫精工（湖南）股份有限公司入选湖南省先进制造业重点培育关键零部件配套生产企业清单。公司的工业设计中心入选湖南省工业和信息化厅公布的第九批湖南省工业设计中心名单。这是继工程技术研究中心、企业技术中心后，公司取得的又一项省级认定。

三、行业转型发展情况

近年来，减变速机行业在经历了一波投资热潮后，逐步进入产业成熟期，部分通用减速机产品呈现出产能过剩的态势。随着竞争的加剧，行业利润逐步下降，减变速机行业集中度显著提升。

我国减变速机行业的资源正加速向龙头企业集中，如泰隆集团对传动产业园扩产、浙江通力传动科技股份有限公司在杭州投资建设高端传动装备智造项目等。随着我国本土企业尤其是大型企业自主研发实力和资本并购能力增强，减速机产品性能有了快速提升，特别是在市场需求快速增长的精密减速机、机器人关节减速机和高速重载减速机领域，与国际领先企业的差距逐步缩小，国产化替代明显。比如，江苏国茂减速机股份有限公司收购摩多利智能传动（江苏）股份有限公司（简称摩多利传动）股权，快速进入精密行星减速机市场；浙江双环传动机械股份有限公司专注于精密减速机业务，增强上市公司的核心竞争优势。

减变速机行业正在从单一产品的生产模式向供应链系统化服务的总体生产模式转变。当前，行业内多家企业已实施了智能化、数字化改造，如江苏国茂减速机股份有限公司与三菱电机工业数字化合作项目、速博雷尔智能工厂项目及浙江恒齿传动股份有限公司数字化车间项目等。

随着我国制造业向高质量发展扎实推进，处于产业链上游的传动零部件产品逐渐向机电一体化方向发展。当前，行业内一些企业将减速器、伺服电动机、驱动器等零部件集成，形成智能化传动装置，如杰牌的智能监测系统和变频一体减速电机、纽氏达特伺服行星减速机等。

在制造业全球化背景下，行业内企业通过积极拓展海外市场、建设国外研发制造基地、与国际企业开展战略合作等方式进一步拓展国际市场。比如，江苏国茂减速机股份有限公司深耕东南亚市场，开发俄罗斯市场；宁波中大力德智能传动股份有限公司在海外投资设立子公司。

四、企业投资与重组发展情况

2023 年，山东华成中德传动设备有限公司投资舰船主机及大功率发电机组用精密齿轮研发及产业化项目。该项目位于山东省淄博市博山区经济开发区，项目总投资 15 000 万元，主要对现有高精度齿轮传动设备中的主要零部件生产线进行技术改造，购置机加工设备、齿轮渗碳热处理生产线等生产设备，提高生产效率和生产精度，增

加精密齿轮传动部件产能。项目完成后可年产 20 000 件高端精密齿轮传动部件。

2023 年 9 月 16 日，泰隆集团举行科技产业园三期工程精密铸造项目竣工投产暨铸造公司新址揭牌仪式。2022 年，集团完成了减速机公司及工业园区搬迁。2023 年 6 月，完成了减速机老厂区、工业园区的善后清理；8 月，实现铸造公司的迁建投产。铸造公司项目建成后，可形成年产各类减速机箱体铸件 14 万台（套）的能力。

2023 年 11 月 8 日，江苏国茂减速机股份有限公司发布公告，拟以现金方式收购摩多利传动 65% 的股权。完成本次股权转让事宜后，公司将进一步完善通用减速机产品系列，并借助摩多利传动的生产能力及经销渠道，快速进入精密行星减速机领域，加大在下游激光切割机、数控机床、机器人/机械手等工业自动化领域的布局。

浙江通力传动科技股份有限公司将投资 3.5 亿元建设通力智能装备（杭州）有限公司高端传动装备智造项目，由全资子公司通力智能装备（杭州）有限公司实施该项目。项目将新建智能生产车间，引进自动化生产设备和智能化生产管理系统，并通过优化技术工艺流程等方式，扩大公司生产规模，提升减速机产品质量。该项目建设完成后，将形成年产 6 万台高端精密齿轮箱的生产能力，提升公司在高端减速机市场的占有率。

2023 年 3 月 21 日，中车戚墅堰机车车辆工艺研究所有限公司混合所有制改革引入战略投资者项目在常州举行。通过此次混合所有制改革，公司成功引入国家能源集团、山东能源集团、中船集团、中国诚通等多家大型产业集团或国家级基金旗下投资主体，与战略投资者产业协同和优势互补，实现从"混资本"到"混资源"的融合，进一步加大在风电齿轮箱、汽车零部件、工业机器人精密减速器等领域的资源投入，加速产业的战略布局和高质量发展。

为保证核心零部件的加工质量，南京创力传

动机械有限公司从 2022 年开始筹划引入真空渗碳产线，并于 2023 年下半年正式投产。该项工艺技术的应用，大大提升了齿轮渗碳质量，节约了企业相关工序的生产成本，提高了零件的流通效率，缩短了生产周期。

为了加强国际经济合作，发展外向型经济，参与国际市场竞争，宁波中大力德智能传动股份有限公司第三届董事会第六次会议审议通过了《关于对外投资设立新加坡全资子公司及泰国全资孙公司的议案》。2023 年 4 月 3 日召开的 2023 年第一次临时股东大会审议通过了此项议案。在项目实施过程中，设立新加坡全资子公司新加坡中大力德智能传动公司。此外，公司发布了向不特定对象发行可转换公司债券预案（修订稿）以及关于向不特定对象发行可转换公司债券摊薄即期回报、采取填补措施及相关承诺（修订稿）等公告。根据预案显示，公司本次发行拟募资总额不超过 5 亿元，扣除相关发行费用后，将用于机器人本体组件、配件及智能执行单元生产线项目，华南技术研发中心建设升级项目以及补充流动资金。

2023 年，浙江午马传动有限公司投资建设的减速机新厂在浙江省青田县落成投产。项目建设达产后，将具备年产 40 万台减速机的生产能力。

浙江夏厦精密制造股份有限公司是一家以研发、生产和销售高精度齿轮及精密减速机为主营业务的高新技术企业。公司自主研发的齿轮加工机床和刀具成功实现了替代进口产品。经过 20 多年的发展，公司已成为我国小模数齿轮行业的头部企业，获得了第七批制造业单项冠军、国家级专精特新"小巨人"企业等荣誉。2023 年 11 月 16 日，浙江夏厦精密制造股份有限公司正式登陆深交所主板。

广东星光传动股份有限公司新增一条蜗轮蜗杆倍速链装配流水线，可年产 18 万台减速机。当前，该生产线已正式投入使用，可将工人装配效率提升 40% 以上，提高制造效率，确保供货时间更稳定。

浙江台玖精密机械股份有限公司多年来深耕精密机械领域，为用户提供高精度蜗轮蜗杆产品，并为有特殊需求的用户提供客制化服务。2023 年 5 月 29 日，浙江台玖精密机械股份有限公司正式在新三板挂牌。

2023 年 8 月 9 日，银川威力传动技术股份有限公司正式在深圳证券交易所创业板上市。公司本次公开发行 1 809.6 万股，募集资金 6.4 亿元，资金将全部用于精密减速器研发生产项目。为满足公司战略发展需要，公司董事会审议通过了《关于公司拟与银川经济技术开发区管理委员会签订〈项目投资协议书〉暨对外投资的议案》，拟投资建设风电增速器智慧工厂。项目将分两期建设，总投资约 50 亿元（以实际投资额为准），其中固定资产投资 36 亿元。预计于 2025 年 12 月 31 日之前完成一期建设并投产，2028 年 12 月 31 日之前完成第二期投资并达产。

2023 年 4 月 18 日，诺德公司举办了江苏仪征新工厂——诺德（江苏）传动设备有限公司投产仪式。诺德仪征工厂于 2021 年 10 月开工建设，总生产面积达 18 000m^2，可年产减速机 40 万台。该工厂将与诺德公司苏州工厂和天津工厂相互补充，全面提升诺德公司在中国的产能供应。

五、行业发展中存在的问题与建议

1. 行业结构调整引发的恶意竞争

减变速机行业作为重资产装备制造业的一部分，随着产品生产和市场发展逐步进入成熟期，产业的市场集中度不断上升。随着行业结构的快速调整，行业内同质化的产品竞争不断增强。一些企业采用价格战等不正当竞争方式，以期获取短期的利益，这极大地损害了行业的长远发展。

建议行业企业逐步转变观念，打造互利共赢的发展模式，在竞争中提升自身实力。同时，积极推动行业共享平台的建立，在竞争中实现合作，通过良性竞争促进共同发展。

2.市场需求不足

在我国产业结构升级、提质换挡调整不断深入的背景下，产能过剩和市场需求不足成为减变速机行业面临的重要挑战。根据问卷调查结果，行业内超过 50% 的企业订单量出现下滑。总体来看，未来需求不足、传统产品领域产能过剩依然是减变速机生产企业需要面对的问题。

建议企业关注海外出口及投资机会，针对低技术、低附加值产品，可考虑海外生产力转移，逐步将产能释放至技术劳动力成本较低的地区；在高技术和创新产品领域，需积极寻求产品的出口替代机会。

3.行业企业品牌形象有待进一步提升

减变速机企业的品牌形象直接关系到企业的市场竞争力和发展前景，但当前行业企业品牌形象有待进一步提升也是一个需要解决的问题。企业的品牌形象不佳可能会影响产品的销售和企业的声誉，从而影响企业的市场地位和竞争力。当前，我国减变速机行业缺乏世界知名品牌，品牌的缺失已成为制约行业向高层次发展的瓶颈。

建议企业采用多种传播手段，以增强品牌传播与推广的精准性和有效性。通过对各种传播资源的有效整合和运用，增强品牌的知名度和美誉度，塑造良好的品牌形象，逐步实现从本土品牌到国际品牌的飞跃。另外，鼓励有实力的企业收购海外知名品牌。

〔撰稿人：中国通用机械工业协会减变速机分会郭淼〕

2023 年分离机械行业概况

一、生产发展情况

2023 年，据中国通用机械工业协会分离机械分会对 34 家会员企业不完全统计，2023 年完成工业总产值 133.3 亿元，同比增长 5.1%；实现销售收入 118 亿元，同比增长 14.6%。

2023 年，参与统计的部分企业销售收入达到历史较好水平。其中，景津装备股份有限公司实现销售收入 62 亿元，重庆江北机械有限责任公司实现销售收入 5.2 亿元，威海市海王旋流器有限公司实现销售收入 8.2 亿元，江苏新宏大集团有限公司实现销售收入 8.1 亿元，浙江严牌过滤技术股份有限公司实现销售收入 6.2 亿元，江苏中一环保科技股份有限公司实现销售收入 4.0 亿元。

据分离机械分会不完全统计，2023 年出口势头较好的企业有浙江严牌过滤技术股份有限公司、厦门厦迪亚斯环保过滤技术有限公司、江苏中一环保科技股份有限公司、河南大张过滤设备有限公司、江苏新宏大集团有限公司、飞潮（上海）新材料股份有限公司、重庆江北机械有限责任公司、衡水宏运压滤机有限公司和江苏巨能机械有限公司。

二、科技创新与研发情况

据分离机械分会不完全统计，2023 年，参与统计的企业研发新技术、新产品共 801 项，获得专利 367 项。这些新技术、新产品的推出，促进了市场的拓展和企业的发展。

景津装备股份有限公司在开发新产品的同时，在节水、节电等方面进行了绿色化、智能化升级改造，在新型压滤机产品产能提高一倍的同时，能耗降低了40%。公司对动力设备进行改造升级，采用二级或一级能耗电动机，原来生产100t产品用电100kW·h，当前生产150t产品用电60kW·h。

重庆江北机械有限责任公司致力于研发专用设备，针对新能源领域发展需要，在碳酸锂、氢氧化锂、高纯硫酸锰、硫酸镍、硫酸钴等电池基础原料的分离方面提出了独到的解决方案。公司研制的GK（H）系列虹吸刮刀离心机、LW系列卧式螺旋卸料离心机、HR系列双级活塞推料离心机、PGZ平板刮刀离心机广泛应用于新能源领域。公司获得重庆机电股份有限公司颁发的2023年度"跨越式发展奖"。

2023年1月9日，上海市经济和信息化委员会发布了2022年度市级设计创新中心名单，上海复洁环保科技股份有限公司申报的"上海复洁设计创新中心"成功入选。公司的低温真空脱水干化一体化技术项目通过对高温水源热泵的创新应用，不仅实现了从污水中获取污泥干化热能的技术突破，而且显著降低了系统运营成本、能耗及碳排放强度，被评为2023年度上海市余热利用十大优秀案例。项目创新采用污泥卸料-输送-转运自动化系统，将污泥干化产物从地下空间自动转运后装车外运，具有机动灵活、互为备用和高效密闭等特点。公司承担的上海城投污水处理有限公司虹桥污水处理厂污泥脱水干化项目设计污泥处理规模为190t/d（最大污泥处理能力可达240t/d），采用离心浓缩+低温真空脱水干化一体化工艺，将含水率99%左右的污泥进行一次性脱水处理，污泥含水率降至40%以下。公司逐步构建了污泥干化理论支撑体系，提升了污泥干化核心技术攻坚水平，形成了技术优势。公司获得授权专利17项，其中发明专利2项。

江苏新宏大集团有限公司坚持以创新为核心、以市场为导向，进行技术研发和产品升级。2023

年，公司获得授权专利27项，其中，发明专利3项、实用新型23项、外观设计专利1项。公司研制的168m²磷石膏专用全自动立式压滤机在瓮福磷石膏资源化分解制30万t/a硫酸联产32万t/a水泥熟料循环经济项目中中标；半水转台真空过滤机和二水转台真空过滤机及各种关键搅拌装置在中国五环公司总包的重庆涪陵30万t/a半水-二水磷酸项目中一次性开车成功；浓密机和搅拌装置在洛钼金山矿业刚果（金）KFM、TFM项目中即将投入使用；45m²圆盘真空洗涤过滤机在山东鲁北集团金海钛业资源科技有限公司投入使用后，使用效果良好，得到了客户的好评。

青岛核盛智能环保设备有限公司新研发的带式真空过滤洗涤压榨脱水机在大型电池级磷酸铁项目中投入使用。该设备可连续自动完成母液分离、滤饼洗涤、滤饼压干、卸料、滤布再生等工艺操作；自动化程度高，操作环境友好，无跑冒滴漏现象，实现清洁生产；与传统设备相比，可节省30%～50%的投资成本。

江苏巨能机械有限公司自2002年成立以来，共获得实用新型专利70项、发明专利22项、外观设计专利2项。2023年，公司获得省级工程技术研究中心认定。该研究中心是企业科技创新体系的重要组成部分，为企业攻克关键技术难题和装备瓶颈提供了重要支撑。

威海市海王旋流器有限公司自2019年设立博士后创新实践基地以来，共承担国家级、省级科研项目12项，获得授权专利36项，获得科技奖励6项。2023年，公司获批设立国家级博士后科研工作站，为开展科研工作和培养创新人才搭建了良好的平台。

2023年，分离机械分会组织召开了分离机械分会成立35周年、干燥设备分会成立30周年纪念大会，评选出一批优秀科技项目，具体包括："碳中和技术创新：分离机械的基础与机遇"项目（完成单位：华东理工大学），"分离与干燥技术在石化领域的应用"项目（完成单位：中石化广州／洛阳工程有限公司），"分离机械结构数值仿真技术与应用"项目（完成单位：天津大学），"大口径离心机研发及产业化"项目（完成单位：重庆江北机械有限责任公司），"干燥技术创新助力行业发展实践案例分享""盐湖老卤制备无水化氯化镁关键技术研究及应用"及"高效节能环保氯化铵蒸汽回转干燥成套工艺开发"项目（完成单位：山东天力能源股份有限公司），"低氮燃烧技术的工业应用"项目［完成单位：康柏森热能科技（苏州）有限公司］，"焙烧窑一站式供应链服务"项目（完成单位：江苏大明工业科技集团有限公司），"氮气闭路循环回收溶剂 VC 连续沸腾干燥装置"项目（完成单位：江苏宇通干燥工程有限公司），"严牌滤布在分离机械行业的应用"项目（完成单位：浙江严牌过滤技术股份有限公司），"虹吸刮刀离心机关键技术研究及产业化"项目（完成单位：重庆江北机械有限责任公司、江苏赛德力制药机械制造有限公司、四川大学），"含硫含碱废液过程减排新技术及在化工行业中应用"项目（完成单位：华东理工大学、上海华畅环保设备发展有限公司），"转台过滤机系列产品开发"项目（完成单位：江苏新宏大集团有限公司），"两次拉开滤板螺旋振动卸饼压滤机"项目（完成单位：景津装备股份有限公司），"满足 GMP 规范要求的离心机"项目（完成单位：江苏赛德力制药机械制造有限公司），"大型活塞推料离心机研发与国产替代"项目（完成单位：重庆江北机械有限责任公司、浙江轻机离心机制造有限公司），"低温真空脱水干化一体化技术"项目（完成单位：上海复洁环保科技股份有限公司），"分离机械标准化体系建设"项目（组织名称：全国分离机械标准化技术委员会），"高效节能智能化离心过滤成套装备的研发及产业化"项目（完成单位：江苏华大离心机股份有限公司），以及"含油污泥减量化处理设备"项目（完成单

位：南京中船绿洲机器有限公司离心机分公司）。

三、标准化工作情况

2023 年，由中国通用机械工业协会分离机械分会标准化工作委员会组织制定的 3 项团体标准发布。其中，T/CGMA 0703—2023《离心机、分离机　设计制造安全性评价规范　第 1 部分：安全认证／评价程序》规定了离心机或分离机制造企业设计制造过程的安全认证或安全评价的评审原则以及依据、评审条件、评价方法和程序、评审内容和要求、评审确认后的改进。T/CGMA 0704—2023《离心机、分离机　设计制造安全性评价规范　第 2 部分：离心机安全认证评价　现场评审实施细则》规定了离心机制造企业安全认证或安全评价的现场评审的基本要求，同时也是认证／评价机构实施申请人认证／评价的评审依据，指导认证／评价评审专家组对申请人进行安全认证／评价的评审活动的组织管理、实施、安全认证／评价的评审结论判定等。T/CGMA 0705—2023《离心机、分离机　设计制造安全性评价规范　第 3 部分：分离机安全认证评价　现场评审实施细则》规定了分离机制造企业安全认证／评价现场评审的基本要求，同时也是认证／评价机构实施申请人评审的依据，指导认证／评价专家组对申请人进行安全认证／评价的评审活动的组织管理、实施、安全认证评审结论判定等。

为推动以上 3 项团体标准的实施，2023 年 11 月 27—29 日，分离机械分会在重庆举办了团体标准培训班。来自重庆江北机械有限责任公司、江苏赛德力制药机械制造有限公司、浙江轻机离心机制造有限公司、河南大张过滤设备有限公司、江苏华大离心机制造有限公司、苏州优耐特机械制造有限公司、湘潭通用离心机有限公司、广州广重分离机械有限公司、安徽普源分离机械制造有限公司、江苏巨能机械有限公司、成都智楷分离科技有限公司、西安科迅机械制造有限公司、

张家港市永达机械制造有限公司、泸州江阳区红岩机械有限公司和南京新筛分科技实业有限公司等企业的30多名代表参加了培训班学习。培训班由中国通用机械工业协会分离机械分会标准化工作委员会主任张剑鸣主持，3项团体标准主起草人赵杨教授以及3位起草人对3项标准进行了讲解。作为试点单位的重庆江北机械有限责任公司组织团体标准实施小组的部分成员参加了培训班。

自2023年6月开始，《厢式和板框式压滤机机织滤布》团体标准经过立项、研讨、调研、编写、征求意见、修改完善等程序，形成中国通用机械工业协会分离机械分会标准化工作委员会审批稿。该标准修改后，形成中国通用机械工业协会团体标准审定稿，报中国通用机械工业协会备审。该团体标准规定了厢式和板框式压滤机用机织滤布的术语和定义、产品分类及型号、表示方法、技术要求、试验方法、检验规则、标志、包装、运输及贮存，适用于厢式和板框式压滤机用机织滤布，其他过滤设备用的机织滤布也可参照使用。

四、人才培养和队伍建设情况

2023年，重庆江北机械有限责任公司组织开展了2023年青年员工拓展训练活动。这是公司举办的第三期青年拓展培训活动，旨在锻炼员工的坚强意志，增强企业凝聚力和向心力。2023年12月13—16日，公司举办了离心机操作与维护专场客户培训会。此次培训活动是公司为用户量身定制的专业化培训活动，主要就卧式刮刀卸料离心机、活塞推料离心机和卧式螺旋卸料沉降离心机的操作技能与维护知识进行了深入讲解。公司的专业技术人员对三大系列离心机使用原理，离心机日常操作、维护和保养等知识进行了讲解，对用户关注的问题进行了答疑解惑。通过举办理论和实操培训活动，为用户单位的离心机设备管理人员和操作人员提供了专业的学习机会，获得用户单位的认可与好评。

2023年，江苏赛德力制药机械制造有限公司委派公司质量、市场、研发、技术等专业人员分别前往上海光明乳业股份有限公司、上海勘察设计研究院（集团）有限公司及上汽大通汽车有限公司参观学习和交流，学习优秀企业的先进质量管理模式。9月21日，公司派有关人员参加了由中国国际工业博览会组委会、上海市质量协会主办的"数质赋能·制造业强链升级——中小企业工业4.0精益之道"质量创新论坛。

2023年，河南大张过滤设备有限公司举办了职工技能比武大赛。比赛共设4个项目，共80余名职工参加了比赛，有12名选手获得奖项。此次技能大赛为职工提供了相互学习、交流技艺、展示才华的机会，涌现出一批高素质的技能人才。通过练兵比武，充分激发青年职工学技术、钻业务、练技能的热情，全面提高职工队伍的整体素质和水平，为公司培养一支专业型、技术型的技能人才队伍奠定了坚实的基础。2023年12月18日，禹州市中等专业学校有关领导赴河南大张过滤设备有限公司开展专题调研，到生产车间进行了实地查看，并进行了深度座谈交流，达成了明确的合作意愿。禹州市中等专业学校将以此为契机，不断优化职业教育类型定位，培育更多高素质技能人才，促进校企双方合作意向尽早落实。

2023年5月11日，江苏新宏大集团有限公司联合江苏省兴化中等专业学校，举行了机电信息系"新宏大杯"优秀学生表彰大会暨颁奖典礼。本次表彰大会共表彰优秀学生20名，其中，获得三等奖的共10人，获得二等奖的共6人，获得一等奖的共4人。这次活动有力地推动了校企合作，深化了产教融合。通过校企联合教学、联合培养，让学生更符合企业的用工需求，同时也有效破解了企业"技工荒"难题，为地方经济发展留住了人才。

2023年7月31日，东北大学资源与土木工程学院党委书记艾国生一行到访威海市海王旋流器有限公司。威海市海王旋流器有限公司向东北大学进行海王奖学金、分级分选试验平台捐赠，艾国生代表东北大学接受捐赠。此次活动标志着威海市海王旋流器有限公司与东北大学的合作进入了一个全新的发展阶段，双方在已有合作的基础上，将进一步建立长期稳定的、可持续发展的、全方位的校企合作伙伴关系。

五、行业中存在的问题及发展建议

2023 年，分离机械行业企业投资较前两年有所增加，而原材料价格处于高位运行，企业成本不断增加，这就压缩了企业产品的利润空间。加之市场的不确定性，造成企业投资风险增加。

分离机械行业压滤机和离心机生产企业出现了明显的两极分化现象，龙头企业的产值和销售收入在行业中占比较大，一些中小企业尤其是小微企业在激烈的市场竞争中退出或转产。

当前，国内分离机械行业企业的主要产品基本上具有自主知识产权，但是应用于特殊环境、特殊条件的产品以及特大型、精密产品仍然需要进口。

在新的形势下，行业企业要保持产品创新活力，加大创新人才的培养或引进，加大创新资金的投入，研发出更多的首台（套）产品、替代进口产品以及解决"卡脖子"问题、填补空白的新技术。企业要在各自的领域做强，要有自己的特色，发展特色产业、特色产品，实现企业发展长远。

〔撰稿人：中国通用机械工业协会分离机械分会刘雅生〕

2023 年干燥设备行业概况

一、生产发展情况

2023 年，据中国通用机械工业协会干燥设备分会对 30 家会员企业上报的资料统计，共完成工业总产值 801 713 万元，同比增长 0.34%；实现营业收入 708 993 万元，同比增长 0.13%；实现利润总额 45 596 万元，同比下降 5.01%；完成出口交货值 30 646 万元，同比增长 35.27%。2023 年产品产量为 110 760 台，同比增长 3.5%；投入研发费用 26 730 万元，同比下降 5.34%。全年从业人员人数为 3 761 人，比 2022 年减少 1 230 人。

二、企业科技创新与研发情况

2023 年，山东天力能源股份有限公司入选国务院国资委"科改企业"名单，公司承建的大宗固废高值化协同利用山东省工程研究中心、山东省"一企一技术"研发中心、济南市"一企一技术"研发中心获批。公司承担的青海省首个"揭榜挂帅"重大科技专项"盐湖老卤制备无水氯化镁关键技术研究及应用"项目通过验收，科技成果达到国际领先水平。该项目成功验收，从根本上解决了盐湖老卤制备无水氯化镁关键技术在高海拔地区无法长周期稳定运行和达标达产的问题，实现了无水氯化镁装置连续稳定运行。公司承建的沙特阿拉伯纯碱及氯化钙项目核心单元流化床干燥机单车试车一次性成功。公司承建的浙江衢州巨塑化工有限公司 3.5 万 t/a PVDC 干燥系统一次性试车成功。"流态化高效低碳干燥关键技术创新与工程产业化应用"项目获得山东省科技进步奖二等奖，"大型低排放自返料蒸汽回转干燥成套装备及产业化"项目获得"合力杯"第二届全国机械工业产品质量创新大赛优秀奖，"生物质循环流化床耦合回转窑热解技术"和"低阶煤两级联合干燥和成型提质技术及关键装备"项目获得中国通用机械工业协会干燥设备分会优秀创新项目奖,"自返料蒸汽回转干燥成套装备"入选 2023 年度山东省首台(套)技术装备及关键核心零部件项目。2023 年,公司申请专利 46 项,其中,发明专利 8 项、实用新型专利 38 项;获得授权专利 33 项,其中,发明专利 9 项、实用新型专利 24 项。

天华化工机械及自动化研究设计院有限公司持续开展支撑国家重大战略的重大技术装备研发。2023 年,公司开展的 60 万 t/a 聚丙烯大型环管反应器国产化研制项目通过科技成果鉴定,整体技术达到国际先进水平。公司参与研制的福建中景石化有限公司 120 万 t/a 聚丙烯装置成功实现国内聚丙烯上游核心设备八腿环管反应器的实质性创新与突破,摆脱了大型环管反应器对国外技术及设备的依赖,提升了我国聚丙烯装备技术水平及国际影响力。公司研制的聚苯醚浆料分离、净化与干燥关键技术及设备通过科技成果鉴定,整体技术达到国际先进水平。公司开发的旋转压力过滤机 + 蒸汽管回转干燥机是聚苯醚浆料后处理技术关键设备,与国外真空过滤机 + 高速旋转热风桨式干燥机相比,能耗更低,产品品质更优。公司研发的"聚苯醚浆料分离、净化与干燥关键技术及设备"获得中国石油和化学联合会科技进步奖三等奖、中国中化控股有限责任公司科技进步奖三等奖;"聚丙烯装置用汽蒸器(D501)国产化技术创新设计与应用"项目获得甘肃省企业科技创新大赛科技创新成果一等奖;"CTA 溶剂交换装备及工艺"项目获得中国通用机械工业协会干燥设备分会优秀创新项目奖、甘肃省科技进步奖二等奖;"一种多用途连续正压过滤设备"获得甘肃省专利奖二等奖。

2023 年,常州一步干燥设备有限公司开展高效节能新型自动化回转煅烧窑、三元负极材料干燥装置、污泥处理全闭式低温循环高效节能干化设备、三合一多功能干燥装备等产品的研发工作,产品试验结果符合技术设计及要求。公司承建的江苏省新能源汽车电池材料智能化干燥成套装备工程技术研究中心获批。公司研发的三合一多功能智能干燥装备产品主要应用于药品生产中间体及无菌原料药、生物制药、精细化工、印染等行业,经过试验推广,已经在多个原料药厂家投入使用。公司承担的安徽天祥、湖南一方、湖南康寿、国药同济堂、贵州益佰等喷雾项目顺利验收,湖南春光九汇喷雾项目落成投产。公司研制的闪蒸干燥机在钛白粉行业保持领先地位,先后中标正太新材料、宜宾天原等重点项目。公司中标江西某中药配方颗粒厂家 ZLG-150 型中药浸膏喷雾干燥生产线 10 套、浙江某药业 ZLG-200 型中药喷雾干燥系统 5 套、某新材料公司 XSG-1800 型闪蒸干燥系统 10 套。2023 年,公司入选第五批国家级专精特新"小巨人"企业名单。

江苏先锋干燥工程有限公司建立了江苏省企业技术中心,构建科技创新平台,加大科研项目投入。2023 年,公司获得国家专精特新"小巨人"企业、江苏省专精特新"小巨人"企业、江苏省高新技术企业、江苏省民营科技企业等荣誉称号。公司生产的智能食品添加剂喷雾干燥机组、电池材料干燥机组被列入国家科技型中小企业技术创新基金计划,石墨烯电池材料喷雾干燥系统被列入江苏省重点研发计划;DGLP 型电池材料高速离心喷雾干燥机获得江苏省优秀新产品奖,LPG 系列高速离心喷雾干燥机获得常州市首台(套)重大装备及关键部件认定,磷酸铁干燥焙烧生产线被列为常州市首台(套)重大装备。公司紧跟国家能源战略的步伐,针对各种电池材料的干燥要求,成功研发了多款高效、专用的干燥设备。2023 年,公司中标新能源行业项目,中标金额总计 2.86 亿元。

2023 年,四川南充首创科技开发有限公司参与全国农产品加工产业领域招投标项目，中标总额超过2 100万元。公司取得四川省"专精特新"中小企业复核认定。

2023年，江苏宇通干燥工程有限公司申请专利9项，其中，发明专利2项、实用新型7项；获得授权专利10项，其中，发明专利3项、实用新型专利7项。公司的科技创新成果及时应用于生产并推向市场，产生了良好的经济效益。公司研发费用投入700余万元，约占销售收入的8%。公司荣获2023年度石化行业百佳供应商称号。

三、企业经营管理及改革情况

2023年，山东天力能源股份有限公司全面落实山东省国资委统一工作部署要求，着力抓改革、抓创新、抓发展，22项改革任务已全部完成，取得了改革阶段性成效。公司持续推进专业化技术市场的发展战略，按照"新能源、新材料、绿色低碳"三大业务板块规划，逐步从传统的干燥、煅烧装备制造公司向新能源材料、高性能材料、绿色低碳技术以及国际工程服务领域的专业技术公司转变。在新能源材料领域，通过技术创新和市场拓展，市场份额显著增加。在化工新材料领域，特别是在己二酸、环己醇等传统化工领域，公司凭借稳固的行业地位和专业的技术实力，赢得了客户的广泛认可和信赖。公司在氯化钙、氯化铵、铜精粉等绿色低碳干燥领域保持了稳步的增长。在国际市场开拓方面，公司组建了专业化团队，实现了"走出去"，客户来访量与国际询单量有了显著增长。2023年，公司通过了ISO 9001:2015质量管理体系、ISO 14001:2015环境管理体系、ISO 45001:2018职业健康安全管理体系等认证年审工作。

天华化工机械及自动化研究设计院有限公司不断推进管理创新，提高管理效率和质量，实现了流程优化、信息化管理、数字化转型等目标。公司紧紧围绕工业产品研发设计、生产过程控制、市场营销等环节，以实施企业资源计划系统（ERP）为核心，综合应用各种现代化信息管理技术，促进产业转型升级，加快推进企业信息化与工业化深度融合，逐步实现由传统的管理模式和生产方式向数字管理、数字制造的模式转变。公司先后开展了KPI数据库、安全管理信息化、财务管理信息化、持续改进精益六西格玛管理、SAP-ERP企业人力资源信息化管理系统、协同办公平台（OA系统）等的建设、实施和落实。公司对院区IT基础设施进行了标准化改造升级，完善信息化建设管理机制，加强信息化创新人才队伍建设，不断促进产业结构和业务流程优化。2023年，公司优化阿里巴巴国际站等线上销售平台，参与国际工程招投标，参加多项国际性展会，在东欧和东南亚主要"一带一路"沿线市场再获突破。公司坚持"注重创新、强化管理、质量优先、讲求信誉"的质量方针，通过了ISO 9001:2015等质量管理体系认证，制定了《设计文件问题反馈规定》，实行全面的质量管理，从产品设计、零部件采购、生产过程控制、产品检验到售后服务等各个环节严格把控质量关。公司积极参与行业标准的制修订工作，主持制定了HG/T 6188—2023《聚丙烯共聚反应器》和HG/T 6187—2023《聚丙烯干燥器》，修订了国家标准GB/T 17410—2023《有机热载体炉》。

常州一步干燥设备有限公司通过投入12 000千瓦级光纤激光切割机、全自动冲氩焊机、手机激光焊机、全自动抛光机等先进设备，实现对生产工艺的优化，提高了生产效率和产品精度，减少了人工操作，降低了生产成本。公司运用物联网技术，实现数据的实时采集和互联互通，提高了生产效率和设备利用率。公司通过建立完善的客户档案管理系统，提升企业订单的有效跟踪；建立了完善的电子商务平台，通过线上渠道，对产品进行推广和销售。

江苏先锋干燥工程有限公司建设面积超过6万m²的重型车间，运用数字化技术、信息化系统，提升了运行效率。公司采用 iVMS-8700 综合安防管理平台、CRM 客户关系管理系统、ERP 财会一体管理软件、钉钉 OA 智能办公软件，以及针对财务、营销、供应、仓库、生产等业务的信息管理软件系统，提升了公司信息化管理能力，实现企业规范化、标准化、数字化管理的目标。2023 年，公司参与了《锂电池磷酸铁锂材料智能化生产线》团体标准的制定及相关工作；通过了江苏省常州市天宁区"区长质量奖"评审。2023 年 12 月，江苏先锋干燥工程有限公司更名为江苏先锋智能科技股份有限公司并筹备上市。

2023 年，四川南充首创科技有限公司新生产基地及厂房建设已处于收尾阶段，达产后可提供 300 个就业岗位。公司将进一步规划线上 OA 系统完善升级、业财融合数字化系统、智能制造管理系统以及企业信息化平台建设等板块建设。公司外贸事业部的运营稳步发展，开展了跨境电商运营以及国际站的架设，产品服务已遍及全球 50 多个国家和地区。

2023 年，江苏宇通干燥工程有限公司对车间生产设施、工艺条件及生产服务等进行智能化技术改造，新增数控等离子切割机，减少用工人数 5 人，实现智能制造和扩能增效。公司采用 PDM 产品数据管理系统，实现物料统一管理，构建集成工作平台；采用 CRM 客户关系管理系统，打造客户管理数字化、销售管理自动化、服务管理智能化、项目管理一体化的围绕真实业务场景的解决方案。2023 年，公司被评为江苏省服务型制造示范企业。

东台市食品机械厂有限公司坚持国内外市场并重的原则，积极拓展海外市场。公司的辊筒干燥机产品在国内市场保持增长态势，并成功进入国际市场，出口俄罗斯、伊朗、土耳其、印度及泰国等国家和地区。公司通过实施国内外市场双管齐下的发展战略，不仅拓宽了市场渠道，提升了企业的国际竞争力，也为企业的长远发展注入

了新的活力。

四、人才培养和队伍建设情况

依托天华化工机械及自动化研究设计院有限公司建设的国家干燥技术及装备工程研究中心共有 128 人，其中，享受国务院特殊津贴的人员共 5 人，甘肃省领军人才、甘肃省先进工作者、甘肃省最美科技工作者和兰州市科技工作者各 1 人，甘肃省劳动模范 2 人。该研究中心依托"师带徒"制度，坚持思想政治素养与业务技能"双培养"模式，建立"主管"模式人才队伍，培养了一批技术能力强、敢于创新、敢于突破的人才队伍；坚持薪酬分配向科研生产一线人员倾斜的激励措施，逐步完善了择优扶持、全面考核、择优奖励的政策，以规范化的制度激励科技人员的创新热情。

山东天力能源股份有限公司聚焦科技人才队伍建设，构建以科技人才为导向的管理体系，打造人才"选育管用"全链条。一方面，围绕战略发展需求，多渠道选人；因才施策，多形式育人；完善考核评价机制，多方位管人；确保各类人才优势充分发挥，多通道用人。另一方面，建立科技人才返聘机制，对运营管理、技术研发、成套工艺设计、安装调试等方面人才实行"分类分级"返聘制度。2023 年，公司与 8 名退休技术骨干人员签订了返聘协议。通过各项改革举措的实施，一线科技人员数量较 2022 年增长 15%，占职工总人数的 60%，基本建立起结构合理、梯次清晰的科技人才团队。公司建立科技骨干人才引培模式，建立以董事长为组长的人才发展领导小组，确立五年梯队搭建规划，重点培育中层管理人员、专业技术人员，实现年度引培技术人才 13 人、高端科技人才 9 人。为更好地适应专业化市场需求，公司推进经理层任期制和契约化管理，明确任期目标、年度目标，并与薪酬、任期激励挂钩，聘任 9 位经理层成员，有效激发了经理层成员的活力。

常州一步干燥设备有限公司根据企业发展规划，有计划招收有特长的专科、本科毕业生，引进经验丰富的干燥技术专业人才，充实人才队伍。当前，公司有大专以上学历技术人员 80 名，其中，高级工程师 10 名、中级工程师 12 名。公司还聘请国际干燥技术专家牟俊达教授做公司的技术顾问，为公司提供技术服务、技术指导，承担公司重大项目技术攻关、科研课题等工作。

江苏宇通干燥工程有限公司注重培养具有创新思维和领导力的人才，通过设立专项基金、提供科研支持等方式，推动科技工作创新。公司不断完善考核制度，激发员工的工作积极性和创新精神。公司建立了灵活的激励机制，根据不同岗位、不同层级员工的需求进行调整和优化，确保激励机制更加贴近员工的实际情况。

五、行业发展中存在的问题及建议

干燥设备行业作为工业制造领域的重要环节，其发展状况直接关系到整个产业链的效能和稳定性。然而，在当前的经济环境下，行业面临着一系列挑战和问题。

在行业发展环境方面，虽然市场需求持续增长，但整体竞争格局有待进一步优化。一些地区和企业过于依赖低成本优势，缺乏技术创新和品牌建设，导致产品同质化严重，附加值较低。同时，原材料价格波动、环保政策收紧以及国际贸易摩擦等因素，也给行业发展带来了不确定性。

技术创新能力不足是一个突出的问题。许多企业缺乏核心技术和自主知识产权，新产品研发投入不足，导致产品更新换代慢，无法满足市场对高端化、智能化干燥设备的需求。行业缺乏足够的专业技术人才和管理人才，影响了企业技术创新和管理水平的提升。此外，行业内部存在一些恶性竞争现象，破坏了正常的市场秩序，损害了行业的整体利益。

面对这些问题，行业企业需要采取有效措施加以应对。一是加强技术创新和研发，提高产品的技术含量和附加值；二是优化产业结构，推动企业向高端化、品牌化发展；三是加强人才培养和引进，构建高素质的人才队伍；四是规范市场秩序，打击恶性竞争行为，营造公平竞争的市场环境，推动干燥设备行业实现持续健康发展。

〔撰稿人：中国通用机械工业协会干燥设备分会高书燕〕

2023 年真空设备行业概况

一、生产发展情况

2023 年，据中国通用机械工业协会真空设备分会对 23 家重点联系企业上报的数据统计，完成工业总产值 105.1 亿元，同比增长 15%；完成工业销售产值 144.8 亿元，同比增长 29%；完成出口交货值 15.9 亿元，同比增长 43%。实现营业收入 107.7 亿元，同比增长 8%；实现利润总额 11.9 亿元，同比增长 22%。累计订货额为 89.3 亿元，同比增长 22%；应收账款为 37.9 亿元，同比增长 30%。

2023 年，参与统计的企业产品生产情况：真空泵产量为 724 370 台，同比增长 7.8%；真空检漏设备产量为 581 台，同比增长 95.6%；真空应用设备产量为 1 645 台，同比增长 10.6%。

北京中科科仪股份有限公司强化集中统一监

管，加速构建信息管理平台，加大内控管理力度，发挥审计监督作用，推进全级次内控体系建设。公司科技创新实力不断增强，经营状况持续优化，国有资产保值增值显著提升。2023年，公司实现营业收入6.53亿元，同比增长17.91%；归属于母公司净利润为7451万元，同比增长13.43%。公司着力构建高端、智能、先进的现代化生产制造体系，高端仪器装备产业园入选江苏省重大项目名单。2023年，产业园区实现主体结构全面封顶，完成阶段性建设目标，公司规模产业化进入新阶段。

淄博水环真空泵厂有限公司建立了完善的真空泵机组成套技术方案及供应链系统配套能力，以真空泵产品为核心，运用现代化项目管理方法，将主导产品与工程项目有机结合，发挥成套设计、系统集成制造、工程施工、安装调试售后服务的整体优势，向用户提供完善的真空成套项目总集成、总承包服务。公司由传统的装备制造商逐步发展成为真空成套设备技术方案的提供商、绿色再制造系统解决方案的供应商，推动公司由生产型制造企业向服务型制造企业转型升级。公司逐步加大水环泵产品在印度、俄罗斯等国外市场的开发力度。2023年，公司销售额同比增长42.7%，出口额同比增长57.3%。

淄博真空设备厂有限公司发挥成套设计、供货、施工、安装调试的整体优势，向用户提供完善的真空成套项目总集成、总承包服务。2023年，公司被评为山东省服务型制造示范企业。

北京七星华创流量计有限公司引入先进的生产管理系统，利用MES和ERP等信息化平台，实现了生产流程的数字化管理；通过引入自动化生产线和机器人等先进设备，实现了生产线的自动化和智能化。公司建立创新激励机制，鼓励员工积极参与创新活动，为公司的发展贡献智慧和力量。2023年，公司营业收入同比增长51.3%，利润总额同比增长37.7%，出口交货值同比下降13%。

2023年，中国科学院沈阳科学仪器股份有限公司实现营业收入8.51亿元，同比增长22%，实现利润总额6000万元，同比增长20.5%。

2023年，浙江杭真能源科技股份有限公司完成工业总产值4.72亿元，实现营业收入4.54亿元，完成出口交货值46.8万元。

二、企业科技创新与研发情况

2023年，真空设备企业不断地加强自主创新能力，提高技术装备的核心竞争力。有的企业利用相关产品国产化的契机，实现了新业务的增长。

2023年，北京中科科仪股份有限公司着力推进研发平台建设，系统规划建设三大专业化实验室、两大性能测试实验室、六类专业化测试平台，夯实研发创新基础。公司优化研发资源配置，强化"研发经费"与"研发过程"精益管理理念，提升项目管理能力；深入推行国产化专项和"揭榜挂帅"管理机制，实现"急难险重"项目快速攻关。公司攻克了50kV电子束曝光机项目长期运行稳定性难题，关键指标取得突破。公司开展的"一体化智能磁悬浮分子泵开发及产业化"项目攻克了一系列关键问题；推出新型E-13氢质谱检漏仪、FF-400/5000分子泵等产品；开展超高分辨场发射枪扫描电镜研制，关键技术取得突破；在半导体磁悬浮分子泵研制方面，攻克了永磁悬浮支撑等多项关键技术。公司创新资质取得新进展，产品获得中国机械工业科学技术奖、北京市新技术新产品等奖项。公司获得受理专利91项，其中发明专利61项；获得授权专利81项，其中发明专利46项。

中国科学院沈阳科学仪器股份有限公司专注于高真空、超高真空、超洁净真空技术的研究，建有国家真空仪器装置工程技术研究中心、真空技术装备国家工程研究中心、分子束外延技术开发实验基地等科技创新平台，拥有国内一流的研究开发与试验平台。2023年，公司被认定为国家企业技术中心。公司研制的 SKY-MBE110C 型分子束外延系统经鉴定，整机达到国际先进水平，并被列入《辽宁省首台（套）重大技术装备推广应用指导目录（2023 年版）》。

2023 年，淄博真空设备厂有限公司新开发的真空成套设备应用于我国航空航天、海洋平台等重大项目。公司研制的 DFJS-07 型地面模拟燃油真空系统具有完全自主知识产权，填补了国内空白。该系统在国产大飞机 C919 的研制过程中发挥了重要作用，提供了关键的基础数据支持。

2023 年，淄博水环真空泵厂有限公司研制的一批某部队工程抽真空系统顺利通过出厂验收。公司新增发明专利 3 项、实用新型专利 20 项；开发新产品 7 种，对 6 种泵产品进行了技术改进。

浙江真空设备集团有限公司在大容量、大抽速抽真空系统研发方面取得突破，用于大型电弧风洞试验装置的抽真空系统经扩容改造，整套机组抽速达到 90 000L/s；出口印度尼西亚的 ZJ10000 罗茨真空泵已交付使用。

2023 年，兰州真空设备有限责任公司开展了裂解／碳化炉、热压炉、钛合金钎焊炉、惰性气体供给与管理系统等 11 项新产品研发工作，突破了 2 300℃双压头热压炉设计、炉内高温复杂气氛控制等 7 项关键技术；申报实用新型专利 12 项、发明专利 2 项，取得软件著作权 2 项。公司的高端真空装备及特殊专用泵阀发展应用研究项目、新能源铝制换热器连续式真空钎焊装备及产业化项目获得资金支持；芯片高精度温控关键技术研究及设备研制项目被甘肃省科技厅列为科技创新项目。公司入选甘肃省 2023 年度第一批创新型中小企业名单。

浙江杭真能源科技股份有限公司建设用于蒸汽喷射泵试验、真空系统测试的试验装置。公司研制的用于化工、冶金领域的新产品主要有超高温高真空抽真空系统、钢包真空脱气精炼炉和多喷嘴多通道抽气装置等。

北京七星华创流量计有限公司加强与高校、科研机构等单位的合作，通过产学研合作推动企业技术创新。2023 年，公司推出了蝶阀、真空规等十几种新产品。

三、标准化及质量提升情况

2023 年 4 月，浙江杭真能源科技股份有限公司参与起草的 T/CGMA 0606—2023《钢包真空脱气精炼炉》通过审定。该团体标准完善了现有的行业标准 JB/T 8594—1997《钢包精炼炉》，主要对 VD/VOD 炉的规格、型号、配置、能耗等进行补充和修改，增加了参数、性能及真空泵机组的应用。该团体标准实施后，我国钢包真空脱气精炼炉（VD/VOD 炉）的产品规定及能效要求有了统一规范，对提高我国钢包真空脱气精炼炉（VD/VOD 炉）产品技术水平、淘汰落后产能等有直接的促进作用，对国内冶金行业的节能减排也能产生积极影响。

2023 年，淄博水环真空泵厂有限公司主持修订了 GB/T 13929—2010《水环真空泵和水环压缩机　试验方法》；参与修订了 GB/T 13930—2010《水环真空泵和水环压缩机　气量测定方法》；参与起草的 JB/T 14164—2022《水环真空泵和水环压缩机能效限定值及能效等级》于 2023 年 4 月实施；参与起草了 T/ZBZLXH 003—2023《泵类产品主数据标准》。

中国科学院沈阳科学仪器股份有限公司统筹开展标准化系统建设工作，通过企业标准信息公共服务平台公开企业标准 8 个，涵盖产品 20 余项。公司加强内部控制管理，针对重点领域和关键环节的潜在风险及薄弱环节持续开展监督检查，不断提升内部管理的规范性。

2023 年，兰州真空设备有限责任公司建立融入科研生产全要素的质量管理流程，全年制修订各类规章制度、管控流程 8 项；编制了《主要外购、外协件入厂复验要求》，解决民品入厂复验问题。公司建立了现场管理巡查通报制度，针对机加、焊接、抛光、密封面防护等现场管理问题，进行不定期巡查 11 次，对生产一线的现场管理起到了积极的督导作用。

淄博真空设备厂有限公司主导或参与制修订国家标准 2 项、行业标准 1 项、团体标准 1 项。公司先后通过了质量管理体系和能源管理体系认证复审，环境管理体系认证和职业健康安全管理体系认证，中石化易派客资格认证；通过了山东省瞪羚企业、山东省专精特新中小企业和山东省军民融合企业资质的复审。

四、人才培养和队伍建设情况

2023 年，北京中科科仪股份有限公司深入实施人才强企战略，推进干部选拔任用工作制度化、规范化、科学化。公司修订《管理干部选拔任用管理办法》，不断推进干部队伍年轻化、专业化，分级建立后备人才库；建立内部讲师制。公司举办为期三天的全封闭式后备人才培训班，开展高管大讲堂，组织管理干部交流培训班，举办后备人才读书分享会等。针对应届生，公司实施"启航计划""护航计划""远航计划"五年三阶段培养规划，建立健全源头培养、跟踪培养、全程培养的素质培养体系。

中国科学院沈阳科学仪器股份有限公司现有员工 870 多人，其中本科及以上学历人员占比约 45%。公司加大创新人才引进力度，多渠道引进研发设计人才近 50 人，其中研究生学历人员占比超过 50%，进一步提升了公司的研发创新能力。公司进一步完善创新人才的赋能机制，加大与国内知名高校联合培养人才的合作力度，系统规划了创新人才晋升通道，将个人职业发展目标与公司战略目标相统一，有效推动了公司人才梯队建设。

浙江杭真能源科技股份有限公司通过内部培养、外部引进以及借助于各大院校智库，打造了一支强大的人才队伍。公司当前拥有本科学历人员 102 人、高级职称人员 8 人。

兰州真空设备有限责任公司持续推进高素质、高技能人才队伍建设，采用"新型学徒"校企联合培训方式，并获得政府资金支持。公司采取定期考核为主、多元激励化为辅的方式，促进员工及工作团队的绩效不断改善。

北京七星华创流量计有限公司为了充分发挥科技领军人才的引领作用，建立了以成果为导向的激励机制。在团队建设方面，公司高度重视团队成员的多元化构成，通过吸纳来自不同领域、拥有多元背景的专业人才，丰富团队的知识结构，提升团队的创新能力。在人才培养方面，公司根据岗位需求和员工特点，制订了个性化的培训计划。此外，公司建立了技能晋升通道，鼓励员工秉持持续学习与勇于实践的精神，不断提升个人专业技能水平。

五、行业发展中存在的问题

在产品方面，国产干式真空泵仍需在设计、加工、装配等环节加以改进提升，以降低产品在使用过程中的振动情况，改善其噪声过大的问题。国产分子泵与特殊行业和应用场景对标不够。例如，在半导体行业，国产分子泵的抗腐蚀性、抗冲击性以及对特殊气体的抽速存在不足；对磁悬浮分子泵而言，永磁悬浮支承技术尚未实现大规模产业化，制约了国产磁悬浮分子泵在科学仪器行业的发展。国产真空阀门在密封性方面存在不足，阀门使用寿命不高，还存在一些尚没有实现国产替代的阀门产品，如气动全金属角阀、全金属插板阀等。国产氦质谱检漏仪无法满足高端应用方面的需求。我国中小型真空成套装备制造企业的制造装备和加工工艺自动化程度不高，从而导致企业的生产效率较低。国内真空成套设备制造行业市场化程度高，企业数量多，整个行业处于整合、优化的变革过程中。

从技术方面来看，真空设备技术的研发和创新需要投入大量的资金和人力资源，对于中小企业来说可能存在一定的困难。另外，一些关键技术和核心设备的自主研发能力还有待提高，部分高端设备和技术仍然依赖进口。这在一定程度上限制了真空设备企业的自主发展能力。

随着国内外众多企业纷纷进入真空设备行业，市场竞争日益激烈。一些企业为了抢占市场份额，采取低价竞争策略，导致行业整体利润水平下降。此外，国际贸易环境的变化对真空设备行业的出口也造成了一定的影响。

〔撰稿人：中国通用机械工业协会真空设备分会刘亚利、李晓晨〕

2023 年气体净化设备行业概况

一、生产发展情况

2023 年是全面贯彻落实党的二十大精神的开局之年，是实施"十四五"规划承上启下的关键之年。面对国内外复杂的经济形势，气体净化设备行业企业坚持转型升级，取得了较好的发展。据中国通用机械工业协会气体净化设备分会对 23 家重点联系企业上报的数据统计，共实现营业收入 205 430 万元，实现利润总额 13 043 万元。

2023 年，杭州日盛净化设备有限公司销售额同比增长约 10%，出口继续稳步增长，创下历史新高。公司承接的 FPSO 干燥机项目为海洋开采船上的炼油作业提供有力支持；承接的用于航空航天领域的超大流量单机干燥净化设备的单机处理量为 4 800m³/min；承接的 CTW 风洞纯化项目通过了权威机构的检测和专家鉴定。公司引进数字化物联网平台，帮助客户从线下巡检切换到"云巡检"，降低了空压站现场管理人员的劳动负荷。

2023 年，伊普思实业有限公司营业收入突破 3 亿元。公司坚持国内国际市场双循环相互促进新发展格局策略，在国内增设 5 家销售服务分公司，在国外开拓 2 家仓储服务中心。公司研制的模组式制氮机、模组式吸干机、激光切割撬装式冷干机和冷冻式干燥机等产品亮相德国汉诺威工业博览会；模组式制氮机、模组式吸干机、激光切割专用撬装式冷干机、双塔式制氮机和精密过滤器等产品亮相国际流体机械展览会；第六代超冷环保冷干机、激光切割专用组合式制氮机、模组式制氮机、激光模组式吸干机、激光切割专用撬装一体式干燥机、真空再生模组式吸干机和节能吸干机模型等产品亮相亚洲国际动力传动与控制技术展览会。

中山市凌宇机械有限公司注重技术创新，通过技术创新推进产品品质的提升，进而提升企业的核心竞争能力。2023 年，公司的双效节能冷干机、不锈钢零气耗压缩热吸干机、PSA 变压吸附制氮机入选《2023 年中山市优质产品推荐目录》。经过多方评定，公司建设的中山市压缩空气净化（凌宇）工程技术研究中心通过了 2023 年度中山市工程技术研究中心的项目认定。公司参加了第十八届中国国际中小企业博览会，研制的新一代双效节能冷干机、双塔制氮机和模组制氮机等产品亮相中国国际工业博览会。公司的等压再生吸干机的结构创新项目、压缩热分流技术应用项目获得第二届全国机械工业产品质量创新大赛优秀奖，双效节能冷干机项目获得第三届全国机械工业设计创新大赛铜奖。

上海申江壹玖陆柒流体设备集团股份有限公

司在全国设有四大生产基地，分别是上海基地、湖北基地、广东基地（建设中）、四川基地（筹建中）。其中，湖北咸宁基地占地面积为 56 800 m^2，拥有 10 条智能化生产线。公司致力于为客户提供更安全、更节能、更环保的压力容器产品和管家式服务。2023 年，公司整合申江、阿普达、卡狮三大品牌，升级业务模式，为客户提供高端一站式空气压缩机系统产品和超节能解决方案。2023 年，公司共获得 6 项专利。

深圳市宏日嘉净化设备科技有限公司一直秉承创新、卓越、合作的理念，不断推动技术进步和产业升级，连续 4 次通过国家高新技术企业的认定。2023 年，公司全资子公司广东柏良达净化设备科技有限公司搬迁至惠州。公司研发出模块化过滤器和新型模块化吸干机，与德国合作伙伴共同研发出吸附式干燥机。

赛弗尔气体技术（江苏）有限公司主要从事压缩空气净化设备的研发、制造和销售。2023 年，公司不断强化产品创新研发的力度，积极践行"走出去"发展战略。凭借卓越的产品质量和先进的研发技术，公司赢得了市场广泛赞誉，实现了稳健发展。公司先后获得国家特种设备生产许可证、质量管理体系认证证书、环境管理体系认证证书和职业健康安全管理体系认证证书，获得 5 项专利证书。

深圳市伟昊净化设备有限公司专注于研制各种空气过滤产品、净化设备及部分液体过滤产品。2023 年，公司推出了压缩空气运行安全预警系统。

2023 年，上海久宙化学品有限公司参加国际巡展 9 场，新增专利 15 项。公司的氢能制氢分子筛项目获得 2023 年浦东新区"俪人创客"女性创新创业大赛二等奖。2023 年 12 月，上海久宙化工有限公司和贝克欧净化科技南通有限公司在上海举行了中国科学院项目战略合作签约仪式。该项目是由我国杰出院士领衔的具有国家重要战略意

义的科研项目，气源系统低压干燥设备为该项目提供可靠的气源保障。

二、企业科技创新与研发情况

伊普思实业有限公司与多家知名高校建立了紧密的合作关系，共同开展技术研发和成果转化工作。2023 年 11 月，伊普思实业有限公司、福建船政交通职业学院和福建省武平职业中专学校合作成立压缩空气净化与分离系统研发中心。福建船政交通职业学院的制冷与空调技术、机械与智能制造专业与伊普思压缩空气干燥机系列产品的技术研发相契合，双方在制冷与空调技术、机械与智能制造专业的人才培养和输送方面达成合作。广东伊普思实业有限公司申报的东莞市压缩空气干燥与分离工程技术研究中心通过 2023 年度广东省东莞市工程技术研究中心认定。

广东伊普思实业有限公司 2023 年推出的新产品有激光切割专用制氮机、第 6 代超冷环保系列冷干机和 QM 型模组吸干机。其中，激光切割专用制氮机根据不同切割需求，可实现对氮气纯度和压力的精准控制，解决氧化、毛刺、挂渣等激光切割常见问题；有多种工作模式，可满足常用板材切割需求，具有简易操作、集成化程度高、整体安全系数高等优点。第 6 代超冷环保系列冷干机采用独特的"三合一"换热器结构，即将预冷器、蒸发器和气水分离器整合为一个整体。Pro 系列 QM 型模组吸干机对气阀密封件、高性能吸附剂、消声器、出气口单向阀等进行了优化，具有占地面积小、吸附剂填充量少、压降低及运行稳定等特点。

2023 年 3 月，阿特拉斯·科普柯（无锡）压缩机有限公司发布了 CD+/CD 系列全新无热模块式吸干机。该系列吸干机采用模块化设计，空间紧凑；吸干机内部不包含压力容器，用户不需要报检或年检，节省了人力、物力。该系列吸干机采用高品质吸附剂、特殊吸附剂填充设计，最高进气压力为 1.6MPa。2023 年 7 月，公司推出

LCN2 100-150 超净一体机产品，以满足高功率激光切割市场高品质切割用气的需求。与传统的气体解决方案相比，该产品的超净切割辅助气体解决方案具有高效、低成本的优势。产品即插即用，可以实现一键操作。2023 年 9 月，阿特拉斯·科普柯全新 FX6～400 系列冷冻式干燥机上市。该系列产品采用双重排水设计，核心部件配有多重安全保护，最高进气温度为 62℃，压力露点为 3～5℃。

2023 年 4 月，无锡纽曼泰克气源净化设备有限公司研制的 SHM 系列全新无热模块式吸干机发布。该产品采用独特的压紧装置、多元化再生流量喷嘴、模组式填料包等，具有稳定可靠、节能降耗和易于维护等特点。

2023 年 11 月，杭州日盛净化设备有限公司在公司 30 周年全球客户答谢会上发布了 NT 法兰式过滤器、RD 高效冷冻式干燥机和 plus & ZPH 高效吸附式干燥机。

2023 年 10 月，中山市凌宇机械有限公司发布凌宇第三代 DB 系列双效节能冷干机。该产品采用低压损设计和先锋机械美学设计，解决了传统冷干机因变工况能力差、智能控制程度低而导致冷干机整体效率不高且不能达到精细控制的问题。

杭州比埃斯过滤技术有限公司专门为眼科手术服务推出了 OEA-2024 增压设备。该设备具有增压、稳压的功能，在实现手术气源稳定可靠的同时，可以将压缩空气进行净化，确保手术用气无水、无油、无尘，延长手术设备的使用寿命，确保手术用气安全、可靠。公司推出的 PAS-2024 超净空气正压系统将压缩机、冷干机、过滤器、储气罐整合为一体，为用户提供一站式供气，确保压缩空气无水、无油、无尘、无菌。该系统具有设计紧凑、操作便捷、能耗小、使用寿命长及占地面积小等特点。

合肥科迈捷智能传感技术有限公司研制的 VFM55MV 微型涡街流量计获得 2023 年 iF 设计奖。该流量计采用创新的对称式双卡曼漩涡振动感知传感器设计，获得多项专利。产品与智能数字系统配套，实现人机交互，使用简便，适用于工业管道中空气流量测量。

2023 年 11 月，上海久宙化学品有限公司发布了用于空气干燥和净化行业的 JZ-E 型复合活性氧化铝。产品适用于压缩热干燥器。

南京格瑞森节能科技有限公司的主要产品有零耗气智能排水器、零耗气重载机械式排水器和冷凝液处理器。2023 年，公司对零耗气智能排水器进行全新升级，其中，GM 型升级为 GM-Pro 型，设备更加智能化，便于维护、检查，提高了排水的安全性。公司完成了 LF350、LF65 零耗气重载机械式排水器两项新产品的研发、测试和量产，能够满足客户更多场景的排水需求。公司获得 1 项发明专利证书。

三、企业投资建设情况

2023 年 1 月，广东伊普思实业有限公司的福建工厂二期项目竣工投产。2 月，公司签署伊普思环保智能干燥设备研发项目投资协议。该项目位于广东省东莞市企石镇，占地面积 10 000m²，将建设集研发办公楼、生产厂房与宿舍楼于一体的新厂区。7 月，公司在福建武平工业园区举办压力容器特种设备生产项目开工奠基仪式，标志着福建工厂三期厂房正式开工建设。该项目规划建设总面积超过 50 000m²，将作为压力容器特种设备厂区和节能吸干机、制氮机装配厂区。

2023 年 7 月，中山市凌宇机械有限公司的智慧工厂项目在广东省江门市成功奠基。该工厂将利用智能化制造、物联网、人工智能等技术，提升生产效率和产品质量，为全球客户提供更好的产品和服务。项目总占地面积约 2.67 万 m²（40 亩），计划在 2025 年竣工。智慧工厂建成后，将实现数字化设计、智能化管理、智慧化生产、安全化管控、绿色化制造、个性化定制及网络化协同等功能。

2023年，杭州日盛净化设备有限公司的二期流体厂房建设基本完工。公司建成模块化全自动变温变负荷实验室，对长兴工厂电气车间进行了自动化升级。

2023年，新乡市艾普利滤清器有限公司年产200万套螺杆式空压机三滤设备、工业除尘设备项目开工奠基仪式在新乡化学与物理电源产业园区举行。该项目占地面积约2.13万 m²（32亩），计划总投资额约1.2亿元。

四、标准化情况

截至2023年年底，气体净化设备行业共发布标准25项，包括国家标准15项、机械行业标准10项。按标准类别统计，包括基础通用标准3项、方法标准14项、产品标准（含零部件）8项。

2023年，气体净化设备行业发布的国家标准和机械行业标准共3项，分别是GB/T 13277.8—2023《压缩空气 第8部分：固体颗粒质量浓度测量方法》、GB/T 13277.1—2023《压缩空气 第1部分：污染物净化等级》和JB/T 14688—2023《绿色设计产品评价技术规范 一般用冷冻式压缩空气干燥器》。其中，JB/T 14688—2023是气体净化设备行业的第一项绿色产品标准。

2023年，全国压缩机标准化技术委员会压缩气体净化设备分技术委员会报批的标准项目有《压缩机行业绿色工厂评价要求》《冷冻式干燥器电控器（柜）》和《吸附式干燥器电控器（柜）》；申请立项的标准项目有国家标准《压缩空气 污染物测量方法 第2部分：悬浮油含量》（修订）、行业标准《零气耗吸附式压缩空气干燥器》（制定）和行业标准《渗膜式压缩空气干燥器》（制定）；计划下达的标准项目是GB/T 10893《压缩空气干燥器 规范与试验》的修订计划。

全国压缩机标准化技术委员会压缩气体净化设备分技术委员会组织了行业标准《一般用压缩空气一体装置》制定工作。该标准为新制定标准，技术内容、测试方法同时涉及压缩机和压缩气体净化设备。2023年2月，全国压缩机标准化技术委员会压缩气体净化设备分技术委员会联合全国压缩机标准化技术委员会在上海召开标准起草协调会。2023年9月，在奉化召开该标准征求意见讨论会。两次会议重点讨论了一般用压缩空气一体装置的结构类型、功率流量、性能指标、能效水平、试验方法等。2023年11月，在无锡召开了标准审查会，完成该标准的审查工作。

2023年，中国通用机械工业协会气体净化设备分会组织开展团体标准项目2项。其中，团体标准《压缩空气污染物0级指标及试验方法》由深圳市宏日嘉净化设备科技有限公司负责起草。2023年9月、11月，完成该标准的讨论、审查工作。2023年12月，团体标准《压缩空气干燥器用吸附剂》通过审定。

截至2023年年底，ISO/TC118/SC4颁布的压缩空气净化技术方面的国际标准共14项，已全部转化为我国标准。ISO/TC118/SC4国内对口单位——全国压缩机标准化技术委员会压缩气体净化设备分技术委员会（SAC/TC145/SC1）完成国际标准文件投票6项，包括委员会内部投票1项、标准复审投票4项、委员会草案投票1项。4项复审的标准是ISO 8573-8:2004《压缩空气 第8部分：固体颗粒质量浓度测量方法》、ISO 8573-9:2004《压缩空气 第9部分：液态水含量测量方法》、ISO 8573-2:2018《压缩空气 第2部分：悬浮油含量测量方法》、ISO 3857-4:2012《压缩空气净化 术语》。

五、行业发展中存在的问题及建议

1. 人才匮乏

气体净化设备行业企业规模小、缺乏竞争力，很难吸引人才加入。气体净化设备行业涉及制冷、气体分离、过滤等多个专业，基础研究要求高，在高校没有对口专业，企业很难招聘到研发人才。建议政府鼓励各企业通过产品研发带动人才培养，在科研项目和人才培养方面给予支持；行业协会通过多种渠道开展企业人员培训活动；企业加强与大专院校合作培养定向人才工作。

2. 研发投入不足，产品同质化竞争激烈

企业利润低，市场竞争激烈，造成企业难以投入研发资金，从而继续在中低端市场竞争，形成恶性循环。另外，气体净化设备行业低端仿制的门槛低，但自主研发高端产品投入很大，这也阻碍了行业的发展。建议政府鼓励企业建立研发实验平台并给予政策支持；鼓励企业与高校、科研单位合作开展研发工作。

3. 市场需求不足

气体净化设备作为工厂的基础设施，长期以来未得到用户足够重视，导致行业发展缺乏驱动力。在新能源、新工艺、新技术迅速迭代的当下，这一问题愈发凸显。比如，压缩机广泛应用于氢气、二氧化碳、石油石化等领域，而气体净化设备主要为动力压缩机配套。气体净化设备行业应通过绿色产品标准的引导，拓展设备的应用领域，加快设备的升级换代，助力实现"双碳"目标。

〔撰稿人：中国通用机械工业协会气体净化设备分会李金禄〕

2023 年冷却设备行业概况

一、生产发展情况

2023 年，随着国内供给侧结构性改革及"双碳"目标持续推进，各应用领域对冷却塔的需求不断增加。除了电力、冶金、石油、化工、建筑等传统领域，储能、数据中心等新兴领域对冷却塔的需求也快速增长，带动了冷却塔行业的发展，行业主要技术指标稳步增长。

据中国通用机械工业协会冷却设备分会对 21 家重点联系企业上报的数据统计，2023 年，完成工业总产值 77.36 亿元，同比增长 6.77%；实现营业收入 87.36 亿元（14 家企业营业收入增长，7 家企业营业收入下降），同比增长 7.03%；实现利润总额 7.48 亿元，同比增长 8.78%；完成出口交货值 8.25 亿元，同比增长 7.31%。

冷却塔行业规模以上企业约 200 家，但行业集中度不高。据不完全统计，仅有少数企业年销售额在 5 亿元以上，绝大多数企业年销售额在 1 亿元以下。2023 年，江苏海鸥冷却塔股份有限公司市场订单持续增长，公司实现营业收入 13.81 亿元，同比增长 1.95%。广东览讯科技开发有限公司各项经营指标大幅增长，实现营业收入 9.5 亿元，同比增长 46%。

二、企业科技创新与研发情况

2023 年，冷却设备行业企业加大科技研发投入力度，在产学研合作、研发平台建设、知识产权保护、科技人才培养等方面取得了一系列可喜的成绩。

江苏海鸥冷却塔股份有限公司建有江苏省超大型高效节能冷却塔工程技术中心，建成并完善了用于冷却塔研究开发和测试的各项设施。公司紧紧围绕"智慧制造、节能减排、绿色低碳"的发展路线，结合市场需求，持续保障对研发工作的投入。公司多个系列产品获得高新技术产品认定，在节能节水、消雾、降噪及海水循环等技术领域获得多项研究成果。公司在高位机力自然通风冷却塔多年的技术实践基础上，研发了高位收水机力通风冷却塔。首台产品已在广州珠江天然气发电有限公司得到工业化应用，具有很好的环保示范效应。该产品已经中标国内多个项目。公司研制的绿色低碳节水型干湿联合闭式冷却塔和干湿分离闭式冷却塔首台产品已得到产业化推广。干湿联合闭式冷却塔是在闭式塔的气室两侧引入干冷部分（空冷器），而干湿分离闭式冷却塔是将干冷塔和湿冷塔分开建造。这两种塔都能够实现在某一特定温度下停止闭式塔的喷淋，减少了喷淋系统的蒸发和能耗，实现了纯干冷运行，达到了零羽雾和全节水的技术要求。

2023 年，广东览讯科技开发有限公司组建广东省工程技术研究中心，致力于高效节能节水降噪冷却技术的研发。公司制定了《项目研发立项与管理制度》《知识产权保护与管理制度》《技术创新激励与奖励制度》等制度，建立技术创新管理体系以及较为完备的激励和保障制度，多渠道引进各类优秀的专业技术人才。公司先后与华南理工大学、广州大学－淡江大学工程结构灾害与控制联合研究中心开展产学研合作，成立多个大学产学研基地，为人才培养工作提供有力支撑。公司自主开发的 PL 高效机房专用冷却塔攻克了智能化永磁同步变频直联驱动和变流量均匀布水控制技术，达到国家一级能效标准，耗电比、年节水率等指标均达到国际先进水平。产品应用于中国移动通信集团数据中心、腾讯上海云数据中心及宁德时代、比亚迪集团、中航锂电等多家企业，得到了用户的高度认可。公司研发的高效节能节水复合式水冷系统可提升冷却系统的操作柔性，降低设备投资，实现节能节水的目的。

2023 年，中化工程沧州冷却技术有限公司研发投入 953 万元，新立项研发项目 14 项。公司获得授权专利 9 项，其中，发明专利 6 项、实用新型专利 3 项。公司研制的空冷湿冷联合式节水消雾冷却塔和高效开式节水型冷却塔入选《国家鼓励的工业节水工艺、技术和装备目录（2023

年)》。公司荣获河北省绿色工厂、博士后创新实践基地称号。

隆华科技集团（洛阳）股份有限公司高度重视科技创新，通过建立完善的科技创新体系，加强科研队伍建设，不断巩固和提升公司的核心竞争力。公司逐年增加研发投入，由此催生了一批专利、专有技术及具有自主知识产权的核心产品。公司与郑州轻工业大学、山东大学联合开展高效紧凑蒸发冷却装备关键技术及应用的相关研究，提出了多项节能、节水与防结垢的优化工艺和方法，开发了高效节能节水系列产品。公司针对蒸发式冷却（凝）器和冷却塔的排气相对湿度和温度都很高、个别情况下相对湿度达到 98% 以上的问题，开发了节水型蒸发式冷凝（却）器。该产品可回收蒸发换热过程中高饱和度湿热空气中的水分，以达到节水的目的；可消除冬季运行时的"白雾"现象，降低对周边环境的影响，适用于北方缺水地区。公司获得 2023 年国家知识产权优势企业称号。

浙江金菱制冷工程有限公司与浙江大学、华中科技大学、上海理工大学等高校持续保持良好的合作关系，取得多项科技成果。2023 年，公司发布新产品 7 项；申请发明专利 3 项，获得授权发明专利 2 项；获得浙江省绿色低碳工厂称号；获批成立浙江省金菱冷却技术企业研究院。

山东蓝想环境科技股份有限公司与西安交通大学、山东大学成立产学研基地及高效节能节水蒸发冷却设备研发中心，开展冷却塔关键技术研究。2023 年，公司有 3 项科技成果通过专家鉴定，其中，预冷蒸发式空冷器主要技术性能指标达到国内领先水平，冷却塔水蒸气深度凝水回收装置、工业换热装备节水消雾智能控制关键技术研究成果主要技术性能达到国际先进水平。公司荣获国家知识产权优势企业、山东省服务型制造示范企业称号。

2023 年，上海金日冷却设备有限公司紧跟市场需求，积极开展创新研发工作。公司与上海理工大学、中船第九设计研究院工程有限公司开展产学研合作，取得了多项技术成果，申请专利 6 项。在 I 级噪声冷却塔的研发以及钣金节能环保冷却塔和节地型超大水量冷却塔研发方面均取得突破，冷却塔处理能力得到很大提高，在行业内处于先进水平；横流冷却塔产品获得 CE 认证证书。公司在知识产权人才培养、知识产权团队建设等方面积极探索，通过了 GB/T29490 知识产权管理体系贯标认证。

山东贝诺冷却设备股份有限公司一直致力于打造集研发、设计、实验验证为一体的研发实验基地，先后投入大量资金购置先进的实验设备。公司与山东大学、华中科技大学等院校开展合作，在节能环保、智能控制、材料、冷却塔整机性能优化等关键技术领域深耕细作，成功开发出高效节水消雾冷却塔等多个产品，并获得多项国家发明专利。

山东凯翔传热科技有限公司研制的绝热式空气冷却塔解决了传统湿式冷却设备耗水量大、运行效率低、冷却效果差、工业废水排放量大等问题，解决了干式空冷设备冷却水出水温度（环境温度 15℃）不达标、整体系统能耗大等难题。同等冷却条件下，该绝热式空气冷却塔比湿式蒸发冷却设备节水 30%～50%；废水排放减少 80% 以上，实现了冷却过程零排放，填补了国内核电乏燃料后处理产业链中绝热式空气冷却技术的空白，打破了国外产品长期的技术垄断。

浙江万享科技股份有限公司建有省级企业技术中心、院士专家工作站、教授博士柔性工作站等研发平台，通过引进、消化、再创新以及集成创新，持续完善公司产品研发体系。公司同上海理工大学能源与动力工程学院合作，开展基于实际工况条件的蒸发冷却设备多相传热规律、强化方法及预测模型等技术，高效传热传质与节能节水蒸发冷却设备的协同创新及应用项目研究工作。

公司研制了集装箱式高效复合闭式冷却塔，通过对集装箱、空冷器、闭式冷却塔的结构进行优化组合，将干湿联合闭式冷却塔集成到标准集装箱内，能够满足冬季停水干运行的要求，解决了传统盘管式换热器水膜分布不均、换热效果差、制冷剂充注量大和清洗困难等问题。产品可广泛应用于数据中心、化工、制药及食品等领域。

上海万享冷却设备有限公司研制的横流大温差高温冷却塔涉及开式冷却塔和闭式冷却塔两种塔型，单塔可实现的循环冷却水温差为 20～70℃。冷却塔结构紧凑，设备耗能少，热污染小，资源回收利用率高。两种塔型均申请了多项专利，其中闭式冷却塔已得到产业化推广。公司研制的冷却塔双工况制冷系统可以根据环境条件的变化切换能耗更低的冷源，实现系统节能运行；具有较强的适应性和较高的稳定性，温度和压力控制精准，系统波动小，工况切换灵活。该系统已经过多个重要项目的运行检验，为工艺设备稳定和安全运行提供了强有力的支撑。

三、企业转型发展情况

广东览讯科技开发有限公司打造生产智能化、管理信息化、产品数字化三大智能系统。览讯智能制造云平台通过集成工厂能源及设备运维智能管理、能耗管理等功能模块，实现了对工厂内各项资源的实时监控和智能管理，提高了生产效率，降低了人为干预，使生产流程更加自动化、智能化。览讯智能制造控制中心系统使得一人管理多条生产线成为可能。通过这套系统，公司每年可减少废料 100t，冷却塔年产能将达到 10 000 套。简道云系统是集财务管理、人事行政、仓库管理、物资采购等多功能于一身的 ERP 管理系统，打破了传统多软件分散管理的局限，提升了工作效率和响应速度。

江苏海鸥冷却塔股份有限公司一直致力于向高效的智能制造转型升级，进一步提升企业的产能和产品的质量。公司建立了基础数据、订单管理、员工终端、生产数据采集、报告分析及优化、报警与自动报告等系统，设立了电子看板，实现了100%无纸化管理，异常响应时间大大缩短，管理效能显著提升。

浙江金菱制冷工程有限公司加速智能化转型，深化产学研合作，组建联合研发团队，打造服务型制造企业。公司采用先进的生产管理系统，优化生产流程，极大地提升了生产效率与质量控制能力；搭建了完善的售后服务体系，确保能够快速响应并满足客户需求。公司提供的售后服务涵盖冷却塔的安装指导、维修保养和技术咨询等，提升了客户满意度，增强了品牌忠诚度。

山东蓝想环境科技股份有限公司通过 PLM 系统、ERP 系统、MES 系统、SRM 系统、CRM 系统、OA 系统和 HR 系统等的实施应用，有效整合了物资流、商务流、资金流及人力资源管理，实现了企业的现代化管理。公司通过系统内部数据的串联式应用，实现销售数据、设计数据、工艺数据、采购需求、生产计划、工单执行和施工发货的高标准运转，提升了工作效率，达到了降本增效的目的。

上海万享冷却设备有限公司由传统生产型企业向数字化企业转型。公司凭借专业的冷却设备制造和应用经验，积累了完整的产品数据、运行数据和系统工程经验。在此基础上，公司正式上线"万享云"系统。该系统是针对冷却循环水系统全生命周期节能化智慧运行的服务系统，采用虚拟传感、机器学习和自动寻优等 AI 技术，实现系统设备与云端双向通信，为设备智慧运行赋能。

2023 年，上海艾客制冷科技有限公司着力提升公司的数字化、智能化管理水平，搭建全工况智能冷却管理系统、艾客售后维护管理系统、艾客制冷知识库管理系统和全工况小程序等管理平台，已申请获得软件著作权。

四、企业投资与重组发展情况

2023 年 12 月 22 日，江苏海鸥冷却塔股份有限公司召开董事会会议，审议《关于收购苏州绿

萌氢能科技有限公司 60% 股权的议案》。本次收购完成后，公司将实现氢能领域的布局，有利于进一步提升公司综合竞争力和整体价值，实现公司长期战略发展目标。

2023 年 2 月 20 日，中国化学装备科技集团有限公司与中国化学工程第十三建设公司在沧州举办中化工程沧州冷却技术有限公司移交签约仪式，中化工程沧州冷却技术有限公司正式加入中国化学装备科技集团有限公司。

2023 年，上海万享冷却设备有限公司（持股 80%）与加拿大热士美公司合资创立了热士美换热设备（上海）有限公司，开始在国内推广热士美品牌冷却塔。

2023 年，四川中乙制冷设备有限公司建设新型节能冷却塔生产线，用地面积 33 387 m^2。项目总投资 7 000 万元，新购置激光切割机、激光钣材开平机、高精数控折弯机、PLC 真空吸塑成型机及热水燃气锅炉等主要设备，建设 CCTI 测试场、FRP 玻璃钢生产线、自动化钣金生产线和自动化 PVC 填料生产线。项目建成后，公司将具备年产 3 500 台冷却塔的生产能力。

五、质量提升情况

广东览讯科技开发有限公司面对日益激烈的市场竞争和不断变化的客户需求，在质量管理方面进行了一系列的改革，通过建立完善的质量管理体系、先进的质量管理理念，提升全员质量意识，保证产品从原材料采购到生产、检验、安装、销售等各个环节都严格符合质量管理要求，产品合格率、客户满意度等关键指标均达到行业领先水平。在中国通用机械工业协会开展的通用机械质量管理体系分级评价工作中，公司获得 AA 级评价。

2023 年，中化工程沧州冷却技术有限公司多次开展质量知识教育培训工作，增强全员质量意识；不断完善和优化组织机构，保障质量方针、目标实施和体系持续有效运行。公司对相关质量

制度进行了完善，加强质量跟踪检验，提高产品出厂合格率。在中国通用机械工业协会开展的通用机械质量管理体系分级评价工作中，公司获得AA级评价。

江苏海鸥冷却塔股份有限公司借鉴六西格玛管理策略，并结合企业实际情况，对该策略进行调整与应用；运用金山文档平台，实现质量数据的实时监控及分析；组织QC小组活动，运用各类质量工具分析问题、解决问题；引进各类先进的检测仪器及设备，提升产品品质；组织各类培训，提升质量人员的技能；不断优化生产工艺，提升产品质量及性能，满足国内外相关标准要求。

六、人才培养和队伍建设情况

隆华科技集团（洛阳）股份有限公司始终践行人才引领发展的战略，培育企业工程师文化，弘扬工匠精神，并通过内部培养与外部聘请相结合的方式制订更全面的人才储备计划。一方面，公司鼓励员工参加在职教育，参与学历提升、职称评定、技能认定，以此提升现有员工队伍的整体实力；另一方面，公司充分吸引优秀人才，并持续完善人才选拔、培养和考评体系，为优秀人才提供合适的职业发展通道。公司拥有完善的用人机制，通过持续引进兼具专业能力、技术能力的技术研发人才，建立了完善的技术人才管理体系，实现"人尽其才，才尽其用"。

山东贝诺冷却设备股份有限公司高度重视人才培养，搭建公司人才梯队，为公司可持续发展提供智力资本。公司坚持以项目研发为主线、强化内部培养的原则，坚持专业培养和综合培养同步进行的人才培养政策，打造专家型和综合型的技术人才队伍，为企业健康发展提供动力。

山东蓝想环境科技股份有限公司营造推动企业科技进步的大环境，建立健全激励机制，保障研发经费的投入，全方位培养各类专业人才。公司加强人才的交流，一方面，组织内部人才"走出去"，参与行业内各类会议、培训等活动；另一

方面，邀请业内专家，到公司开展技术指导、专题讲座等，形成推动企业科技进步的强大合力。公司实行规范化的科研管理，做好从项目立项到验收的全过程跟踪考核，并且从单纯的科研项目管理向成果转化的新机制转变，加快科技成果的产业化推广。

上海金日冷却设备有限公司进一步加大人才队伍的建设与培养力度，针对基层技术人员，不定期开展知识产权线上培训和专业技术培训；针对中层技术骨干，组织班组长集训，参加松江区总工会组织的企业班组长培训班、健峰专业班组长培训班。公司鼓励科技人员对研发创新项目进行专利申报，制定了科技成果转化应用的管理与奖励办法。

七、行业发展中存在的问题

冷却设备行业企业在快速发展的同时，面临着很多共性问题。比如，同质化竞争激烈，行业集中度较低；自主创新能力较弱，配套设备及零部件（如风机、喷淋泵、喷头、收水器）长期无重大技术革新，限制了单塔的热交换能力，制约了行业整体技术进步；缺乏创新人才、管理人才、高技能产业工人，严重制约了行业创新发展。除此之外，企业经营依然面临货款回收难、原材料价格上涨等情况。在出口方面，企业面临贸易壁垒以及技术、标准差异等挑战，难以拓展国际市场份额。国内企业想在国际市场占有一席之地，需要进一步在产品质量、技术含量和售后服务等方面下功夫，提高自身的竞争力。

未来市场挑战与机遇并存，除技术层面的比拼，品牌、质量、服务、管理、企业文化的竞争也会逐渐增强，企业之间的差距将随着市场竞争进一步拉大。建议行业企业潜心经营，苦练内功，加强行业企业之间的合作，共同推动冷却设备行业高质量发展。

〔撰稿人：中国通用机械工业协会冷却设备分会康乐〕

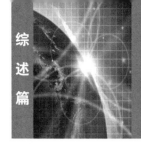

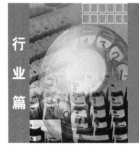

中国
通用
机械
工业
年鉴
2024

企业篇

介绍部分企业的经营理念和成功经验，为管理者成功决策助力

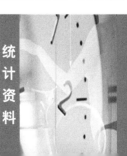

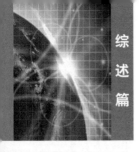
综述篇

大事记

行业篇

企业篇

专题篇

成果篇

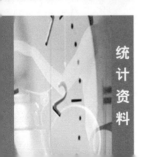
统计资料

2023 年通用机械行业营业收入前 50 名企业

企业专栏

中国通用机械工业年鉴2024

企业篇

2023 年通用机械行业营业收入前 50 名企业

序号	企业名称	序号	企业名称
1	陕西鼓风机（集团）有限公司	26	中核苏阀科技实业股份有限公司
2	杭氧集团股份有限公司	27	天华化工机械及自动化研究设计院有限公司
3	南京高速齿轮制造有限公司	28	金通灵科技集团股份有限公司
4	沈鼓集团股份有限公司	29	重庆川仪调节阀有限公司
5	景津装备股份有限公司	30	吴忠仪表有限责任公司
6	四川空分设备（集团）有限责任公司	31	广州市白云泵业集团有限公司
7	上海凯泉泵业（集团）有限公司	32	沈阳远大压缩机有限公司
8	南方泵业股份有限公司	33	上海凯士比泵有限公司
9	弗兰德传动系统有限公司	34	安徽省天马泵阀集团有限公司
10	苏州纽威阀门股份有限公司	35	超达阀门集团股份有限公司
11	上海连成（集团）有限公司	36	常州中车瑞泰装备科技有限公司
12	利欧集团泵业有限公司	37	丰球集团有限公司
13	江苏苏盐阀门机械有限公司	38	江苏海鸥冷却塔股份有限公司
14	上海汉钟精机股份有限公司	39	苏州制氧机股份有限公司
15	重庆通用工业（集团）有限责任公司	40	宁波鲍斯能源装备股份有限公司
16	上海熊猫机械（集团）有限公司	41	广东凌霄泵业股份有限公司
17	远大阀门集团有限公司	42	深圳市兆威机电股份有限公司
18	新界泵业（浙江）有限公司	43	中国石油集团济柴动力有限公司成都压缩机分公司
19	江苏国茂减速机股份有限公司	44	重庆水泵厂有限责任公司
20	上海东方泵业（集团）有限公司	45	北京航天石化技术装备工程有限公司
21	江苏神通阀门股份有限公司	46	中国电建集团透平科技有限公司
22	山东格瑞德集团有限公司	47	宁波中大力德智能传动股份有限公司
23	江苏赛德力制药机械制造有限公司	48	神钢无锡压缩机股份有限公司
24	山东省章丘鼓风机股份有限公司	49	隆华科技集团（洛阳）股份有限公司
25	大耐泵业有限公司	50	浙江力诺流体控制科技股份有限公司

〔供稿单位：中国通用机械工业协会〕

企业专栏

融合创新　以航天科技引领能源装备进步
——北京航天石化技术装备工程有限公司

1991 年，北京航天石化技术装备工程有限公司（简称航天石化）成立。30 多年来，航天石化以液体火箭发动机专业技术为依托，着力推动热能工程、特种泵阀的技术创新和产业化发展，业务涉及热能工程、流体旋转机械、特种阀门三大专业领域，为我国能源化工行业提供了大量优质的热能工程设备、特种泵阀、大型石化专用设备及电子测控设备等产品。公司是中石化、中石油、中海油、中化等单位的资源市场成员，是仪征化纤、齐鲁石化、金陵石化、海南炼化等重点石化企业的优秀供应商。

一、攻克技术难题，助力装备国产化

裂解气阀是裂解炉的关键设备之一，其性能直接影响乙烯裂解生产的安全性。长期以来，进口裂解气阀在我国乙烯装置中的市场占有率一直保持在 80% 以上，新建乙烯项目几乎都采用进口产品。为解决国内乙烯行业这个瓶颈问题，航天石化利用多年的研制经验，通过采用抗载荷阀体等多项技术创新，有效解决了大口径阀门在恶劣工况下运行产生的卡涩、结焦、密封效果不良等问题，提升了系统运行的可靠性和安全性，降低了乙烯生产风险。由于产品的各项创新结构均采用模块化设计，与用户原有产品在对接尺寸等方面保持一致，产品互换性强，在维修、替换、改

扩建项目中具有明显的优势；在新建设项目中，其整体性能和价格优势更加突出。

2023 年，国家能源局公布了全国第三批 58 个技术装备（项目）能源领域首台（套）重大技术装备项目，航天石化研制的 60in（1in=25.4mm）超大口径裂解气大阀项目名列其中。该阀门创造了裂解气阀口径的世界纪录，单阀质量达到 47.5t，其技术难度、制造难度等都远超以往产品。该裂解气阀实现了技术和口径双超越，节省了成本，有力支撑了乙烯工艺包全部设备国产化。

2024 年 5 月 12 日，全球最大单套年产 100 万 t 丙烷脱氢（PDH）项目正式投产，在行业内首次实现设备及配件国产化率超过 99.5%。该项目采用了航天石化研制的双楔式闸阀。双楔式闸阀作为丙烷脱氢工艺的关键设备，长期被国外企业垄断。航天石化攻克了双楔式闸阀 T800 阀板整体堆焊及导轨并行堆焊工艺等关键技术，提高了切断类阀门生产制造水平，搭建了高温阀门加热试验系统，获得了莱茵公司的 ISO 15848-1 阀门逸散性认证证书。

二、专注高性能产品研制，开拓安全阀国内外市场

航天石化的安全阀团队秉持"以航天科技引领超压保护技术"的理念，以市场需求为导向，

专注于高性能安全阀产品的研制。公司的安全阀产品应用于国内数百家企业和国家重点建设项目中，并出口到数十个国家和地区。

2023年10月13日，航天石化与智利FASTPACK S.A.公司以直接出口的方式签订安全阀供货合同，产品将应用于高腐蚀性的湿法冶金生产装置中。这是该公司第一次采购中国的安全阀产品，实现了航天石化安全阀产品在南美地区湿法冶金行业的首套应用。

2023年年底，航天石化的247台安全阀、16台呼吸阀产品中标全球最高海拔光热电站项目。这是航天石化继2020年1月17日与上海电气签署全球最大光热项目安全阀供货合同后取得的又一个光热发电市场供货合同。

光热项目具有高压力、高背压、高温及高可靠性的要求。针对如此严苛的工况要求，航天石化凭借多年的安全阀研发经验，创新开展产品研发工作，对产品结构进行创新设计与优化，解决高温、高压下导向机构卡阻的问题，有效提高了高压大规格阀门的整定效率，提升了高温高背压波纹管密封的可靠性，形成了国内领先、国际先进的光热项目用安全阀产品设计技术，填补了光热领域安全阀技术空缺，为光热项目核心装置提供可靠的超压保护解决方案。

三、创新涉氢阀门技术，填补行业空白

控氢阀是安装在气瓶口的一种组合阀门，其作用主要是将气瓶内的高压氢气减压到常规的出口压力。为了契合北京冬奥会手持火炬的曲面外壳设计，在内部空间十分有限的情况下，项目团队对控氢阀进行了大胆创新，采用微型轻量化技术，给氢气瓶腾出空间，确保火焰的大流量；在压力提升20%的情况下，阀门长度从最初的162mm降至110mm，质量减至290g。为了保证火炬的安全性，项目团队通过上百次控氢阀试验，最终达到了理想效果。

借助中国航天科技集团有限公司氢能工程技术研发中心，航天石化针对某液氢项目中涉氢阀门相关设计技术、材料技术、试验验证技术等关键共性技术问题，开展涉氢关键阀门产品结构与材料、密封、逸散性研究，形成产品结构设计、材料、试验和检验方法技术标准，填补了我国在该领域的标准空白。当前，公司已基本完成液氢用截止阀、止回阀、球阀、调节阀、紧急切断阀、安全阀和高压氢气用安全阀等阀门的密封性试验研究，完成了使用不同密封结构形式和不同密封材料的氢气阀门相关密封性能对比试验。航天石化主导编制的《氢用低温阀门　通用技术规范》团体标准入选2023年度工业和信息化部百项团体标准应用示范项目。

随着公司产品质量不断提升，在国际范围内获得的认证资质不断增加，航天石化的合作对象不断扩展。未来，航天石化将持续深化改革，坚持自主创新，为实现航天梦和中国梦贡献更多的力量。

改革为企业发展赋能　促进产业链自主可控
——哈电集团哈尔滨电站阀门有限公司

哈电集团哈尔滨电站阀门有限公司（简称哈电阀门）始建于1954年，是哈尔滨电气股份有限公司的全资子公司，是一家专业从事火电、核电、军工等领域配套阀门研制的企业。公司入选国务

院国资委"创建世界一流专精特新示范企业"名单和"双百企业"名单。公司起草并参与编制多项行业标准，先后完成 600MW 超临界火电机组配套阀门国产化、1 000MW 超（超）临界火电机组重大装备配套阀门研制与产业化等多项攻关任务。作为国内超（超）临界关键阀门国产化研制单位，哈电阀门完成全部二类、三类关键阀门的研制任务，绝大部分产品取得较好的应用业绩。哈电阀门生产的光热熔盐阀门规模应用于青海中控德令哈光热发电项目的熔盐机组上，成功替代进口产品，打破了国外企业在光热高端阀门领域的技术垄断。

与众多老国企一样，哈电阀门也面临着行业、市场巨变带来的严峻挑战。面对挑战，哈电阀门以入选混改试点和"双百企业"为契机，通过改革突破发展瓶颈。

自 2017 年起，哈电阀门围绕"做强主业"这条主线，进行了一系列改革。公司确定在相关领域延伸产品线，产品种类向多元方向发展；生产方式由传统制造向智能制造发展；市场经营从以国内市场为主转变为国内国际市场并重。此外，公司聚焦核心技术攻关，强化顶层设计，科学制定发展规划，优化技术研究和产品研发体系，持续推动产品迭代和技术升级。

2018 年 3 月 13 日，哈电集团将哈电阀门确定为集团内首家混合所有制改革试点单位。8 月 17日，哈电阀门入选"双百企业"名单。

2019 年，哈电阀门混合所有制改革正式启动。公司结合企业现状，充分开展顶层规划，通过施行"六定"（定方式、定对象、定总额、定分配、定业绩、定管理）措施，制定了股权激励实施方案，实现了员工长期激励约束机制的新突破。

公司以完善现代企业治理结构为抓手，以提升企业市场竞争力为核心，开展了一系列内部改革。通过改革，公司的市场适应能力得到较大提高，展现出强劲的发展动能。公司自主研发的多种产品填补了一些重点行业的技术空白，产品可替代国际高端品牌产品，解决了部分核电阀门"卡脖子"难题，增强了产业链的韧性。石化领域用阀门产品是哈电阀门打造的新产品，公司生产的石化安全阀产品技术指标达到国际同类产品先进水平，已替代进口产品，成功应用于扬子石化等项目。

2019 年，哈电阀门系列改革取得阶段性成果。产品应用市场从以火电领域为主，扩展到石化、光热、核电和军工（舰船）等多个领域。公司人才队伍也得到进一步优化，科技人员占比持续提升。

2022 年，哈电阀门并购苏州道森阀门有限公司，重组成立了哈尔滨电气集团苏州道森阀门有限公司（简称哈电苏州道森）。

哈电苏州道森依托在石油石化领域的优势和哈电阀门的技术积淀，严格按照业内的标准进行自主研制。产品涵盖球阀、闸阀、截止阀、止回阀、控制阀及蝶阀等工业阀门，广泛应用于石油、化工、天然气、电力、煤化工、海洋平台及船舶等领域。2023 年，哈电苏州道森与中国石化、中海油、天辰工程有限公司、万华集团及云南通威等企业开展深入合作，客户规模进一步扩大。与此同时，哈电苏州道森将开拓国际市场作为重要的战略任务。产品出口到俄罗斯、韩国、阿拉伯联合酋长国、巴西、新加坡、哈萨克斯坦、卡塔尔及越南等数十个国家和地区。

哈电阀门将混合所有制改革作为突破口，借助资本的力量，集中优势资源，攻克高端产品的技术难题，在做强企业的同时，也进一步增强了我国产业链的自主可控能力。

敢"闯"善"创" 争做行业先锋

——江苏神通阀门股份有限公司

1966年，江苏神通阀门股份有限公司（简称江苏神通）的前身启东阀门厂成立。2001年，启东阀门厂整体改制，江苏神通阀门有限公司成立。2010年，江苏神通在A股市场上市。2024年，江苏神通入选第八批制造业单项冠军名单。在几十年的发展过程中，江苏神通依靠一个个创新成果，实现了一次次跨越式发展。

一、敢做行业先锋，闯出国产化自主品牌

20世纪90年代初，启东阀门厂为上海宝钢等企业提供进口阀门设备的维修备件和配套服务。当时，宝钢引进国外生产线，但是进口阀门经常损坏，维修成本高而且时限长。启东阀门厂抓住这个机会，开始了技术攻坚。第一批产品投入使用后，寿命很短。通过对阀门不断改进，阀门的使用寿命逐渐延长。通过持续攻关，江苏神通实现了该类进口阀门的国产化替代，成为宝钢备品备件的联合研制中心成员单位。自此，专注于高端阀门国产化成为江苏神通不变的追求。

《国家中长期科学和技术发展规划纲要（2006—2020年）》将大型先进压水堆及高温气冷堆核电站确定为未来15年力争取得突破的16个重大科技专项之一，为后续核电装备国产化提供了重要的政策支持和技术指引。江苏神通凭借为核电站提供服务积累的宝贵经验，加入了核电阀门国产化团队。

核电阀门不仅要满足严苛的技术标准，对安全系数的要求也很高。通过自主创新，江苏神通研发出用于核电站的海水蝶阀并成功应用于秦山核电站。然而，当其应用于大亚湾核电站时出现了一些状况。经过多次试验、研究，研发人员找到了问题的根源——不同海域海水对阀门的侵蚀程度不同。江苏神通从改变生产材质、改进涂层入手，历时4年，解决了海水蝶阀的耐蚀问题，从而跨入国内核电装备行业第一方阵。

江苏神通研制的上装式核电球阀和核安全壳空气隔断阀投入生产后即被评为国家重点新产品，并被列入国家火炬计划项目。2009年，公司成功研发百万千瓦压水堆安全壳隔离阀、地坑过滤器等产品，并通过中国机械工业联合会和中国通用机械工业协会组织的科技成果鉴定。2006—2010年，江苏神通为我国多个核电工程项目提供了核级蝶阀、球阀产品。

江苏神通研制的"华龙一号"安全壳隔离阀主要用于先进压水堆核电站安全壳大气监测系统和安全壳换气通风系统。当前，"华龙一号"安全壳隔离阀已投放国内市场。

江苏神通持续投入研发资金，致力于核电专用阀门及系统装备的研制和开发，研发了满足第三代、第四代核电技术要求的阀门产品，覆盖AP1000、"华龙一号"、CAP1400、快堆及高温气冷堆等主力堆型，并在既有优势产品的基础上，进一步拓展产品种类，已具备多种核级阀门产品的供货能力。

二、勇于突破自我，深入推进转型升级

江苏神通紧跟国家产业发展政策，紧抓化石能源向清洁能源转换这一契机，立足冶金、核电、化工等基础板块，积极布局高压氢用阀门、半导体设备精密阀门等领域。

在氢能源领域，江苏神通投资设立南通神通新能源科技有限公司，开展氢燃料电池、储氢系统及加氢站等领域所需特种高压阀门的研发和生产。产品涵盖从制氢、储氢、运氢到加氢站用的高压阀门，应用场景包括加氢站、物流车、叉车、无人机及氢能电动自行车等。当前，公司已具备高压氢阀的批量供货能力。

在半导体装备领域，江苏神通设立神通半导体科技（南通）有限公司，主要研发半导体装备用特种阀门，为半导体装备及光伏设备提供配套产品。当前，公司研发的真空阀门、超洁净阀门等已进入用户端样机验证阶段。

江苏神通针对车载储氢、供氢系统研制的70MPa组合减压阀是国际领先的高集成度车载减压模块，通过了国内第三方检测，现已交付用户使用，部分产品已实现出口。公司研制的70MPa高压氢阀已成功替代进口，主要性能指标达到国际先进水平。

三、聚焦"智"造，成就阀门领域单项冠军

作为国内阀门制造业龙头企业，江苏神通在智能制造方面的探索早于业内同行。通过多年研究，江苏神通建立了设备自动化、管理智能化体系。2016年，江苏神通进行ERP平台升级，实现了采购管理、销售管理、生产计划管理、仓储管理及财务成本管理的业财一体化管理。公司自主开发MES系统，形成PLM、CAPP、ERP、MES及DNC多系统的集成运用，并在SAP-ERP系统标准功能基础上进行了优化调整。

在生产制造方面，江苏神通开展MRP自动运算下主生产计划中的冷冻计划与滚动计划的精准计划应用，实现工单的工序级分派、质量跟踪、加工过程管理，所有加工所需的资料可以远程调用；采用条码技术、无线应用技术等，加强过程中的质量控制；利用MASTERCAM软件进行数控程序编程，通过专业软件进行模拟仿真，在完成线下加工试切并验证无误后进行定版；通过DNC系统实现编程程序的集中式管理，使得一线员工能够根据需要调用数控程序。这一系列措施使得工艺加工时间缩短至原来的1/3，同时确保了产品加工质量的稳定性。

通过智能化设备联网，江苏神通利用MDC系统，实时提取设备运行状态，自动统计设备运行效率，查找瓶颈问题，提升生产组织能力。公司引进了PDM在线生产系统，既降低了制造成本，又提高了管理效率。

2024年4月，江苏神通实施向特定对象发行股份项目，募集资金3亿元，用于高端阀门智能制造项目。本次募集资金投资项目的目标产品是核能装备领域的高端专用阀门。公司通过开展高端阀门的自主研发工作以及智能化制造工艺的研究，一方面，攻克了部分高端阀门的核心技术难题，实现了我国核电阀门技术的自主可控；另一方面，推动了相关技术的产业化进程，增强了核电阀门的研发和制造能力，满足了我国核电建设对核电阀门的需求。

未来，江苏神通将积极实施智能化、数字化改造，坚定不移地走专业化、特色化、智能化、绿色化的发展道路，向着"制造一流产品、造就一流人才、创建一流企业、打造百年神通"的目标持续迈进。

创新驱动　引领中国空分产业高质量发展

——杭氧集团股份有限公司

杭氧集团股份有限公司（简称杭氧）作为世界一流的空分设备和低温石化装备供应商、国内气体产业的开拓者和引领者，为冶金、化工、机械、半导体、航空航天、新能源、新材料、医疗健康及食品等行业提供绿色装备、气体产品和可持续发展解决方案，并积极布局节能储能、CCUS（碳捕集、利用与封存）等领域。杭氧已为国内各行业提供空分设备 4 000 多套。在国内外投资设立专业气体公司 60 余家，总制氧量超过 330 万 m^3/h。近年来，杭氧先后获得创建世界一流专精特新示范企业、制造业单项冠军示范企业、国家服务型制造示范企业和国家级"绿色工厂"等荣誉称号。

一、从制造到服务，走向全产业链经营之路

多年来，杭氧不断优化产业结构，以"重两头、拓横向、做精品"为发展战略，通过提升核心竞争力，保持在成套空分设备市场的领先优势，推动气体产业持续稳健发展。同时，拓展石化装备业务，从单纯的设备制造型企业向服务型制造企业转型升级，形成了"工程总包－设备制造－气体运营"全产业链经营格局。公司具备化工、石化、医药、储运、能源及气体分离、工业与民用建筑等多个领域的工程设计、施工资质，曾获得多项全国化工工程建设优质工程奖、省（市）工程勘察设计奖。

杭氧通过全产业链的转型升级，工程总承包业务发展迅速，成为国内空分设备领域唯一一家具有甲级工程设计资质的公司。杭氧已经成为国内重要的工业气体供应商，合作模式包括新建、收购或托管运营，可提供工业气体岛园区集中供气一体化解决方案。供气模式以氧、氮、氩等管道气（含园区管网供气）、现场制气、小储宝及液体零售为主，兼营能源气体，半导体、航空航天、高端医疗及食品保鲜等领域特种气体。

当前，杭氧已形成设备制造、工程总承包及工业气体服务相互促进、相互补充的全产业链经营格局。

二、从跟跑到并跑，提振自主创新底气

杭氧以技术创新为切入点，发挥全产业链优势，不断提升核心竞争力。以行业唯一的国家级企业技术中心为主体，以国家级检测中心（CNAS）、机械工业气体分离与液化设备产品质量监督检测中心、博士后科研工作站、浙江省重点企业研究院为补充，打造了"基础理论研究－核心技术攻关－产品研发－应用场景研究"四位一体研发体系。公司以快速、高效实现科研成果产业化为目标，先后组建了CCUS碳中和创新创业团队、储能及成套装备技术团队、非低温法气体分离团队和能量综合利用团队等多个双创团队。公司开发了特大型空分设备、特大型空分设备整装冷箱、百万吨级乙烯冷箱、烷烃脱氢冷箱、CO/H_2 深冷分离成套设备、13.5MPa 超高压板翅式换热器、氖氙氪氦精提取装置、氢气膨胀机、高压氧气阀及透平氧气压缩机等一大批重大装备，解决了大型空分设备"卡脖子"问题，助推我国工业气体装备制造业实现了从落后到领先的跨越式发展。

当前，杭氧共获得授权专利 605 项，其中发明专利 170 项；主导或参与制定国家标准、行业

标准共69项，其中气体分离与液化设备领域标准41项；拥有国家、省部级创新平台16个，国家高新技术企业11家，国家级专精特新"小巨人"企业5家，省级专精特新中小企业6家；自主研发的特殊结构纯化装置、低温泵阀、氢气膨胀机及特大型空分配套高压板翅式换热器等均达到国际领先水平。2023年，杭氧研制的承托式滑动型径向流纯化装置获评国际首台（套）装备，80万t/a丙烷脱氢（PDH）装置电机制动氢气膨胀机获评国内首台（套）装备。

三、从传统到绿色，助推新能源产业新跨越

杭氧加快布局氢能、储能、绿电等新能源领域。在氢能方面，组建了氢产业发展中心，聚焦高效氢气制取和提纯、氢气液化、储存、运输、加氢及氢气气体投资等方面的研究，关键设备自给率超过90%。在储能方面，开发了与储能技术相结合的新型节能空分流程和设备，建设了两个储能领域关键技术研究试验台位，研制的国内首个利用特大型空分装置储能项目在中煤榆林正式落地，参投了国内最大加氢规模的"氢电气"一体化综合能源岛EPC总包项目。在绿电方面，临安制造基地及部分气体公司分布式光伏项目相继投产并网，拓展了新能源应用场景。另外，参与的全国首个CCUS技术与煤电全流程耦合项目顺利投产。杭氧扎实推进绿色发展和生态文明建设，提供可持续创造价值的绿色装备。杭氧研制的具有国际领先水平的特大型空气分离设备比传统设备节能10%～17%，已运行的特大型空分设备减排二氧化碳、二氧化硫、氮氧化物等污染物180万t，全面推广后每年可节约用电270亿kW·h。公司研发的"特大型空分关键节能技术"入选工业和信息化部《国家工业节能技术装备推荐目录》。2024年，宝丰能源内蒙古煤制烯烃示范项目11万m^3/h等级空分设备创新采用了绿氢与现代煤化工融合协同生产工艺，有助于减少化石燃料使用量和二氧化碳排放量。公司大力实施技改提升，对真空钎焊炉、空气源热泵、制造基地照明系统等进行升级改造，每年可节约用电125万kW·h，降低能耗200t标准煤，折合减少二氧化碳排放量1 500t。通过改进有机废气治理设施、应用环保型原料等措施，从源头严控排污量，为实现"碳中和"目标助力。

作为国内空分设备行业的龙头企业，杭氧将继续发挥链主企业优势，做好延链、补链、强链工作，坚持自主创新，优化绿色产业布局，与全产业链上下游企业紧密协同，引领我国空分设备产业高质量发展。

逐梦大型装备国产化　铸造我国干燥设备"中国芯"

——天华化工机械及自动化研究设计院有限公司

天华化工机械及自动化研究设计院有限公司（简称天华院）是原化工部十大重点科研院所之一，是当前国内重要的石油化工专用设备研究院，是重大装备实验研发基地和重大装备生产制造基地。公司重视创新，坚持以市场为导向、以研发为基础、以成果转化为主线，针对我国石油化工、化工、煤炭、冶金、电力、食品和医药等行业重大工程急需的干燥技术以及节能降耗等需求，进行重大干燥技术装备的攻关研制。

2023年，公司在化工工艺技术及装备方面取得多项创新成果。

天华院研制的 60 万 t/a 聚丙烯环管反应器填补了国内技术空白，改变了大型工业化环管反应器依赖国外设备的局面。该设备缩短了整个聚丙烯装置的设计周期和建设周期，降低了建设成本、生产运行维护成本。设备整体技术达到国际先进水平，获得中国石油和化工自动化应用协会科技进步奖一等奖。

天华院成功研制出聚苯醚浆料分离、净化与干燥关键技术及设备。与国外真空过滤机＋高速旋转热风桨式干燥机的工艺相比，以"旋转压力过滤机＋蒸汽管回转干燥机"为关键设备的聚苯醚浆料后处理技术及装备能耗更低，产品品质更优，成果达到国际先进水平。该技术获得中国石油和化学工业联合会科技进步奖三等奖、中国中化科技进步奖三等奖。

天华院成功实现了催化剂系统成套模块化供货，原料精制系统成套模块化供货，聚合反应中的核心反应器及相关辅助系统成套模块化供货，高低压袋式过滤器、汽蒸罐、干燥器及粉料输送、粒料输送、添加改性等关键设备供货，使工艺设备国产化率达 100%，大幅提高了我国聚丙烯生产工艺及装备自主化水平，形成了智能模块化技术。

2023 年，天华院成功中标国内 10 万 t/a POE（聚烯烃弹性体）脱挥系统项目。至此，公司在 POE 挤压脱挥造粒领域提供的装置已涵盖公斤级小试、千吨级中试和 10 万吨级工业生产不同量级。公司已开发出包含闪蒸脱挥、挤出脱挥、水下切粒、VOC 脱除等流程的全套技术装备，助力 800t/a POE 中试装置脱挥挤压造粒系统在现场一次开车成功，产出合格产品，并实现连续稳定运行。

天华院承揽的中石化巴陵石化 90 万 t/a 硫铵干燥项目已顺利投产。该项目干燥装置由天华院设计并制造，是当前国内规模最大的单套硫铵流化床干燥装置，整体设计、制造难度大，项目技术复杂，工艺要求高。天华院针对巴陵石化需求，对硫铵干燥设备进行高标准设计，引入先进的内热式流化床干燥技术工艺，进行严格的质量控制，确保设备性能及稳定性。同时，在生产流程中嵌入智能化控制系统，降低能源消耗。

天华院承揽的恒力石化新材料配套化工项目主要工艺生产装置的 30 万 t/a 己二酸干燥项目首次创新采用"干法"新工艺路线。经过一个多月的调试，该技术在恒力石化 30 万 t/a 己二酸干燥项目中成功实现产业化应用。相较于现有工艺流程，采用热水＋蒸汽能量梯级利用的"干法"新工艺流程，节能 20% 以上，节水 90% 以上。

截至 2023 年年底，天华院已取得重大科技成果 539 项，获得国家级、省（市）级奖项共 303 项。未来，公司将持续围绕石油化工、煤化工等行业的发展需求，研究开发行业技术进步和结构调整所急需的关键共性技术、前沿引领技术、现代工程技术，更好地推进新技术和新成果的转化，为推动行业技术进步、提升产业竞争力贡献更多力量。

品质至上　持续创新

——杭州日盛净化设备有限公司

杭州日盛净化设备有限公司（简称日盛）是一家集研发、生产、销售和服务为一体的压缩空气干燥净化系统解决方案供应商。公司自 1992 年成立以来，始终坚持"品质至上、持续创新"的发展理念。经过 30 多年的发展，公司成为国内同行中创新能力突出、产品品质过硬的科技创新型企业。2023 年，日盛的销售额同比增长近 10%，出口继续稳步增长。公司成立了专门的备件服务公司，备件销量实现持续增长。

日盛拥有占地面积 50 000m^2 的大型数字化工厂，产品先后通过了欧盟 CE/PED、德国 TÜV、瑞士日内瓦 SGS、俄罗斯 TRCU 等多家国际著名认证机构的认证。公司是多项国家标准和行业标准的编制单位、军工项目的承接单位，被评为省级专精特新企业，获得机械工业科学技术奖等奖项。

2023 年，日盛建成模块化全自动变温变负荷实验室；长兴工厂电气车间进行了自动化升级，自行开发的 PCB 板批量化投入使用；二期流体厂房建设基本完工。

为了保证产品的售后服务质量，提升客户的满意度，公司设立杭州、济南、武汉、成都、东莞等服务中心，培养了一支技术过硬、经验丰富、高素质的服务团队。服务团队提供设备安装调试服务，对设备操作人员进行培训，帮助客户解决日常故障。同时，根据客户的需求和设备的使用情况，制定合理的定期维保计划，确保设备正常运行。公司在每个服务点设立备品备件仓库，为服务人员配置车辆，确保及时、有效地为客户提供现场服务。

日盛引进数字化物联网平台，随时掌握设备运行状态，帮助现场客户从线下巡检切换到"云巡检"，降低空压站现场管理人员的劳动负荷。一旦有设备发生故障，服务工程师可以实时响应，给出解决方案。公司利用大数据管理系统，科学分析服务数据，以确保提高服务的准确性。

2023 年，日盛承接的 FPSO 干燥机项目填补了国内该领域的空白。整个项目从执行标准、选用部件到结构设计，与现有标准系统设备有着非常大的差异。公司攻坚克难，共交付了 10 套设备。公司承接的超大流量的单机干燥净化设备单机处理量达 4 800m^3/min，设备成功交付给航空航天领域的用户。

当前，日盛正致力于从设备制造商向综合服务商拓展，开展 EPC、EMC、BOT 等多种业务形式。未来，公司将与合作伙伴携手，整合产业园区场景资源，共同拓展区域市场，积极探索业务创新发展方向，在合作中实现互利共赢，推动业务模式持续升级。

汉粤净化：致力于成为压缩空气净化行业的佼佼者

——汉粤净化设备（浙江）有限公司

汉粤净化科技有限公司（简称汉粤净化）成立于 1993 年，是一家从事压缩空气净化设备生产、销售和进出口业务的高新技术企业。自公司成立之日起，汉粤净化就与美国 HANKISON 公司合作，在充分消化吸收国外先进技术的基础上，结合国内用户的实际工况，研制出性能更稳定、更具竞争力的"汉粤"牌（HANFILTER）压缩空气净化设备及其衍生产品。汉粤净化是《压缩空气过滤器》等 2 项国家标准、《一般用冷冻式压缩空气干燥器》等 5 项行业标准的起草单位。

2002 年，汉粤净化通过了 ISO9001 质量管理体系认证；2006 年，成为中国通用机械工业协会气体净化设备分会第一届理事单位；2007 年，通过国家生产许可证验收小组验收，获得国家颁发的专业生产许可证书；2009 年，获得欧盟进出口 CE 认证。2009 年，公司与华南理工大学签订产学研合作协议；被广州市番禺区科学技术局授予广州市番禺区科技型企业技术研究开发中心。2021 年，汉粤净化设备（浙江）有限公司成立，为实现集团化发展打下坚实的基础。

汉粤净化的产品包括冷冻式干燥机、吸附式干燥机、精密过滤器、精密过滤器滤芯、废油收集器（国家专利产品）、高效除油器、油水分离器、自洁式空气过滤器和后部冷却器等。产品可满足石化、化纤、钢铁冶金、机械制造、电力、电子、汽车、造船、水泥、造纸、轻工、医药和食品等行业对压缩气体净化的处理要求。汉粤净化凭借卓越的创新能力、丰富的行业经验和强大的市场影响力，赢得了客户和合作伙伴的广泛认可。

产品结构的优化是提升市场竞争力的关键。汉粤净化投入大量资源进行研发，不断推出具有市场竞争力的新产品。针对市场需求的变化，对现有产品进行优化和升级改造，提高了产品的附加值和竞争力。此外，公司通过不同产品之间的互补和协同，提高了整体销售额和利润水平。

面对传统发展方式的瓶颈，汉粤净化积极探索新的发展路径。一方面，公司加强对市场的调研和分析，根据市场需求的变化及时调整发展策略；另一方面，公司注重与高校、科研机构的合作，引进先进的技术和管理经验，推动企业向高端化、智能化、绿色化方向发展。此外，公司加强与上下游企业的合作，形成了紧密的产业链协同关系，提高了整体运营效率。

技术创新是企业发展的核心驱动力。汉粤净化注重自主研发能力的提升，建立了完善的研发体系和创新机制，不断推出具有前瞻性的产品和技术解决方案。公司有一支资深的技术团队，拥有丰富的经验和深厚的专业知识，能够迅速根据市场变化积极响应，研发满足各行业不同客户需求的产品。

管理创新是企业实现高效运营的重要保障。汉粤净化引入先进的管理理念和方法，优化了生产流程和管理流程；加强信息化建设，通过引入 ERP、CRM 等信息系统，提高了数据处理和决策效率。此外，公司还注重员工培训，完善激励机制，提高了员工的综合素质和工作积极性。

汉粤净化作为干燥机行业企业，积极承担社会责任，推动绿色制造与可持续发展。公司引入先进的节能技术，降低设备运行能耗；积极推广智能化控制系统，实现精准调控，减少能源浪费；选用环保材料，实施废物资源化处理，优化低碳生产流程，不断推动企业在绿色制造与可持续发展方面取得新成果。

为了确保产品品质和交付效率，公司建立了一套高效的生产流程和质量控制体系。设备的精确性取决于设备的设计、安装调试工具的精确度、操作人员的技术和经验、环境条件等各种因素。为了保证设备安装调试的精度，公司采取了一系列措施，如：使用高精度的工具和设备，制订详细的安装调试计划，提供专业的培训和指导，监控安装调试过程中的关键参数。在安装调试完成后，再进行严格的测试和校准，以确保设备能够按照预期性能运行。

汉粤净化在国内设有多个办事处和销售网络，能够快速响应各地区的市场需求。公司通过与国际知名企业合作，不断拓展市场份额，提升品牌影响力。

未来，汉粤净化将结合市场需求，不断改进产品。以服务客户、让客户满意为宗旨，助力更多品牌商实现制造业梦想，这是汉粤净化始终不变的承诺与永恒追求。

中国
通用
机械
工业
年鉴
2024

专 题 篇

介绍通用机械行业现状与发展趋势、部分通用机械产品发展情况，以及通用机械行业开展团体标准、培训、认证、调研等工作情况

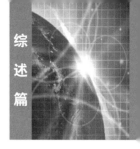
综 述 篇

大 事 记

行 业 篇

企 业 篇

专 题 篇

成 果 篇

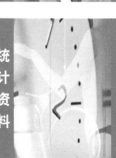
统 计 资 料

综述篇

大事记

行业篇

企业篇

专题篇

成果篇

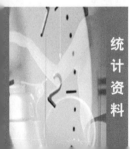统计资料

中国通用机械工业年鉴
2024

专题篇

"双碳"目标引领下工艺气压缩机发展现状及展望

一、工艺气压缩机总体发展情况

工艺气压缩机作为石油化工、钢铁等行业工艺流程中的主要动力设备，被称为流程工业的"心脏"。工艺气压缩机在为工艺流程提供压力与动力的同时，也是工业流程中的主要用电单元。以石油化工行业为例，工艺气压缩机的耗电量占企业总耗电量的 12% ～ 32%。工艺气压缩机是流程工业的碳排放"大户"，也是实现节能减排、工业降碳的重点发展方向之一。

"双碳"（碳达峰、碳中和）目标的提出旨在降低我国温室气体排放，推动低碳社会转型，是我国经济社会系统性变革、高质量发展的重要抓手，对我国工业发展有着深远的影响。随着工业技术不断进步，在"双碳"目标的引领下，工艺气压缩机在关键技术、核心部件和标准化等方面都取得了长足的发展，装备综合能效、运行可靠性、智能化水平等得到了显著提高，相关技术指标逐步接近国际一流水平。同时，行业内开展了"双碳"目标引领下的压缩机标准建设工作，初步形成了压缩机装备在"双碳"目标下的标准体系。

二、工艺气压缩机关键技术发展情况

1. 新材料技术

材料技术是工艺气压缩机的基础性技术，不仅关系到压缩机的成本效益、耐用性与环境适应性，而且直接影响压缩机的效率与安全性。工艺气压缩机服役工况复杂，对不同应用场景下材料的耐蚀性、耐低温性、氢相容性及强韧度等性能指标有不同的要求。

随着工业技术不断进步，流程工艺工况逐渐向极端条件拓展，超高压、深低温、强腐蚀性工艺条件逐渐应用于工艺流程中，对于系统能效的要求逐渐提高。面对新工艺、新工况的技术需求，业界对组织调控工艺、材料涂层技术、极端环境材料性能相容性等开展了深入研究，并结合压缩机各部件服役特点与需求，开发出了适用于新工艺、新工况的系列材料技术。

新材料技术的发展为工艺气压缩机在复杂极端工况环境下稳定服役提供了有力支持，也为工艺气压缩机节能减碳、优质增效提供了基础技术支持。

2. 磁浮轴承技术

磁浮轴承是一种利用电磁力来支撑和定位转子的高性能轴承。相较于其他轴承，磁浮轴承具有无接触磨损、高转速、低功耗、低噪声和工作范围广等优点，应用前景广阔。工艺气压缩机服役温度多变，对工质的纯净度要求高，输出工艺指标苛刻，对轴系的技术要求高。

随着工业技术、信息技术的发展，磁浮轴承技术发展迅速。业界围绕电磁轴承的结构优化、控制系统、不平衡控制、喘振控制、跌落保护与自检等关键技术难点开展了大量研究，取得了丰硕的研究成果，轴承系统的鲁棒性、抗冲击性和信息化水平得到了显著提高。

磁浮轴承技术的进步有力地推动了磁浮工艺气压缩机的发展。集成磁浮轴承的工艺气压缩机具有架构简单、系统紧凑、效率高和污染小等特点，在石油化工、储运、低温等领域得到了广泛应用。

3.远程运维技术

远程运维系统依托边缘终端，实现多源信号的采集、清洗和特征提取；通过5G智能网关，完成数据的加密和高速传输；建设集设备运行、状态监测及智能预警于一体的物联网平台；基于专家知识库和机器学习、大数据分析等方法，构建故障诊断、辅助决策和预测性维护模型。

现有的工艺螺杆压缩机、离心压缩机和透平膨胀机的监测及诊断多采用线下离线监测、人工记录的方式，实时跟踪性不强。远程运维系统可为用户减少因设备故障和停机造成的损失，为用户节省大量运维费用。为了将已有设备纳入远程运维系统中，并且确保现场改造工作量最小，需要突破无线多信号采集传感器、模块化边缘终端和高可靠性数据模型等技术。

三、工艺气压缩机行业发展趋势

1.装备服役工况复杂化

随着能源结构变革以及工业技术的快速发展，工艺流程用压缩机的服役工况呈现出复杂化、极端化的发展趋势。以LNG（液化天然气）产业为例，船用LNG系统中的膨胀压缩机、闪蒸汽压缩机等核心设备服役工况均在-150℃以下，同时受限于船舱尺寸、船只摇摆、天然气易燃易爆等因素，机组需同时满足深冷、空间、安全性的多重要求。此外，随着船舶动力系统的革新，甲醇、氨乃至液氢等有毒、易燃、超低温工质逐渐出现在有关工艺流程中，这使得相应的压缩机技术的复杂性与设计难度明显上升。

2.装备自动化、智能化

因工艺流程的部署场景多具有服役环境恶劣、维护不便等特点，工艺气压缩机对于实现自动化、智能化的需求越发突出。近年来，随着数字孪生、人工智能（AI）、通信技术的快速发展，压缩机装备与前沿技术的融合进程不断加速。例如，压缩机运用数字孪生技术，基于对机组的各类故障触发机制、失效模式的认知，通过机组监测数据，对设备核心零部件的动态性能进行评估，为设备服役状态提供预警；智能监控技术可结合物联网通信技术，实时获取设备运行状态与指标，对设备性能进行分析，并对工况进行优化，提前发现故障隐患，从而实现预防性维护和机组运行状态的自愈调控，提高机组运行的稳定性，延长维修周期。此外，自动化、智能化也能有效降低现场执勤的人力需求，提高设备服役的安全性和经济性。

3.装备设计模块化、集成化

工艺气压缩机应用广泛，用户的需求存在较大差异。因而，对压缩机进行模块化设计，再按用户需求进行整合，是一种兼顾产品质量与时效性的有效手段。以阿特拉斯为例，该企业采用半标准化理念，对膨胀压缩机组产品进行模块化设计。这一举措使得机组交付和安装时间较以往缩短了25%～35%。而单套机组只需加装额外模块，就能满足用户的多样化需求。另外，机组模块化设计理念可以更加有效地对各个子系统进行集成设计，整机较定制化设计机组更紧凑、高效、可靠。

4.高可靠性、高勤务性设计

工艺气压缩机作为工艺流程中的核心设备，服役环境复杂多样，内部工质多为有毒有害工艺气体，对压缩机设备的勤务性与可靠性提出了很高的要求。工艺气压缩机一旦因故障停机，将会造成巨大的经济损失。以海洋平台深海压缩机为例，深海压缩机需要在高压、高腐蚀的深海极端环境中承受20年以上大修周期，设备安装成本高、维修难度大。国外一些海底项目的事故致使业主遭受了巨大的经济损失。因而，国内外压缩机供应商都将工艺气压缩机的可靠性、勤务性视作重要的性能指标。

四、发展建议

1.大力开展压缩机核心技术研究

（1）深入开展基础科学研究。在压缩机研制的过程中，常面临极端的服役条件，关键部件长期在高压、临氢、深低温等各类复杂环境中工作，这对生产企业在基础科学层面的技术积累提出了更高的要求。企业应深入开展材料科学、气动理论和结构力学等基础科学理论研究，与相关科研院所、高校密切合作，针对压缩机研制过程中遇到的技术难点展开专项攻关，为压缩机研制提供支撑。

（2）积极开展试验技术研究。在大型装备的研制过程中，试验测试对装备整体性能、关键技术迭代有着至关重要的作用。压缩机作为工艺流程的核心设备，无法在应用现场进行测试，需要在研制过程中开展相应工况试验测试平台的设计与搭建工作。通过试验台的测试数据，为研究人员提供机组运行参数，为技术迭代与设计改进提供试验层面的支撑。

2. 开发智能化压缩机

智能化是装备产业发展的趋势。在压缩机的研制过程中，应将压缩机智能化作为研制的重点内容，通过压缩机智能管理建设，实现对重大故障、高危风险的预防与控制；通过历史故障数据及特征分析、提取，实现对运行机组隐患的自动排查，实现故障的预测、预防；通过 AI 模型训练等方法，实现机组"自主思考"，自主评估机组整体健康状态，预测关键部件寿命，机组、机群实现"协同互动"运行。同时，设备智能管理建设应与用户物资管理、数据知识管理等系统对接，在提升压缩机本质安全与可靠性的同时，将现场设备设施、物资备件、预算与成本管理相结合，实现检修计划自动生成、备件库存动态调整和成本预算可控的目标。

3. 构建具备国际竞争力的工艺气压缩机装备产业体系

工艺气压缩机装备的国际竞争本质上是工艺气压缩机装备产业体系的竞争。产业体系中的各个环节紧密配合，可以有效降低产业成本，增加产业效益，增强产业总体市场竞争力。一是加强供应链体系建设，从工艺气压缩机产品特点出发，优化产业链协作机制，提升协作效率，降低供应链成本；加强研发投入，依托新技术提升供应链整体效能。二是加强产业标准化体系建设，规范相关装备生产制造检验标准，推动工艺气压缩机行业有序发展。

〔撰稿人：中国船舶集团有限公司第七一一研究所刁安娜〕

冷却设备发展情况及需要关注的几个问题

一、冷却设备概述

冷却设备是指向环境排放工艺废热的设备及构筑物。在用环境水体直接冷却的系统中，冷却设备是用环境水作冷却介质的各式换热器。大量废热排入环境水体会对江河湖泊和近海造成热污染，所以现在很少使用这种冷却系统。在用环境空气冷却的系统中，冷却设备包括各式冷却塔、蒸发式冷却设备和空气直接冷却设备。其中，自然通风冷却设备多为大型构筑物，如双曲线自然通风冷却塔和近年发展起来的自然通风空冷塔。强制通风冷却设备主要有机械通风的开式冷却塔、闭式冷却塔、蒸发式冷却（冷凝）器、空气冷却（冷凝）器，以及因节能、节水需求正在发展的各式蒸发冷却与空气冷却相结合的冷却（冷凝）器。

从传热机理上看，冷却设备分为湿式和干式两类。

凡是在传热过程中与空气有潜热交换的冷却设备都属于湿式冷却设备。湿式冷却设备分为两类：一类是工艺循环冷却水与空气直接接触的开式冷却塔。其工作原理是通过对流、传导的显热交换及蒸发的潜热交换，将工艺循环冷却水携带的废热散发到空气中。另一类是被冷却的工艺介质与空气不直接接触的蒸发式冷却设备。其工作原理是将工艺介质的热量通过间壁式换热器传递给蒸发式冷却设备中自循环的喷淋水，最终通过喷淋水与空气直接接触产生的显热交换及潜热交换，将工艺介质携带的废热散发到空气中。这类蒸发冷却设备中被冷却工艺介质有相变的叫蒸发式冷凝器，无相变的叫蒸发式冷却器。蒸发式冷却器中被冷却工艺介质是工艺循环冷却水的，就称为闭式冷却塔。上述两类湿式冷却设备的潜热交换量通常占总换热量的70%以上，特点是传热面积小、设备体积小、能耗相对较低，冷却极限温度是其所接触空气的湿球温度。但它们存在直接水耗，水耗量包括蒸发量、飘水量和排污量。

凡是在传热过程中与空气只有显热交换的统称干式冷却设备，也就是空气直接冷却设备。其工作原理是被冷却的工艺介质通过间壁式换热器与空气对流换热，将工艺介质携带的废热直接散发到空气中。其中，被冷却工艺介质有相变的叫空气冷凝器，无相变的叫空气冷却器。被冷却工艺介质是工艺循环冷却水的，也可叫空气冷却塔。另外，大型空冷设备也称为空冷岛。干式冷却设备传热面积大，设备体积大，没有直接的水耗，冷却极限温度是其所接触空气的干球温度。若采用机械通风，干式冷却设备能耗相对较高。

冷却设备的作用重大。以火力发电为例，化学能转变为热能时产生的㶲损失、烟气与水之间存在的大温差传热所产生的㶲损失会使50%以上

的燃料化学能变为废热。如果这些废热不能及时足量排出，就会导致冷凝压力升高，汽轮机焓降不足，发电效率降低，发电煤耗增加。所以，冷却设备的性能会影响整个工艺、热力循环或制冷循环的能效。加上冷却设备自身存在电耗、水耗、噪声及所用材料的环保性等问题，在"双碳"背景下，都成了备受关注的热点。

二、冷却设备发展情况

在近代工业应用中，湿式冷却设备的发展略早于干式冷却设备。1904年，法国建造了第一台自然通风冷却塔。随后出现的是木壳体钢结构的横流冷却塔、机械鼓风式冷却塔。到20世纪30年代末，机械抽风式冷却塔问世。同一时期出现的还有空冷器。空冷器于20世纪40年代在大型石化企业中得到应用。

我国最早出现的湿式冷却设备也是自然通风冷却塔，1936年建于辽宁抚顺发电厂。到1949年年底，仅在东北地区就建成了30多座自然通风冷却塔，主要应用于电厂。经过几十年的发展，我国冷却设备行业取得了显著的进步。各类冷却塔从引进消化、按项目非标自主设计逐渐发展为系列化标准产品，广泛应用于各行各业。

我国从1963年开始研发空冷器，到1965年，包括空冷器用轴流风机在内的全部空冷器部件实现了国产化。

随着冷却设备应用越来越广泛，大多数冷却设备形成了系列化标准产品。2013年，中国通用机械工业协会设立冷却设备分会，标志着将冷却设备主体纳入通用机械行业在我国已形成共识。

近年来，随着数据中心、绿色建筑、储能及分布式能源、新能源及材料、轨道交通等增量板块的快速发展，冷却设备行业总体呈稳中有升的发展态势。冷却设备在节能、节水、消雾、降噪、控垢、防冻、撬装化和智能控制等方面的技术不断取得进步，标准化持续推动行业发展。龙头企业的制造工艺、管理水平、产品质量显著提

升、技术创新力度加强，并保持了较强的国际竞争力。产学研联盟、企业工程中心和测试平台建设稳步推进，有检测条件的单位增多，试验台规模逐步扩大，为新部件、新产品研发提供了有力的保障。

从发展趋势看，除了为应对高腐蚀应用环境所开发的全复合材料结构冷却塔外，全钣金结构冷却塔替代玻璃钢外壳钢结构冷却塔是大势所趋，闭式冷却塔和蒸发式冷却（冷凝）器的应用占比会继续加大，缺水地区空冷器的应用也会增加。超大型开式机械通风冷却塔、高位集水冷却塔、海水冷却塔、间接蒸发冷却器、消雾塔、节水塔、寒冷地区防冻冷却塔及低噪声塔等将成为重点发展产品。干湿联合或者干湿分离、自然冷却与制冷耦合、烟塔合一等冷却系统集成方案将在实践中进一步优化，智能设计、智能制造及智能运维等技术也在逐步推广应用。国内外发展环境复杂，冷却设备行业进一步发展面临严重的挑战。在这种情况下，行业企业应坚持创新、绿色发展理念，加强自主创新能力建设，提高产品质量和效益，抓住设备更新及产业整合带来的存量市场机遇，捕捉因节能、节水、减碳等要求产生的增量市场，打造以创新、绿色、因地制宜为特色的新质生产力，实现企业的高质量可持续发展。

三、需要关注的几个问题

1.冷却设备的节水问题

湿式冷却设备虽有直接水耗，但采用工业循环冷却水本身就是节水行为，能避免对自然水体的热污染，正常的大自然水汽循环又是水资源可持续的动力。所以，在丰水地区或者丰水季节，不必为节水而排斥湿式冷却设备，也不应一刀切地苛求节水指标。

湿式冷却设备换热效率高，冷却的极限温度低，可提高工艺系统的能效，且设备本身能耗、投资和运行费用均处于较低水平。但由于自然、人为等因素的综合作用，一些地方严重缺水，不得不采用干式冷却设备或者干式与湿式冷却设备相结合的方式。

当然，湿式冷却设备的水耗能省则省。在通常的工业循环水 3%～5% 的水耗中，不到 1.5% 的蒸发量是散热必需的。虽然干湿联合或者冷凝模块消雾可以减少或回收部分蒸发量，但设备投资和能耗都较大，不宜在这方面考虑节水。经过几十年的发展，现在的技术可以将飘水率控制在很低的水平，所以，最具节水潜力的是排污环节。将水处理技术从化学手段转向物理手段，把传统的"阻垢"变为"主动析垢"，将结垢场所从换热工作面转移到非工作面，从根本上转移结垢风险，突破国家标准、行业标准要求严格限制浓缩倍数的共性技术难题。

关于消雾塔和节水塔，要明确两者的使用目的。湿式冷却塔的羽雾本身无害，除非有形成酸雾等影响人们活动的危害，否则非必要无需消雾。以减少蒸发量为目的的节水塔，合理的应用场景是水资源不足的地区。在丰水地区且无消雾必要的情况下，不宜鼓励使用这类节水塔。从现有技术看，其电耗与投资增量同节水量相比，往往不具有经济性。当然，在缺水但风光电资源丰富的地区，推广节水塔是有积极意义的。

近海的海水资源丰富，发展海水冷却塔比采用空气冷却塔有更好的技术经济性，值得大力推广。

总之，选用冷却设备要因地制宜，要从实际应用场景的具体需求出发，考虑冷却设备的节水问题。

2.冷却设备的高效和节能问题

提高冷却设备的能效虽然是老问题，但其潜力仍大。原因在于冷却设备行业从业门槛较低，小企业多，上下游产业链技术衔接缺失，同质化竞争激烈，行业监管力度不足，产品质量参差不齐，市场上低价中标的情况相当普遍，存在劣币驱逐良币的现象。

就上下游产业链技术衔接而言，机械通风冷却设备作为通用机械，与其配套的风机、填料、喷头、收水器、进风格栅等上游产品应首先实现通用化。通用化产品的特点是能提供准确的产品性能，如风机性能曲线、填料的热力与阻力特性方程、喷头压力-流量-喷淋均匀性特性图谱、收水器收水效率与阻力特性、进风格栅阻力特性等。现实情况是，除了风机，其他产品基本无法实现通用化。只有少量重点研发型企业对零部件进行自主开发或测试，大量小企业采购组装的仿制冷却塔，难以实现高效、节能。即便是风机，按风机标准在风筒中测试得到的性能曲线，实际用于冷却设备时，因流场和空气密度不一样，工作点产生较大偏离。特别是当塔阻力过大时，风机中心回风严重，导致风机对塔进风的实际效能低下。针对这些问题，建议通过标准化明确上下游产业链的责任分工，在冷却设备主要零部件产品标准中，将准确提供产品性能作为基本要求。同时，要协同风机行业企业，探索适用于冷却设备专用风机性能测试的实验方法。

就冷却设备设计加工而言，从技术角度提高冷却设备的能效，关键在于优化水气流场，但业内对此认识不足，部分企业不作为。比如钢制风筒，进风口有导流圆弧可提高风机能效，且现有技术和设备加工这种风筒基本不会增加成本。但不少企业因修改风筒与风机平台接口尺寸比较麻烦或者塔体需加大而拒绝改进。对这类节能效果明显的改进，建议在修订产品标准时加以引导，或者直接禁用直风筒。另外，也可通过提高产品节能认证指标和推进冷却设备性能分级评价来加以推动。

当前影响冷却设备能效的常见问题还有逆流塔气室高度不足、风机匹配不好、进风口面积过小、淋水不匀、壁流严重、填料或者换热器设计面积不够等。要解决这些问题，有的有标准可循（如气室高度），有的需要通过试验进行优化。

总之，要实现冷却设备的高效、节能，需认识和技术都到位才行。

3."减碳"和绿色发展的系统性问题

为实现我国"碳达峰、碳中和"的目标，冷却设备行业积极参与减碳行动，已有冷却设备企业通过产品碳足迹认证。需要指出的是，从冷却设备生产所用原材料，到使用中的能耗、水耗及水处理，再到报废后的固废处置，整个设备全生命周期都与碳排放相关，减碳是个系统性问题。

冷却设备节能、节水不仅要因地制宜，还必须与碳排放挂钩，要从冷却设备本身、循环冷却水系统乃至整体工艺考量，遵循整体优于局部的原则。比如，冷却设备多耗些能使逼近度降低，提高工艺系统主机的能效，若包含冷却设备在内的整个工艺系统总能耗减少，那么低逼近度但能耗较高的冷却设备仍可视为合理应用的节能产品。一种高能耗、低水耗的冷却设备或者一种低能耗、高水耗的冷却设备，可综合计算碳排放量，原则上应该推广碳排放量低的产品。若选择碳排放量高的产品，必须有充分的理由。水轮机冷却塔用在化工、空分装置等有足够冷却水余压的场合，是典型的节能案例。而因为循环水泵选型不当导致的余压，可以采用针对循环水泵本身的节能技术方案，不宜鼓励采用水轮机冷却塔。若余压不足，采用增压的方式来满足水轮机冷却塔的应用条件，则是不科学的。

还需要说明的两点：一是减碳主要是基于控制以二氧化碳为代表的温室气体，但温室气体不仅是二氧化碳，水蒸气也有温室效应。虽然一般认为湿式冷却设备排放的水气量与大自然循环的水气量相比微不足道，但城市和工业区湿式冷却设备集中排放的水气对"热岛效应"和雾霾的形成是否有影响及有多大影响，建议在学术范围内研究，今后可能影响冷却技术的迭代。二是控制温室气体不是全球环境问题的全部。PVC薄膜填料在冷却设备中应用广泛，但其生产过程中的有机废气排放，特别是粘接填料的胶水会释放有毒有害气体，塑料对环境也会产生危害，需要引起重视。开发天然材料制作的填料，淘汰粘接工艺，对冷却设备行业绿色发展具有重要意义。

总之，冷却设备的"减碳"要着眼于全局，而绿色发展的范围更广，更加任重道远。

〔撰稿人：上海理工大学章立新、刘婧楠〕

通用机械行业团体标准发展情况

近年来，中国通用机械工业协会（简称中通协）将团体标准工作作为年度重要工作内容，不断加强标准化制度建设，结合行业发展需求和市场需求，积极开展团体标准制定工作。截至2023年年底，中通协共发布63项团体标准。这些标准的实施为通用机械行业的高质量发展起到了积极的促进作用。

一、团体标准工作情况

1. 完成中通协标准化管理委员会换届

中国通用机械工业协会第一届标准化管理委员会于2017年成立。2023年4月12日，中国通用机械工业协会在长沙召开了中通协第二届标准化管理委员会（简称标委会）成立大会。

中通协会长黄鹂和名誉会长隋永滨出席了标委会换届会议并讲话。中通协副会长兼秘书长孙放作了第一届标委会工作报告。工作报告总结回顾了第一届标委会的工作情况。中通协建立了中通协标委会和各分会标准化工作委员会两级工作机制，制定了《团体标准管理办法》《团体标准管理办法补充规定》《团体标准管理工作细则》《标准化管理委员会专家委员工作条例》和《团体标准工作经费管理办法》等管理制度。第一届标委会组织开展了一系列行业标准化工作会议，共审定团体标准61项，审定通过团体标准46项。标委会大力推动团体标准的推广使用，持续申报工

业和信息化部百项团体标准示范应用项目，3项团体标准成功入选。工作报告还分析了团体标准工作中存在的问题，对新一届标委会的工作提出了建议。

第二届标委会由37名委员组成。中通协名誉会长隋永滨担任标委会主任，中通协会长黄鹂担任标委会顾问，中通协副会长兼秘书长孙放、沈鼓集团股份有限公司张勇、合肥通用机械研究院黄明亚、杭氧集团股份有限公司韩一松担任标委会副主任，中通协副秘书长郭华桥担任标委会秘书长。

2. 团体标准工作推进情况

中通协充分发挥两级标准化组织机构的专家资源力量，紧紧围绕行业企业在市场拓展、经营活动和转型发展进程中的需求，针对现行标准化体系中的空白和薄弱环节，开展团体标准工作，推出并实施了一批满足行业市场需求的团体标准项目。

各专业分会提出团体标准立项申请，并组织有关单位开展标准起草、行业评审及标准宣传贯彻等一系列标准化工作。中通协标委会全面管理和推动团体标准发展，在标准化体系建设、团体标准立项、标准工作协调及标准审定发布等方面开展了大量工作。

为加强行业内从事标准化工作的人员对标准化政策法规的理解，进一步提高标准编写质量和

应用效率，2023 年 8 月，中通协在宁夏银川举办了团体标准政策宣传贯彻和标准编写能力提升系列培训班。此次培训班采取线上和线下相结合的方式，培训内容包括通用机械行业团体标准发展情况及管理程序要求、GB/T 20004.1—2016《团体标准化　第 1 部分：良好行为指南》及 GB/T 20004.2—2018《团体标准化　第 2 部分：良好行为评价指南》标准解读、团体标准的编写方法及实际编写案例分析等。

2023 年 9 月 13 日，在中通协第八届会员代表大会第二次会议上，中通协为入选工业和信息化部百项团体标准示范应用项目的团体标准主要起草单位颁发了奖牌。

3. 团体标准立项与发布情况

2023 年，中通协各专业分会围绕行业发展需求，通过充分调研和酝酿研讨，共提出 6 项团体标准编制立项申请，并获得中通协立项批复。2023 年通过立项批复的团体标准项目是《工艺螺杆机智能监测诊断系统》《隔膜氢气压缩机技术规范》《一般用磁悬浮离心式蒸汽压缩机》《润滑油系统安装、调试、运行与维护规程》《工业离心泵在线监测技术条件》和《离心式高压水除鳞泵及系统》。

2023 年 4 月 12—13 日，中通协标委会召开 2023

年度第一次团体标准审定会议，共审定 18 项团体标准报审稿，其中 17 项团体标准通过了审定。

2023 年 12 月 19—21 日，中通协标委会在武汉召开 2023 年度第二次团体标准审定会议，共审定 18 项团体标准报审稿，其中 17 项团体标准通过了审定。通过审定的标准项目是《耐腐耐磨离心式渣浆泵技术条件》《石油化工离心泵升级改造和再制造技术规范》《蒸发结晶用化工轴流泵技术条件》《多级离心真空机》《高速电机直驱离心真空机》《整体齿轮增速型单级离心真空机》《隔膜氢气压缩机技术规范》《工艺螺杆压缩机在线监测诊断系统》《压缩空气干燥器用吸附剂》《精密双导程蜗杆减速器》《智能空分先进控制系统》《蒸汽疏水阀　结构长度》《氢气输送调节阀》《LNG 低温球阀》《LNG 低温蝶阀》《新能源锂电池电解液罐装用膜塞阀》和《高炉余热余压能量回收煤气透平与鼓风机同轴（BPRT）成套设备安装及验收规范》。

2023 年 8 月，中通协批准发布了《整体齿轮增速组装型离心式蒸汽压缩机》《空气压缩机进气滤清器　性能试验》《螺杆空气压缩机电控系统》《喷油螺杆空气压缩机油品使用指南》《自力式爆管紧急切断阀》等 17 项团体标准。2023 年中国通用机械工业协会发布的团体标准目录见表 1。

表 1　2023 年中国通用机械工业协会发布的团体标准目录

标准编号	标准名称	起草单位
T/CGMA 0203—2023	整体齿轮增速组装型离心式蒸汽压缩机	南通大通宝富风机有限公司、湖北三峰透平装备股份有限公司等
T/CGMA 0302—2023	空气压缩机进气滤清器　性能试验	广西华原过滤系统股份有限公司、上海超曼滤清器有限公司等
T/CGMA 0303—2023	螺杆空气压缩机电控系统	苏州伟创电气科技股份有限公司、东泽节能技术（苏州）有限公司等
T/CGMA 0304—2023	喷油螺杆空气压缩机油品使用指南	上海润凯油液监测有限公司、埃克森美孚（中国）投资有限公司等
T/CGMA 0305—2023	往复压缩机气阀气密性试验	浙江强盛压缩机制造有限公司、贺尔碧格（上海）有限公司等
T/CGMA 0408—2023	自力式爆管紧急切断阀	株洲南方阀门股份有限公司、株洲水务集团有限公司等

标准编号	标准名称	起草单位
T/CGMA 0409—2023	多晶硅装置耐磨球阀	四川苏克流体控制设备股份有限公司、四川永祥新能源有限公司等
T/CGMA 0410—2023	高压加热器用三通阀　产品质量分等规范	南通市力沛流体阀业有限公司、河南开阀阀门有限公司等
T/CGMA 0411—2023	电站用高温高压平板闸阀　产品质量分等规范	南通市力沛流体阀业有限公司、河南开阀阀门有限公司等
T/CGMA 0501—2023	电机制动氢气透平膨胀机	杭州杭氧膨胀机有限公司
T/CGMA 0502—2023	空分设备安全运行规范	杭氧集团股份有限公司
T/CGMA 0606—2023	钢包真空脱气精炼炉	浙江杭真能源科技股份有限公司、东北大学等
T/CGMA 0703—2023	离心机、分离机　设计制造安全性评价规范　第1部分：安全认证/评价程序	重庆江北机械有限责任公司、海申机电总厂（象山）等
T/CGMA 0704—2023	离心机、分离机　设计制造安全性评价规范　第2部分：离心机安全认证评价　现场评审实施细则	重庆江北机械有限责任公司、海申机电总厂（象山）等
T/CGMA 0705—2023	离心机、分离机　设计制造安全性评价规范　第3部分：分离机安全认证评价　现场评审实施细则	重庆江北机械有限责任公司、海申机电总厂（象山）等
T/CGMA 0901—2023	回转圆筒干燥机能效限定值及能效等级	山东天力能源股份有限公司、山东天力科技工程有限公司等
T/CGMA 0902—2023	流化床干燥机能效限定值及能效等级	山东天力能源股份有限公司、天津科技大学等

截至 2023 年年底，中通协共发布团体标准 63 项，其中，产品标准 22 项、设计标准 1 项、试验检测标准 12 项、服务标准 2 项、质量标准 17 项、评价标准 6 项、能效标准 3 项。在 2023 年发布的团体标准中，《空分设备安全运行规范》等 4 项标准填补了通用机械行业团体标准在安全标准方面的空白。在节能标准方面，干燥设备行业发布了 2 项能效分级标准，有效推动了行业节能技术与产品发展。这些标准满足了市场急需，在推动行业技术进步、促进企业发展方面发挥了重要作用。

二、团体标准推广与应用情况

中通协非常重视团体标准的推广与应用工作。2023 年，中通协推荐《离心通风机用调节门　技术条件》《一般用途悬浮类离心式鼓风机》《高压氢气阀门安全要求与测试方法》《氢用低温阀门

通用试验方法》《氢用低温阀门　通用技术规范》和《HR 系列齿轮减速器通用技术规范》6 项团体标准申报工业和信息化部百项团体标准应用示范项目。经专家评审，《氢用低温阀门　通用技术规范》和《HR 系列齿轮减速器通用技术规范》成功入选。截至 2023 年年底，通用机械行业有 6 项团体标准入选工业和信息化部百项团体标准应用示范项目，为通用机械行业团体标准的发展起到了很好的示范作用。

2018 年，中通协发布了压缩机行业第一个系统能效标准 T/CGMA 033001—2018《压缩空气站能效分级指南》，提出了空压机领域系统节能的理念，有效推动了压缩空气站的整体节能。近年来，中通协协同行业检测机构和标准起草单位，在用户领域大力宣传贯彻该标准，依据该标准对空压站进行提升改造。2023 年，中通协压缩机分会同

行业检测机构和标准起草单位对 12 个能效空压站进行了认定，标准的推广应用效果显著。2023 年，宁波市节能减排工作领导小组印发的《宁波市空压机能效提升计划（2023—2025）》提出，鼓励企业按照《压缩空气站能效分级指南》一级能效标准新建及改造压缩空气站。中通协全程参与的《机械行业节能诊断服务指南》也将该团体标准纳入指南推广应用。在《压缩空气站能效分级指南》团体标准的基础上，全国压缩机标准化技术委员会已经通过国家标准立项，将空压站能效标准升级为推荐性国家标准。

中通协各行业分会通过多种途径，加强团体标准的宣传贯彻，促进团体标准的采标应用。在 2023 年第十一届中国（上海）国际流体机械展览会期间，分离机械分会举办了《厢式和板框式压滤机》及《厢式和板框式压滤机　滤板》团体标准发布仪式；真空设备分会开展了 3 项团体标准的宣传活动；压缩机分会举办了压缩空气系统节能应用推广表彰活动。另外，宝马汽车公司等压缩空气系统节能先行者分享了依据团体标准开展空压站节能工作的情况。

三、团体标准重点工作计划

（1）发挥协会平台优势，做好标准体系顶层设计。协同行业资源力量，梳理各行业现有标准体系的薄弱环节、空白点，发挥团体标准优势，推动行业标准体系建设，以此引导团体标准有序发展。

（2）进一步完善团体标准管理和工作机制。依据国家促进团体标准规范优质发展的相关要求，细化行业团体标准工作的管理制度，进一步完善工作机制，促进行业团体标准高质量发展。

（3）推动行业团体标准工作持续健康发展。围绕行业发展和标准体系建设需要，发挥团体标准优势，推动制定更多填补空白、促进行业发展的团体标准，满足市场急需。

（4）加强通用机械行业基础性、共性团体标准工作。在行业团体标准发展的基础上，围绕重大装备、绿色、节能、智能制造和评估评价等共性领域，集中资源力量，由中通协标委会牵头组织开展团体标准相关工作。

（5）大力加强已发布团体标准的推广和应用。通过多种途径加强对已发布团体标准的推广，积极申报工业和信息化部百项团体标准示范应用项目，推动高质量的团体标准转化为国家标准、行业标准，结合评价认定等推广途径，促进团体标准的采标应用，提高团体标准的社会影响力。

（6）加强培训与管理工作，提高团体标准的整体水平。强化相关管理制度落实，提高标准工作程序管理水平；加强标准工作培训，提高团体标准编制的质量水平。

〔撰稿人：中国通用机械工业协会孙放、李晓晨〕

创建自主培训体系　助推企业高技能人才培育

通用机械行业是为国民经济发展提供技术装备的基础性产业，是装备制造业的重要组成部分，担负着为石油、化工、电力、冶金、船舶、军工、纺织及医药等多个行业提供成套技术装备和辅机的重大任务，对促进经济增长和各个行业发展起到重要的支撑作用。随着科技进步和产业转型升级的推动，我国制造业正朝着高技术含量和高附加值的方向发展。

当前，我国经济增长面临诸多不确定性，各类因素给经济增长带来显著压力。在此形势下，制造业加速技术革新、攻克"卡脖子"难题愈发紧迫。通用机械行业企业正处于向产业中高端迈进的关键阶段，培养高技能领军人才已刻不容缓。中国通用机械工业协会本着为政府、行业及企业服务的宗旨，组织开展人才、技术、管理、职业等培训工作，通过协调各方力量，为企业技能培训、人才培养贡献力量。

一、不断完善培训平台功能，拓宽培训深度和广度

2023年3月8日，中国通用机械工业协会在第十一届中国（上海）国际流体机械展览会上发布了2023年培训项目，为40余位讲师颁发了聘用证书。

截至2023年年底，中国通用机械工业协会网校入驻机构12个、讲师82人，网校课程达110个，课件时长超过900h。

2023年，中国通用机械工业协会培训部与减变速机分会共同完成"齿轮传动装置基础件失效分析"课件，与阀门分会共同完成"中石化阀门基础知识"课件，与干燥设备分会共同完成"脉动燃烧干燥技术""引领行业发展与振兴地方产业高新技术的创新"课件，与专业培训机构共同完成"精益班组的七大任务""精益研发""精益供应链"等课件的制作。当前，围绕协会12个细分专业，累计开发线下培训项目28项，其中，专业技术类10项、企业管理类11项、市场营销类7项。

中国通用机械工业协会还利用网络培训平台开展连续性培训课程，包括真空设备分会每年举办的以"新产品、新技术、新应用"为主题的真空大讲堂。

二、推出线下精品课程，开发定制培训内容

中国通用机械工业协会推出了一系列极具针对性与实用性的精品课程。针对企业在产品销售、项目投标过程中存在的问题，举办了销售类培训——通用机械制造业销售主管实战训练营。针对处于老一代企业家向新一代企业家过渡阶段的私营企业中二代企业家缺乏管理和实践经验的情况，推出了管理类培训——通用机械制造业二代企业家精修班。为提高企业知识产权创造和运营能力，推出法规类培训——通用机械企业知识产权能力建设研修班。此外，还开展了核电泵阀及配套设备培训班、现代空分设备工厂运营管理提升研修班、压缩机故障诊断培训班、工业通风机设计及振噪检测与故障诊断培训班。

中国通用机械工业协会拓展培训思路，着眼定制课程开发。协会依据行业及企业特点，为某一企业或某一类企业定制开发课程，获得了企业的充分肯定和好评，如为阀门企业开展的大项目策略销售培训班，为净化设备企业开展的吸干机设计能力提升研修班。

协会持续收集结业学员的反馈意见，对课件内容、呈现形式及师资配置等进行深入分析，不断优化与改进，旨在为学员提供更加优质的课程体验。

三、推进职业能力水平评价，提升生产技术水平

机械工业职业能力评价通用机械行业分中心结合国家人才发展计划，持续推进职业能力水平评价工作。

我国众多阀门制造企业集聚于江浙沪地区。在这些企业中，一线工人技术水平参差不齐，高技能技术工人匮乏，这一现状严重阻碍了企业产品质量的提升以及新产品的研发与市场推广。2023年，机械工业职业能力评价通用机械行业分中心以阀门行业为试点，经多次考察，确定由苏州市五二六技工学校承建职业能力水平评价阀门专业考试站。考试站申报工作已完成公示，职业能力水平评价阀门专业评价工作委员会已组建完成，各项评价管理制度、培训大纲（初稿）已组织相关专家编制完成。

行业培训是行业人才队伍建设的关键环节，也是推动企业技术创新及其成果转化的重要基础。

中国通用机械工业协会将行业培训视为长期的重点工作，在会员企业的持续支持下，通用机械行业技能人才队伍建设将稳步且扎实推进。

〔撰稿人：中国通用机械工业协会王峤峤〕

持续推进认证认可服务　促进行业质量提升

自 2019 年认证部成立以来，中国通用机械工业协会（简称中通协）充分发挥全国性行业协会的优势平台作用，结合通用机械行业发展需求，制定了启动工作和逐步深入开展工作的推进方案。通过积极开展认证认可服务，提高行业检验检测和认证服务水平，促进行业发展水平的提升。

一、持续推进通用机械行业质量管理体系分级评价

为贯彻落实国务院和国家认证认可监督管理委员会打造质量管理体系认证"升级版"的要求，中通协与北京世标认证中心有限公司合作开展通用机械行业质量管理体系分级评价，在全行业大力推动开展质量管理体系分级评价工作，促进企业质量管理体系建设升级。

2023 年，中通协认证部召开大范围线上分级评价说明会一次，完成 22 家企业的评价审核、发证工作。参与的分级评价企业（按照审核时间）包括南通大通宝富风机有限公司、山东省章丘鼓风机股份有限公司、上海高中压阀门股份有限公司、上海阀门厂股份有限公司、四川空分设备（集团）有限责任公司、成都成高阀门有限公司、重庆通用工业（集团）有限责任公司、哈电集团哈尔滨电站阀门有限公司、大耐泵业有限公司、苏州顶裕节能设备有限公司、台州环天科技股份有限公司、广东览讯科技开发有限公司、重庆江北机械有限责任公司、江苏苏盐阀门机械有限公司、重庆水泵厂有限责任公司、上海阿波罗机械股份有限公司、固耐重工（苏州）有限公司、江苏赛德力制药机械制造有限公司、中化工程沧州冷却技术有限公司、广州广重分离机械有限公司、中国电建集团上海能源装备有限公司和中核苏阀科技实业股份有限公司。

二、推进企业信用评价工作，促进行业信用体系建设

为贯彻落实中共中央、国务院印发的《关于推进社会信用体系建设高质量发展促进形成新发展格局的意见》的有关精神，推进通用机械行业信用体系建设，发挥信用对改善企业营商环境、增强自律公平竞争意识、防范经营风险的重要作用，促进行业高质量发展，中通协联合商业信用中心开展通用机械行业企业信用评价工作。

通用机械企业信用评价服务面向广大会员企业，通过通用机械行业企业信用评价指标体系，对行业企业在经济活动中遵守法定义务和履行约定义务的意愿、能力和表现进行评价。根据评价结果，给出 AAA、AA、A、BBB、CCC "三等五级"的信用分级结论。行业信用评价结果公示公告引入央国企招采的合规体系、央企赊销的信用风险体系以及公共资源交易的合规审查及准入体系中，使会员企业能够更大程度参与央国企和地方政府

投标。

通用机械企业信用评价在企业信用信息报告基础上开展延伸服务，包括企业资信报告（除企业公共信用信息外，还提供企业评分、行业及区域分析对比等深度信息，工商年报及税务等授权使用信息）、企业专项信息咨询服务（市场调研、供应链分析、区域行业发展分析咨询），为企业经营发展和防范风险提供决策参考。

中通协与商业信用中心共同策划信用评价工作开展实施办法，并增加通用机械行业特色指标；完成申报网站修改与建设，并在中通协网站上建立链接。

三、完善质量分级评价及信用评价工作手册及证书查询系统，促进认证工作规范开展

为进一步提高认证部的管理水平，中通协认证部结合认证公司实际，梳理工作流程，组织编写了《通用机械质量分级评价及企业信用评价工作手册》（简称《手册》）。《手册》主要内容包括申请工作流程、企业准备工作流程、现场评价工作流程、评价准则及证书使用等方面的工作流程和管理制度，是开展评价工作的重要依据。同时，中通协评价证书查询系统也在不断完善，以保证企业可以在网站上快速查询相关证书。

四、与专业认证机构建立长期合作关系

2020—2023年，中通协先后与具备体系认证、产品认证、出口认证优势特色的3家专业认证机构签订了长期合作协议。

北京世标认证中心有限公司主要业务范围包括服务认证、管理体系认证和绿色低碳产品认证等，特别是在体系认证方面具有独特优势，是我国当前规模最大的民营认证机构，具有较高的行业认证品牌影响力。中联认证中心（北京）有限公司是国内首家通过国防科工局军工涉密业务咨询服务安全保密条件备案的认证机构，为军工涉密企业提供相关认证技术服务，业务范围包含压缩机、风机等产品。该公司在机械安全产品认证方面也有独特优势，与通用机械行业在专业层面的关联性较为突出。欧测国际认证中心是专业提供产品国际认证、测试、检验和国际标准技术培训的综合性服务机构，已经成为国外数十家著名授权认证机构在中国的官方指定唯一合作伙伴，在欧盟CE认证、CU-TR海关联盟认证及API认证等方面具有优势。欧测认证服务有限公司（北京）可以为企业提供通用机械产品进出口认证服务。

五、开展行业认证认可工作培训

为了使行业企业充分了解中通协开展的通用机械质量分级评价及其他认证认可服务内容与要求，2023年8月，中通协召开了通用机械质量分级评价专家委员会第一次会议。

认证部与培训部联合举办了通用机械制造企业知识产权保护和运营能力提升培训班，邀请知识产权专家和知识产权管理体系审核专家进行相关知识的培训。

六、认证认可工作重点

中通协自开展认证认可工作以来，围绕行业会员企业的需求，依托专业认证机构，不断开拓服务领域，为企业提供更多认证认可服务。今后中通协认证认可工作的重点主要包括以下四个方面：一是进一步深入了解行业企业对认证认可服务的动态需求，围绕企业新的需求，不断提供高效优质服务。二是继续深化与专业认证机构的合作，依据认证机构的专业特点和优势认证项目，引荐企业对接认证机构，获得相应的认证服务。三是结合发布的团体标准，延伸开展认可评价服务，推动团体标准的采标应用，促进团体标准在行业发展中发挥更大的作用。四是拓展社会资源合作，在持续做好质量管理体系分级评价项目的基础上，针对行业企业发展需求，开发新的认证评价项目，加强协会认证服务品牌建设，促进行业高质量发展。

〔撰稿人：中国通用机械工业协会王明明〕

通用机械行业现状分析与发展趋势展望

一、通用机械行业总体情况

1. 市场运行情况

据国家统计局统计数据，2022年，通用机械行业规模以上企业实现营业收入10 194.39亿元，同比增长1.42%；实现利润总额794.75亿元，同比增长13.22%；完成出口交货值1 383.18亿元，同比增长5.66%。

据中国通用机械工业协会对重点联系企业统计数据，2022年，通用机械行业重点联系企业完成工业总产值1 079.44亿元，同比增长1.46%；完成工业销售产值1 055.62亿元，同比下降0.68%；实现营业收入1 106.64亿元，同比增长2.91%；实现利润总额115.49亿元，同比增长9.65%；累计订货量1 316.65亿元，同比增长2.18%；应收账款为433.98亿元，同比增长8.41%。

2. 取得的成绩

产业规模持续增长。通用机械作为装备制造业的重要组成部分，在国民经济建设中发挥着关键作用。多年来，我国通用机械行业稳步发展，产业规模不断扩大。据国家统计局统计，2022年，通用机械行业实现营业收入10 194.39亿元，突破1万亿元。

产业结构保持优化。随着我国宏观经济增长模式从速度增长转向质量提升，通用机械行业加快供给侧改革，推动落后产能出清，中高端产品占比不断提升。行业企业从传统的生产型制造向服务型制造转型，通过提供定制化、差异化的产品和服务，更好地满足用户多样化、个性化的需求。

重大装备及核心部件国产化取得显著进展。

围绕国民经济重点领域发展需求，通用机械行业研制出一大批首台（套）重大技术装备，并在诸多关键领域实现了国产化工程应用。当前，年产1 000万t炼油装备国产化率达93%；百万吨乙烯装备国产化率达到90%以上；150万～200万t/a精对苯二甲酸（PTA）装置装备国产化率达到80%以上；50万t/a合成氨、80万t/a尿素装置装备国产化率接近95%；百万千瓦超（超）临界发电机组、百万千瓦核电机组的通用机械装备国产化率在85%以上；煤炭深加工、天然气输送、天然气液化领域的通用机械装备国产化在80%以上。

形成了一批具有国际竞争力的优势企业和品牌产品。随着通用机械行业的快速发展，行业内涌现出一批规模大、创新能力强的龙头企业，如沈鼓集团、杭氧集团、陕鼓集团和中核苏阀等。同时，"专精特新"企业、"小巨人"企业和制造业单项冠军企业规模与专业化能力明显提升，科技型企业数量快速增长。

产业聚集区已明显形成。经过多年发展，特别是随着民营企业的快速成长，我国通用机械行业以地区重点企业为依托的产业聚集形态已逐步显现，并成为区域经济快速发展的重要动力。当前，行业内已形成了以东北三省、江浙沪、川渝和珠三角为代表的通用装备制造产业聚集区。

3. 主要产品市场应用情况

通用机械产品在石油石化、煤炭深加工、油气开采与集输、钢铁冶金及核电等领域均有广泛的应用。

在石油石化领域，常用的通用机械产品包括裂解气压缩机、丙烯压缩机、乙烯压缩机、重整循环氢压缩机组、循环泵、回收泵及阀门产品等。气体分离设备既可以为石油化工领域的重油裂解、合成氨等各种典型化工工艺流程提供原料气，也可为各种生产工艺过程提供置换气、保护气等。

在煤炭深加工领域，为满足煤制油、煤制甲醇等行业需求，通用机械主要提供以下核心关键设备：大型空分设备、风机、压缩机、膨胀机、各类煤化工泵（两相流泵、进料泵、甲醇泵）以及耐腐蚀高温高压差调节阀和特殊阀门等，其中，空分设备为煤制油、煤制天然气、煤制甲醇、煤制烯烃等提供大量的气化用氧和保护用氮。

在油气开采与集输领域，压缩机、泵、阀门等产品都有广泛的应用。比如，在钻井、采油／采气、增采、运输、加工等环节需要泥浆泵、气体钻井压缩机、压裂泵、套管气回收压缩机、气举压缩机、二氧化碳驱油压缩机、集气和井口增压压缩机等。另外，大型离心式管线压缩机、输油管线泵、大口径阀门等都是油气集输必不可少的装备。

在钢铁冶金领域，通用机械产品具有广泛的应用。高炉鼓风机、轴流压缩机、能量回收透平机组、转炉（电炉）二次／三次除尘风机、节能型空压站、阀门及减速机等产品都是冶金装置的重要设备。气体分离设备（主要为空分设备）可为钢铁和有色金属冶炼、表面处理、连铸切割、炼焦等工艺提供纯氧、富氧、氮气、氩气，是冶金工业必不可少的重要装备。

核电领域所需的通用机械产品包括：核主泵、核二级泵、核三级泵、海水循环泵、凝结水泵；氦辅助系统压缩机；核电站主蒸汽隔离阀、安全阀、控制调节阀、隔离阀、止回阀和排气阀等。

在新能源领域，新型储能产业市场广阔、发展潜力巨大。压缩机、膨胀机是压缩空气储能系统中的核心部件。氢能产业所需的通用机械产品主要有液氢增压泵、低温氢阀门和氢气压缩机等。

在二氧化碳捕集利用与封存（CCUS）项目中，需要二氧化碳分离设备和气体压缩机。

二、重点产业链分析

1.压缩机产业链

压缩机的原材料主要分为金属材料和非金属材料两大类。其中，金属材料主要包括高强度钢、耐高温钢材、型钢和管道钢材等。近年来，随着我国钢铁冶金行业的发展，国内各压缩机生产企业已基本实现结构用钢铸件的国产化，但大型高强度锻件仍需要进口，高温临氢钢处于研究阶段。非金属材料主要包括橡胶材料、吸附剂、滤材、高分子及复合材料等。国内生产的非金属材料与国际先进水平差距仍然较大，尤其是用于压缩机阀片和密封件的工程塑料仍需大量进口。

压缩机的零部件主要包括传动部件、电气与仪控系统、密封件、气体冷却与净化设备等。其中，轴径大于220mm或者设计温度为-115～-70℃的干气密封、无油润滑往复压缩机用排气压力大于20MPa的活塞环填料环、有油润滑往复压缩机排气压力大于50MPa的活塞环填料环、1 000r/min以上的排气压力大于20MPa的高速往复压缩机气阀等产品依然无法摆脱进口局面，往复压缩机气阀设计制造水平与国际领先水平还存在一定的差距。

压缩机主要应用于电力、石油天然气开采及利用、炼油、化工、化肥和一般动力等领域。其中，用于炼油化工领域的排气压力在280MPa以上的超高压压缩机等产品还依赖进口，BDO（1,4-丁二醇）工艺中的高压氢气压缩机与国际领先水平仍有差距。此外，加氢站隔膜压缩机、45MPa以上液驱活塞压缩机及加氢站离子液压缩机等产品技术均有待突破。

2.风机产业链

风机产品的原材料主要分为金属材料和非金属材料两大类。近年来，风机产品已基本实现结构用钢铸件的国产化，可耐受600℃的高温材料、部分低温材料以及高熵合金、复合材料、超高强度钢等是国内企业需要重点关注的材料。

风机产品的零部件主要包括传动部件、电气与仪控系统、密封件、气体冷却与净化设备等。其中，超大型空分压缩机组的传动齿轮箱还未能实现国产替代，用于大型离心压缩机的高速轴承技术还比较薄弱，特别是线速度为 120m/s、比压超过 2.5MPa 的高速滑动轴承基本上被国外企业垄断。

风机主要应用于能源电力、天然气集输、化工及储能等领域。当前，国内风机行业在 300MW 空气储能压缩机、集成式离心压缩机、超大型气动实验压缩机等产品研发方面还存在一定的短板。

3. 泵产业链

泵的原材料主要分为金属材料和非金属材料两大类。其中，金属材料主要包括铸铁、高强度钢、耐高低温钢、型材和管道钢材等。当前，超低温用钢与国际先进水平有一定的差距，特殊领域用橡胶及高分子复合材料还依赖于国外品牌。

泵的配套件主要包括原动机、轴承、机械密封及控制系统等。其中，国内生产的泵用机械密封和滚动轴承产品可以满足市场需求，但在可靠性及寿命方面与国际知名品牌还有一定的差距。变送器、调节阀、测振仪等控制系统还有较大提升空间。

泵产品广泛应用于电力、石油化工、天然气集输、煤炭及煤化工、矿山、环保、水利工程及市政等领域。其中，电力、钢铁、炼油和大型水利设施用泵已基本实现国产化。在煤炭深加工领域，除超低温用泵外，其他产品均实现了国产化。

4. 阀门产业链

阀门的原材料主要分为金属材料和非金属材料。其中，金属材料包括铸铁、碳素钢、合金钢、不锈钢、黄铜、青铜、铝和特殊合金等，非金属材料主要有高分子材料和复合材料。当前，适用于苛刻工况尤其是超（超）临界火力发电机组用 630℃以上阀门的材料问题有待突破。

阀门的零部件主要包括密封件、执行器、电气与仪控系统等。其中，阀门的密封（硬密封和软密封）产品基本上能满足行业需求，但在深海、氢能等领域使用的特殊阀门密封还有待进一步研发。阀门生产企业与执行器生产企业联合攻关，在推动阀门国产化的同时，实现执行器的国产化替代。电气与仪控系统中的控制芯片、高精度限位器、压力脉动传感器与国外先进技术还有一定的差距。

阀门主要用于核电、火电、石油石化、水利及城市供水、煤化工等领域。其中，国内企业生产的用于核电领域的主蒸汽隔离阀和爆破阀已实现国产化，但先导式安全阀与国际先进水平差距较大，需要攻关。在火电领域，超（超）临界特种大口径高压阀门有望实现突破，但超（超）临界机组用 630℃以上高压旁路阀、再热调节阀和再热安全阀有待攻关。

5. 气体分离设备产业链

气体分离设备的原材料主要分为金属材料和非金属材料两大类。金属材料已经基本实现国产化，但部分钢铝合金接头还需依赖进口。制氧、制氢、制氮的专用分子筛，活性氧化铝、硅胶等吸附剂均已实现国产化，但是高分子膜材料、特种橡胶、特种密封材料及垫片等部分依赖进口。

气体分离设备的零部件主要包括传动部件、电气与仪控系统、软件等。当前，高速重载滑动轴承、大功率高转速联轴器及大型空分设备配套用高功率多轴齿轮箱在一定程度上依赖进口。部分工业设计软件还有待进一步突破。

气体分离设备主要包括空分设备、天然气液化设备、变压吸附分离设备及氢能装备等。当前，国内 10 万 m^3/h 等级特大型空分设备技术已较为成熟，但相关液氧、液氮、液氩工艺流程所用的泵还有待进一步推广应用。由于变压吸附分离设备总体工艺路线在我国发展尚未完全成熟，阴离子交换膜制氢装置、氢气液化成套装置以及液氢泵、氢气透平膨胀机、加氢站压缩机、液氢储罐和储槽等设备还存在一定的短板。

三、行业发展趋势

1. 更加注重绿色低碳、节能环保

在我国实现"双碳"目标的背景下，通用机械行业企业更加注重节能环保产品的研发，将不断致力于绿色制造技术的研发与应用，并积极构建绿色供应链体系，以实现资源的高效利用与成本的有效控制，为企业的长远发展及整个产业的可持续发展贡献力量。

2. 装备大型化和制造指标极限化

随着石化、冶金、煤炭深加工等行业的发展，对气体分离设备、压缩机、工业用泵等设备的规格要求也越来越高。装置大型化可以满足大规模生产的需求，显著提高生产效率，降低成本。为了确保大型化设备的高效生产和稳定运行，通用机械行业企业将更加注重高端加工设备、精密检测技术以及新材料、新工艺、新设计理念的应用，通过持续创新和技术升级，满足通用机械产品在极限指标方面的制造要求。

3. 数字化、智能化加速布局

近年来，通用机械行业智能化、数字化水平大幅提高，行业企业加速布局智能制造，工业互联网、智能机器人等制造技术不断得到应用，增强了通用机械行业整体生产经营水平。在智能制造方面，行业企业还需在提质增效、推动模式创新、强化节能降耗等方面继续深入探索。

4. 持续推动服务型制造的发展

随着未来市场竞争的加剧，用户对设备的个性化需求也越来越高。在制造服务化转型的大背景下，企业将从传统的产品制造商向提供全方位解决方案的服务型制造企业转变。服务型制造企业不仅提供机械设备的制造和销售，还提供包括设备运行监测、维护保养、技术支持等在内的全生命周期服务，为用户提供定制化的解决方案。通过提供全生命周期服务，企业可以与用户建立更加紧密的合作关系，实现长期稳定的收益。

5. 更加注重基础新材料的应用

新材料产业作为战略性、基础性产业，是推动高技术领域竞争的核心要素。在未来我国通用机械装备的技术攻关中，高质量新材料的研发与应用是亟待突破的关键瓶颈，堪称"短板中的短板"。

新材料的应用将会显著提升通用机械产品的性能并延长其使用寿命。例如，使用耐腐蚀材料、陶瓷材料和高分子材料制造的通用机械产品具有更好的耐久性和耐磨性，能够适应更恶劣的工作环境。

四、存在的问题与不足

（一）行业共性问题

1. 行业创新能力不足

大型骨干企业原始创新能力薄弱、中小型企业缺乏自主创新能力与核心技术是通用机械行业普遍存在的问题。虽然大多数产品已经基本实现了自主加工和制造，但在部分重大技术装备领域，核心关键技术仍受制于国外企业，国内企业在技术自主创新及引进消化再创新方面仍存在明显不足。同时，在国家重大项目中，国内企业承制的高端产品占比较少，自主化的广度和深度仍有待提高。

产生上述问题的原因主要有以下几个方面：一是企业研发资金投入不足。当前，行业企业科技经费、研发资金投入不足已成为制约企业自主研发的重要因素。二是基础技术支撑不足，制约了行业发展。由于行业基础研究和共性关键技术研发具有投入大、周期长、风险高的特点，导致企业自主投入研发的积极性不足，致使在新材料开发、新工艺创新、表面强化技术等共性关键技

术研究方面存在明显的技术短板。特别是在重大技术装备领域，随着原来面向行业服务的研究院所逐步转制成经营性实体，基础研究动力明显减弱，由此造成的行业技术创新支撑能力欠缺已经成为制约行业发展的瓶颈。三是知识产权保护水平偏低。当前，行业内知识产权保护仍未能得到足够的重视，企业通过巨额投入取得的创新成果难以得到有效保护，仿制、抄袭现象较为普遍，造成投入与收益不匹配，维权成本高且效果有限，这在很大程度上削弱了企业自主创新的积极性。

2.产品供需结构矛盾突出

通用机械行业普遍存在内循环供需矛盾不匹配、外循环结构性矛盾以及创新要素错配等现象。从国内市场看，通用机械行业存在中低端产能过剩、高端供给不足的情况，这反映出我国通用机械行业还没有完全适应市场升级需求，未能实现从低端向高端升级。从进出口市场看，行业一般产品出口替代性强、部分高端零部件进口依赖性强等结构性问题也逐渐显现。

3.装备国产化成果产业化推广难度大

国家有关首台（套）重大技术装备示范应用和保险补偿政策在支持企业突破核心技术、实现重大装备国产化研发方面发挥了积极作用，有效促进了首台（套）产品的初期推广应用。然而，在后续的产业化推广阶段，尽管有现有的首台（套）保险等激励措施，但这些政策难以从根本上消除用户对国产设备的信任缺失。用户在招标环节往往依据设备的应用业绩数量、运行时长及关键零部件参数等标准，对国产设备设定较高的准入门槛，这在一定程度上加大了国产化装备在产业化推广过程中的难度。

4.数字化、智能化水平存在一定差距

通用机械行业属于典型的离散型加工传统制造业，行业内有少数企业的数字化、智能化水平较为领先。但整体来看，行业企业的自动化、数字化水平仍然较低，大部分企业仍面临效益偏低、

生产成本居高不下的问题。行业面临产能过剩、利润率持续走低、同质化竞争加剧等多重挑战，亟需通过深化数字化转型、推进智能化升级等举措，加快实现产业结构的优化和运营效率的提升。

5.高层次试验检测平台亟待搭建

高层次、高能级的试验检测平台是提升企业创新研发能力的重要抓手。当前，通用机械行业在国家级和省级试验检测平台建设方面存在明显短板，特别是在大型火电阀门高温高压性能测试、轴流压缩机风洞试验等关键领域，检测能力严重不足。亟待以行业龙头企业、高等院校、用户单位等为依托，在行业重点区域建设高能级试验检测平台，通过政府引导、市场化运作，使之成为行业集聚创新要素、推动科研成果产业化的综合性平台。

6.需要加强现代化行业标准体系建设

在我国市场经济体制不断健全、完善的背景下，行业标准已经成为技术要素的主要载体和重要表现形式。以往我国行业标准的制定侧重产品相关指标，存在标准交叉、标准代号混乱等问题，既有的产品标准体系在某些方面已经不能满足市场需求。满足行业产品安全、绿色和功能运维配套等要求，并融入企业信用制度的现代化行业标准体系亟待建设和完善。

（二）装备和技术短板

1.待攻关的核心装备

通用机械行业待攻关的核心装备主要包括：180万t/a乙烯装置用裂解气压缩机、乙烯压缩机、丙烯压缩机及乙烯冷箱，15万m³/h等级特大型空分装置，12万m³/h等级大型空分装置、120万t/a PTA装置用多轴工艺空气压缩机组，500万～800万t/a天然气液化工艺技术及天然气液化装置用各类混合冷剂离心压缩机，大功率单轴离心式BOG压缩机组（功率≥5 000kW，进气温度为-160℃），石化领域能量回收装置用2 000kW以上液力透平装置，大规格高参数澄清型卧式螺

旋卸料沉降离心机，天然气领域用18MW一体式压缩机组，100～150MW空气储能系统设计技术及多台压缩机组，以及低密度线性聚乙烯超高压压缩机等。

2. 待发展的关键技术

（1）高效节能技术。开发高效节能气动模型和泵水力模型，在此基础上形成相应的创新性设计理论与方法；持续开展高效密封、减阻涂层、油/水润滑节能轴承、磁力轴承、气浮轴承、高效换热器等节能技术的研究与应用；研究天然气管道掺氢技术对压缩机的影响；吸附式干燥机工作流程的优化研究及变负荷冷冻式干燥机节能技术的应用；LNG冷能利用的技术研究及应用；对数据机房等高密度散热对象进行高效冷却的研究与应用，复合冷却方式和分季节运行模式对节能节水的技术经济性分析。另外，以能效标准为依据，以技术及装备为支撑，以降低一次能源的消耗和提高单位能耗产值为目标，提高能源利用效率，实现过程节能、系统节能；运用先进节能技术、信息控制技术与传统生产工艺的集成优化，加强流程工业系统节能。

（2）减振与降噪技术。研究地震、海况、风载、雪载等环境载荷下各类稳态、瞬态动力响应分析，优化设备在役状态下的运行稳定性；叶片尾迹噪声控制技术研究；针对具体设备进行流动噪声产生机理研究；双层微孔板及泡沫金属等噪声控制技术研究。

（3）先进工艺与智能制造技术。开展零部件热处理、焊接及加工过程热场分析和数值模拟，机组三维装配动态仿真。结合制造过程的大数据反馈分析，不断优化工艺，打造工艺技术新模式。针对关键零部件，融合精益生产理念与先进信息技术，完成材料极限处理、智能化一键式编程、高速高效铣削、全位置自动化焊接/修磨、智能在线监测等科技攻关，构建核心零部件的智能制造系统。

（4）新材料开发与应用。开展超低温、高温合金、新型碳纤维等特殊材料的开发和应用，拓宽产品的应用领域；开展耐蚀、耐磨、防粘结等类型涂层的表面处理技术研究，延长产品的稳定运行周期；开展服役环境下材料疲劳性能、腐蚀疲劳性能及失效分析等研究，提高产品关键部件的使用安全性。

（5）智能控制、监测、诊断技术。结合行业发展趋势，推进机组及成套设备运行参数监测，实现全系统设备运行能效在线分析、管理与运维，打造集故障分析、数据处理与决策支持为一体的专家系统。借助云服务平台，为用户提供安全高效、持续稳定的智能设备应用体验，比如，一键启动的全智能型空分设备。

五、措施与建议

1. 突破一批"卡脖子"关键技术与产品

建立产业创新和研发协同机制，加强协同创新，组织科技攻关和技术并购，做好强链工作；加大对"短板""卡脖子"技术的攻关力度，聚焦核心关键零部件与整机产品，确保取得阶段性、实质性进展。

2. 加强创新平台建设，提高行业创新能力

充分利用产学研用相结合的优势资源力量，围绕重点应用领域高端产品的研发需求和未来技术发展趋势，推动行业基础性试验测试平台建设。

提升关键部件及共性技术支撑能力，促进配套件企业与整机企业搭建联合研发平台，协同开展研发创新活动。

3. 推动国产装备应用，解决企业资金难的问题

持续更新和发布国家及地方重大技术装备首台（套）推广应用目录，深入探索国产化重大技术装备的风险免责机制。

贯彻落实国家关于政府采购支持国产设备和创新产品的各项规定。围绕突破国产装备短板的重点领域实施国产化示范应用项目，并在项目实

施后做好示范成效的评估评价。

采取相应的措施，解决制造企业资金难的问题。大力完善和推动社会信用体系建设，规范监督合同双方履约行为，建立动态清理应付账款机制，助力制造企业有效缓解应收账款压力，保证资金正常流动。引导产业基金、金融贷款等金融资源关注并支持传统制造业的转型发展，为行业在高端技术研发突破、新兴领域开拓等方面提供资金支持。

4.推动行业数字化、智能化转型发展

推动一批专精特新企业和中小型企业完成数字化、智能化改造，重点培育一批智能制造标杆企业，带动行业企业从信息化向数字化、智能化跃升，提高企业的市场竞争力。

鼓励行业企业加速产品向高端化、智能化方向转型升级，实现核心业务之间的互联互通，着力提升数字化交付能力，推动传统制造向服务型制造转型。

5.提高行业产业链现代化水平

通过突破一批"卡脖子"关键技术，补齐行业产业链短板。优化产业结构，促进产业链上下游的系统性、协同性和完整性，提升产业链整体水平和抗风险能力。

按照要素集聚、产城融合的思路，优化通用机械行业产业布局。结合区域产业特点，加强与地方政府的协作，培育若干上下游协同创新、大中小企业融通发展、具有国际影响力和竞争力的通用机械特色产业集群。

围绕行业未来发展需要，制定标准化体系规划；协调国家标准和行业标准的发展目标与重点，针对存在空白和急需的标准化领域，发挥团体标准的特点优势，构建团体标准与国家标准及行业标准协同发展、互动互补的新型行业标准化体系。

6.聚焦"双碳"目标，培育行业发展新动能

倡导节能理念，推动系统节能技术发展；引导用户关注系统能效，带动上下游协同推动节能技术应用，实现节能效果显著提升。

聚焦"双碳"目标驱动的新兴领域，密切跟踪氢能利用、储能等领域前沿技术，充分发挥行业科研力量，开展相关通用机械产品的技术研究与开发，培育行业在"双碳"目标引导下的新发展动能。

〔撰稿人：中国通用机械工业协会郭淼〕

通用机械行业企业智能制造实施情况调研报告

随着新一代信息技术与制造业深度融合，智能制造已由理念普及、试点示范进入重点推广、深度应用的新阶段，发展路径则从建设智能化示范工厂向推广智能制造优秀场景转变，以先进典型带动新技术、新装备、新模式加速推广应用。

2023年9月18—22日，中国通用机械工业协会智能制造调研组赴江浙沪地区，走访调研空分设备、泵、压缩机、风机和阀门等生产企业智能制造实施情况。调研组成员深入车间生产一线，与调研企业相关负责人深入座谈，了解企业智能化生产和智能化产品研制情况。

一、调研情况

通用机械普遍为非标定制化产品，具有小批量、多品种的特点。通用机械智能化生产的投入

门槛高，降本增效难度较大。通过调研发现，一些优势企业充分结合自身管理模式、生产流程，有的放矢、循序渐进地推进智能制造，特别是在工艺流程、信息互通方面进行了大量尝试。这些企业坚持研发投入，在生产智能化和产品智能化方面进行了积极的探索。

1. 联通生产工序，提高生产效率

企业结合行业特点和自身要素，开展相关软件的二次开发，实现供应商管理、物料管理、工艺流程、产品检测和客户管理数据互通。上海凯泉泵业（集团）有限公司、上海汉钟精机股份有限公司、中核苏阀科技实业股份有限公司等企业工艺离散化程度高，对 CRM、MES、CAPP、PLM 等业务系统开展二次开发与系统集成，提升了企业研发管理、生产管理、供货管理等业务的运行和衔接效率，大幅提高了生产效益。部分企业借助先进技术，实现了产品质量和生产设备运行状态的在线检测与实时监控。通过这一举措，不仅有效提高了生产效率，还确保了产品质量的稳定性。在生产过程中，企业采用二维码、条形码、电子标签以及移动扫描终端等自动识别技术设施，为企业的精细化管理提供了有力支撑。

2. 贯通产业链条，实现产品生命周期信息化

企业积极加入工业互联网平台，通过推行物料、产品、设备"二维码"标识，实现供应商、生产工艺流程、产品检测和客户数据的互联互通。上海汉钟精机股份有限公司、江苏神通阀门股份有限公司等围绕车间生产场景，搭建了工件条码识别与身份查询系统。该系统通过对工件条码的精准识别，能迅速查询工件身份信息，极大地提升了制造环节的信息透明度。南通大通宝富风机有限公司打造的产品选型数字化平台实现了员工端、制造端、产品端、营销端和客户端的数据互通，使得整个产品生命周期中各个环节的信息都能精准交互。

3. 引入先进制造手段，实现机器换人

企业大力引入智能仓储系统、AGV 自动导引车配送设备以及具备装卸、投料功能的工业机器人，实现车间全流程数字化管控，极大地提升了生产效率与运营管理水平。

上海汉钟精机股份有限公司打造大型智慧仓储，引进 MIRLE（盟立自动化）存取设备，实现全自动送料、AGV 配送。中核苏阀科技实业股份有限公司运用先进的机器人技术、巷载技术，对现有产线进行深度改造，构建起高度柔性的智能化生产体系。通过使用线下专用装夹装置和零点快换系统，该产线能够灵活应对不同产品的生产需求，有效契合小批量、多品种的生产模式，解决了离散生产环节的标准化、批量化生产难题。

4. 产品智能化和制造服务化

企业持续加大投入，推动产品向高端化、智能化方向深度升级，推动传统制造向服务型制造转型。中核苏阀科技实业股份有限公司自主研发智慧水务阀门、智能执行器，实现了阀门运行状态的在线检测、监控。杭氧集团股份有限公司立足气体运营场景数字化服务，建成空分设备远程监控系统，着力解决气体运维信息孤岛、产销错配及设备智能化调节等问题。

二、调研中发现的问题

通过调研发现，行业企业在实际推进智能制造的过程中，由于缺乏成熟的经验与清晰的规划指引，难以迅速找准方向，导致智能制造转型工作推进效率低下。存在的具体问题如下：

1. 孤岛依然存在，缺乏体系标准

在智能制造推行过程中最为普遍的问题是存在三种类型的孤岛：信息孤岛、自动化孤岛以及信息系统与自动化系统之间的孤岛。在智能制造领域，控制系统、系统软件等关键技术环节存在明显的短板，尚未构建起完整的技术体系。由于行业内缺乏统一的数据标准与接口标准，企业在搭建智能制造系统时呈现出特异化和非标化趋势。这就增加了企业在时间和资金上的投入成本，阻碍了智能制造在行业内的推广。

2.高端设备受制于人，生产运维受限

高端设备是企业智能制造发展进程中的瓶颈。从产业布局来看，现有的智能制造装备大多集中于产业中下游，比如，机器人产业多以系统集成企业为主，而对于智能制造至关重要的高端数控机床与高精度测量测试设备仍需大量依赖进口。

3.关键零部件依赖进口，智能产品竞争力不足

新型传感器、高端控制系统、高性能液压件与气动元件、高端轴承以及高端伺服电动机、减速器和控制系统等对外依存度很高，造成相关智能产品竞争力不足。

4.人才不足

智能制造对技术人才的要求很高，其催生的新产业生态更是需要大量合适的劳动力，尤其是既精通生产工艺又熟悉智能制造体系的复合型技术人员，更是供不应求。一旦缺乏人才的支撑，企业极有可能陷入转型困境——虽然搭建起了先进的智能工厂，但却面临无人操作、维护与管理这些设备和系统的尴尬局面。

5.投资成本高，建设周期长

智能制造是一项复杂的系统工程。企业需要投入大量资金，购置先进的设备，构建相应的数字化系统。另外，还需要配备专业的技术人才，对这些系统进行运行、维护和优化。动辄上百万元、甚至几千万元的投入对于资金储备相对有限、融资渠道相对狭窄的中小企业来说，无疑是沉重的负担，成为制约它们开展智能制造建设的一大瓶颈。通用机械行业的离散型、定制型制造方式决定了智能制造系统的构建并非一蹴而就，而是需要经历长期、持续的改进与更新过程。智能制造系统需要不断进行技术升级，这就要求企业在资金使用方面进行长远规划。

三、政策建议

1.加强顶层设计，推进纵向集成

建议政府发挥政策引导和支持的作用，推动信息系统和自动化系统的集成和接口标准化工作，

解决企业各个制造环节"信息孤岛"的互联互通问题。

2.推动"小企业＋大平台"体系建设

企业完全依托自身实施智能化改造的能力非常有限，建议政府、第三方公共服务平台从资金、技术、市场、人才等方面帮助中小企业推进智能化改造。

3.重视龙头企业的标杆引领和示范作用

建议建立以龙头企业引领中小企业推进信息化、智能化的发展机制，提升中小企业的智能化水平。鼓励产业链上的大中小企业协作发展，支持企业间围绕智能制造实施横向集成合作，构建一体化供应链体系。

4.引导各类基金参与企业智能化改造

落实中小企业发展相关产业政策，创新企业技改资助模式，通过引入投资基金，对中小企业智能化改造提供资金支持。同时，引导社会资本增加投入，解决企业智能化改造投入大、周期长的问题。

5.形成产教融合人才培养模式

企业在智能制造转型过程中，加大复合型人才的培养是关键。建议政府部门、行业协会、制造企业、职业院校充分发挥各自的优势，共建一批产教融合智能制造产业学院，强化教育资源市场配置机制，实现新职业标准的实时更新、人才供需数量的精准对接。

四、企业发展建议

通用机械行业以中小企业居多，相当一部分中小企业仍处在从机械化转向数字化的初级阶段，信息化、自动化基础薄弱，发展智能制造还需要很长一段时间的探索。为此，对通用机械行业中小企业的智能化改造提出如下建议：

一是加强信息化建设。信息化建设是实现智能制造的基础，包括企业内部信息化建设和与外部的信息化对接。中小企业可以建立企业信息化管理体系，推行信息化流程和制度，提高信息化

水平，为智能制造打下坚实基础。

二是推行人才培养计划。中小企业要推行人才培养计划，通过与培训机构合作、培养内部员工等方式进行人才培养，建立起一支高素质的智能制造人才队伍。

三是引入智能设备。企业可以从一些简单的自动化设备开始，逐步引入智能化设备。企业也可以考虑与供应商合作，租赁设备或者采购智能设备，以逐步实现智能制造。

四是推行智能制造管理模式。企业可以通过建立数字化工厂、推行智能制造 ERP 等方式实现管理模式智能化。企业也可以借鉴一些先进的管理模式，如精益生产、可持续制造及智能供应链等，提高企业的管理水平。

五是积极参与智能制造标准化工作。企业可以加入智能制造标准化组织，参与标准制定、标准解读等活动，提高企业智能制造的可持续发展水平。

综上所述，当前我国通用机械行业智能化转型仍面临较多挑战，围绕智能制造这一行业重点任务，需从提质增效、模式变革、节能降耗等方面发力。在推进智能制造的进程中，务必要秉持问题导向原则，紧密围绕通用机械行业的结构调整展开工作。企业需要保持理性，切不可盲目追随智能化潮流。要充分考量自身的资源禀赋，制订出契合自身发展实际的智能化改造方案，让智能制造在企业运营中发挥真正的功效。

〔撰稿人：中国通用机械工业协会秦伟〕

中国
通用
机械
工业
年鉴
2024

成
果
篇

公布2023年通用机械行业获奖项目、通用机械产
品入选国家级目录情况、创新产品、重要新闻事件以及
部分企业获奖情况等

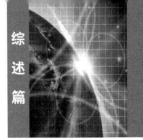

综
述
篇

大
事
记

行
业
篇

企
业
篇

专
题
篇

成
果
篇

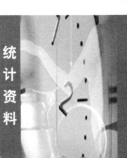

统
计
资
料

综述篇

大事记

行业篇

企业篇

专题篇

成果篇

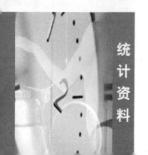
统计资料

中国通用机械工业年鉴2024

成果篇

2023 年通用机械行业获奖情况

一、2023 年机械工业科学技术奖获奖情况

沈鼓集团股份有限公司和沈阳透平机械股份有限公司参与完成的"大型连续式跨声速风洞用主驱动压缩机组"项目、双良节能系统股份有限公司参与的"低温余热高效利用的吸收式热泵技术与应用"项目及合肥通用机械研究院有限公司参与的"高温压力容器与管道焊接结构蠕变疲劳损伤防控技术"项目获得 2023 年机械工业科技进步奖一等奖。

西安陕鼓动力股份有限公司完成的"能量回收透平耦合汽电同驱高炉鼓风机组节能技术研发及应用（BCRT）"项目、杭州汽轮动力集团股份有限公司完成的"多工质合成气压缩机驱动用超高速工业透平关键技术及应用"项目、江苏赛德力制药机械制造有限公司参与的"具有远程诊断功能的立式沉降型刮刀下卸料智能离心机"项目及山东华成中德传动设备有限公司参与的"高可靠长寿命滚道行星轮关键制造技术研究与应用"项目获得 2023 年机械工业科技进步奖二等奖。

重庆水泵厂有限责任公司完成的"3D 型高温高压往复式加氢进料泵关键技术研究及产业化"项目、江苏神通阀门股份有限公司完成的"液化天然气用关键阀门国产化深冷轴流式止回阀"项目、重庆通用工业（集团）有限责任公司参与的"化工用大型多级低温制冷机组研制及应用"项目、浙江石化阀门有限公司完成的"高温超快控制系统关键技术研究及应用"项目、亚太泵阀有限公司参与的"大功率齿轮减速潜水轴（贯）流泵关键技术研究与产业化"项目以及良正阀门有限公司参与的"高性能天然气长输管道阀门关键技术及应用"项目获得 2023 年机械工业科技进步奖三等奖。

二、第二十四届中国专利奖获奖情况

2023 年，中国通用机械工业协会获得第二十四届中国专利奖最佳组织奖。中国通用机械工业协会推介 3 项专利参与评选，其中，中国联合重型燃气轮机技术有限公司参与的"抗蠕变、长寿命镍基变形高温合金及其制备方法和应用"专利项目（专利号 ZL202011262753.1）以及中广核研究院有限公司、中国广核集团有限公司、中国广核电力股份有限公司完成的"一种堆芯三维功率分布的在线测量方法"专利项目（专利号 ZL201610478643.6）获得第二十四届中国专利金奖。

〔撰稿人：中国通用机械工业协会王明明〕

2023 年通用机械产品入选国家级目录情况

一、国家鼓励发展的重大环保技术装备目录（2023 年版）

名称	主要技术指标	适用范围
电磁脉冲阀	工作压力：0.1～0.6MPa；工作温度：-40～120℃（常温阀）、-25～230℃（高温阀）；输出压力上升速度≥5kPa/ms（0.4MPa条件下）；气-电脉冲宽度差≤70ms	冶金、水泥、化工等行业袋式除尘器
污泥干化圆盘干燥机	单台处理量：60～120t/d；处理前污泥含水率：75%～85%；处理后污泥含水率＜40%	市政污泥、工业污泥、脱硫石膏处理
磁悬浮离心风机	噪声：80～100dB；电动机功率≥75kW；流量≤51m^3/min；压力≤0.06MPa；风机效率≥80%	市政、工业污水、废水处理
高功率密度超音速离心风机	离心叶轮转速：12 000～52 000r/min；相对压力：-75～300kPa；体积流量：25～700m^3/min；整机运行效率≥75%；功率：55～1 500kW	钢铁、火电行业烟气脱硫及制浆造纸、纸浆模塑行业真空系统
大型离心式引水泵	最优效率≥93%；单机功率≤22.5MW；运行范围内压力脉动水平≤7%	污水、水资源抽取
安全型蓄热式热力氧化炉高气密性专用提升阀	提升阀的泄漏率≤1.4×10^{-4}%；无故障工作时间≥8 700h；年动作次数＞300 000 次	电子、石化、印刷等领域VOCs焚烧治理装置
新能源材料MVR蒸发提取装备	蒸发吨水耗电量≤30kW·h；单套蒸发回收装备有价金属溶液蒸发量≤40t/h；产品纯度≥99.5%；无故障运行时间≥90d	新能源领域有价金属资源化
煤泥深度脱水系统	压榨压力≤10MPa；处理前煤泥含水率：95%～97%；处理后煤泥含水率＜15%	选洗矿煤泥及火电厂煤泥处理
磁悬浮鼓风机	单台风量≤100m^3/min；风压：40～80Pa；风机效率：86%～89%；噪声≤80dB	造纸、化工、医药等领域污水处理构筑物的通风以及废水处理、好氧生化处理曝气
高盐废水MVR蒸发结晶处理技术装备	单台处理能力：0.1～100t/h；废水回用率＞95%；盐回收率＞90%；连续运行时间≥4 000h；使用寿命≥20a	化工行业高盐废水深度处理
MVR系统用离心式蒸汽压缩机组	进气量：2～50t/h；进口温度：60～100℃；饱和温升：8～24℃；转速：6 000～30 000r/min；噪声≤95dB（无隔声罩）	化工、食品、有色金属等领域高盐废水处理
高速离心透平真空泵	流量：200～4 000m^3/min；真空度：20～80kPa；整机效率85%～90%；整机功率：200～3 500kW	环境污染治理过程余热资源化利用
潜水轴混流泵	流量：400～90 000m^3/h；扬程：1.54～19m；功率：7.5～1 600kW；机组效率＞83%	城镇污水处理

二、国家鼓励的工业节水工艺、技术和装备目录（2023 年）

名称	技术简介及应用效果	适用范围	所处阶段
高效开式节水型冷却塔	该装备采用冬季空冷、夏季空冷与蒸发冷相结合的方式，解决工业循环水补水量大的问题；采用顶部加装水平风门和垂直风门挡的干湿式冷却塔，解决节水消雾冷却塔干段和湿段的配风问题；采用能拆卸的卡扣式轻便型防尘网，解决翅片管外易被灰尘飘絮等堵塞的问题，空气过滤装置易清洗更换。该装备运行稳定、消雾效果好，可实现 50% 以上的节水效果	工业循环冷却水系统	推广应用
高效逆流闭式冷却塔	该装备将高温循环冷却水热量通过冷却塔喷淋冷却水吸收，喷淋冷却水热量再由空气吸收带走，达到良好的降温效果。运行期间只需对喷淋冷却水进行维护管理，高温循环冷却水水质不受影响，可实现 10%～15% 的节水效果	工业循环冷却水系统	推广应用
空冷湿冷联合式节水消雾冷却塔	该装备采用空冷器与湿冷单元进行串联、并联或混联的组合布置，既克服了翅片管造价高、易锈蚀、易堵塞、荷载大等问题，又解决了冷凝模块的高能耗、高造价问题，可消除可见雾团，实现 20% 的节水效果	工业循环冷却水系统	推广应用
板式换热器清洗节水装置	该装置包括循环管路、耐酸泵、阀门、可编程逻辑控制器、加热器和储液槽等。循环支管路可以冲洗板式换热器中的淤泥、藻类等杂物，循环主管路利用清洗剂去除板式换热器中不易溶于水的污垢，并通过钝化剂完成对板式换热器的保养维护。相比传统开式循环水系统，板式换热器内部的正反向清洗可实现 50% 以上的节水效果	工业循环冷却水系统	推广应用
表面蒸发空冷器	该装备耦合水冷和空冷技术，在壳内交叉排列光管管束与喷淋分配器。冷却水在光管管束内流动，喷淋分配器雾化后的冷媒水自上而下在管束外表面形成水膜，同时利用翅片管束顶部的引风风机抽送饱和湿空气，使空气自下而上流动，通过水平放置的光管管束，使管束内冷却水得到冷却	工业循环冷却水系统	推广应用
冷却塔水蒸气凝水回收装置	该装置利用外界新风对湿热空气冷却，降低出塔湿热空气的饱和温度，降低空气湿度。水蒸气从湿空气中凝结析出，附着于换热板上，当板上的液滴满足临界脱落半径后脱落，凝结水在回收装置下部导出并回收，节水效果可达到蒸发水量的 10%～20%	工业循环冷却水系统	产业化示范
冷却塔节水消雾技术	该技术通过在普通冷却塔上方增设节水消雾模块，可将淋水填料排出的湿热空气中的水组分冷凝回收，实现冷却塔节水和消雾，冷热流道气流混合均匀，不需额外空间。节水消雾模块内气流流速减少 40% 左右，总换热面积增加 50% 以上，节水效果提高 25%，压降减少 25%	工业循环冷却水系统	推广应用
工业冷却塔新型旋流导叶节水装备	该装备根据塔型、风速、温度、压力等流体工作状态，设计模块化、可定制装配的除水层系统。较传统波纹板收水器节水可提高 20%～30%，提高了使用寿命，降低了维修成本	工业循环冷却水系统	推广应用
高效节能节水蒸发式凝汽技术	该技术将水冷与空冷、传热与传质过程融为一体，采用冷却水自循环、凝水复用的多级冷凝技术，将系统循环冷凝水回收，作为二次喷淋水，减少循环水排污处理，可实现 20%～30% 的节能效果、50% 以上的节水效果	工业循环冷却水系统	推广应用
水驱动喷雾节能节水冷却塔	该设备由塔体、内置风筒、淋水板、收水器以及具有喷雾和抽风双重效果的喷雾推进雾化装置组成，利用循环水泵的工作余压，在循环水流动过程中驱动喷雾旋转，将冷空气送入塔体内与水雾进行热交换，再将热空气排入大气，达到循环水降温。相比传统冷却塔，该设备的飘水率降低 35%，可实现 30%～50% 的节能效果、20% 的节水效果	工业循环冷却水系统	推广应用

（续）

名称	技术简介及应用效果	适用范围	所处阶段
钢结构塔自然通风节能节水型工业循环水系统	该装备基于空冷双层布置扇区的高效传热技术，将基于阵列光栅光纤技术的智能化监控系统应用于大型工业循环水冷却系统，实现智能化、精确化控制，避免散热器管束冻结损坏；建设周期短，运行控制系统数字化、智能化程度高。与常规水冷塔相比，可实现50%以上的节水效果	工业循环冷却水系统	推广应用
节水减排智能旋塞阀	该装置处在密封塞体中心，阀门被开启后，密封塞体能迅速脱离阀座，消除包胶塞体与阀座间不必要的过度挤压、刮擦现象，减轻开启阻距，降低磨损，提高阀座寿命；增加水在管道内的流通率，流通面积为公称通径面积的100%，阀门空载和带压开启力矩小于同类产品，达到节水效果	工业循环冷却水系统	推广应用
电磁液动缓闭闸阀	该装备为全通径无阻力的液动缓闭闸阀，具有止回阀功能、水锤消除器功能和电动阀功能，大幅减少水头损失，达到节能节水、简化控制系统、远程自动化的目的。使用范围广，投资小且安装改造快，适合用水量大的企业，可实现3%～10%的节水效果	工业节水装备	推广应用

〔供稿人：中国通用机械工业协会隋斌〕

2023 年通用机械行业创新产品

一、特大型空分装置新一代空气透平压缩机组

2023 年 4 月，沈鼓集团股份有限公司和杭州汽轮动力集团股份有限公司联合研制的特大型空分装置新一代轴流＋离心（6+1）空气透平压缩机组在宁夏宝丰二期项目投入运行，机组各项技术指标达到国际同类产品先进水平。

二、"国和一号"（CAP1400）核电机组主蒸汽隔离阀驱动装置

"国和一号"（CAP1400）核电机组主蒸汽隔离阀驱动装置由中核苏阀科技实业股份有限公司、大连大高阀门股份有限公司联合上海核工程研究设计院股份有限公司研制，打破了国外技术垄断，取得核电站建设项目供货合同。

三、压水堆核电机组屏蔽电机主泵

沈鼓集团股份有限公司和哈尔滨电气动力装备有限公司联合研制成功三代压水堆核电机组屏蔽电机主泵，标志着我国大型先进压水堆核电关键装备国产化取得又一重大突破。

四、150 万 t/a 乙烯 "三机"

由沈鼓集团股份有限公司为山东裕龙石化项目设计制造的我国首台（套）150 万 t/a 乙烯装置用乙烯 "三机"（裂解气压缩机、丙烯压缩机和乙烯压缩机）进入现场安装。该机组是当前国内规模最大、技术水平最高的国产化超大型乙烯 "三机"。

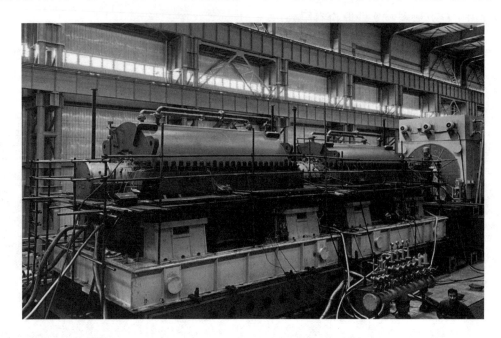

五、300 兆瓦级压缩空气储能装置核心机组

陕西鼓风机（集团）有限公司为湖北应城世界首台（套）300 兆瓦级非补燃压缩空气储能电站示范工程项目提供的多台大型压缩机组进入安装调试阶段。

六、核电站重载行星齿轮箱

重庆齿轮箱有限责任公司为广西防城港核电站 "华龙一号" 机组海水循环泵配套的功率达 7 100kW 的重载立式行星传动齿轮箱正式投运。

七、高真空磁悬浮分子泵

北京中科科仪股份有限公司针对半导体、电子行业的特殊工艺需求,成功研制出高真空磁悬浮分子泵产品,并实现产业化应用,打破了国外企业在该领域的技术垄断。

八、1 000 万 m^3/d 天然气透平膨胀机

四川空分设备(集团)有限责任公司研制的 1 000 万 m^3/d 天然气膨胀机在冀东油田天然气处理装置完成联合调试并成功连续运行,标志着国产膨胀机由百万级别跃升至千万级别。

九、国内最大规模的单套硫铵流化床干燥装置

天华化工机械及自动化研究设计院有限公司承制的中石化巴陵石油化工有限公司 90 万 t/a 硫铵干燥装置顺利投产。该装置采用先进的内热式流化床干燥技术，是国内最大的单套硫铵流化床干燥设备。

十、CCUS 二氧化碳超临界注入压缩机组

中国石油集团济柴动力成都压缩机分公司为吉林油田 CCUS-EOR 百万吨级示范工程自主研制的 CCUS 二氧化碳超临界注入压缩机组成功投入应用。该产品实现了多项技术突破，填补了国内空白。

〔供稿人：中国通用机械工业协会秦伟〕

2023 年度通用机械行业十大新闻

一、第十一届中国（上海）国际流体机械展览会成功举办

2023 年 3 月 7—10 日，中国通用机械工业协会主办的第十一届中国（上海）国际流体机械展览会在国家会展中心（上海）成功举办。共有 547 家企业参展，展出面积 5 万 m²，举办同期活动 45 场。为期 4 天的展会共计接待观众 5 万余人次，各项数据均创历史新高。

二、科研创新结硕果，一批重大技术装备成功交付

150 万 t/a 乙烯"三机"、300 兆瓦级压缩空气储能装置核心机组等一批重大技术装备成功交付，保证了国家重点工程及重大项目的推进。有近 70 项新产品或科研成果通过中国通用机械工业协会的鉴定，其中包括 4 项国家科技重大专项和 1 项"国和一号"示范工程创新成果。

三、多家企业入选"创建世界一流示范企业和专精特新示范企业"名单

2023 年，合肥通用机械研究院有限公司、哈电集团哈尔滨电站阀门有限公司、沈阳鼓风机集团股份有限公司、杭州汽轮动力集团股份有限公司、杭氧集团股份有限公司、重庆水泵厂有限责任公司、重庆川仪调节阀有限公司和陕西鼓风机（集团）有限公司入选国务院国资委"创建世界一流示范企业和专精特新示范企业"名单。

四、企业数字化转型取得成效，多家企业成为智能制造示范工厂揭榜单位

沈鼓集团股份有限公司、玫德集团有限公

司、双良节能系统股份有限公司、杭州杰牌传动科技有限公司等十余家企业入选工业和信息化部2023年度智能制造示范工厂揭榜单位和优秀场景名单。

五、空压机系统节能受到社会关注

团体标准《压缩空气站能效分级指南》成为推动压缩空气站绿色发展重要标准，在空压机上下游领域得到广泛关注。2023年完成包括宁德时代、大众汽车、首钢、齐鲁医药等重点用户企业在内的25座压缩空气站的能效等级认定工作。

六、经济运行稳中有升，行业企业经营状况总体良好

2023年，通用机械行业经济运行呈现先扬后抑再稳的态势。据国家统计局统计，截至2023年年底，通用机械行业规模以上企业共7 889家，拥有资产总额12 199.64亿元，同比增长8.19%；实现营业收入10 217.22亿元，同比增长4.28%；实现利润总额835.73亿元，同比增长10.45%。

七、加强知识产权保护，获得两项中国专利金奖

在第二十四届中国专利奖评选中，中国通用机械工业协会推介了3项专利，其中两项获得中国专利金奖；中国通用机械工业协会获得最佳组织奖。

八、标准建设深入开展，团体标准助力行业高质量发展

中国通用机械工业协会发布了《空分设备安全运行规范》等17项团体标准。已发布实施的《HR系列齿轮减速器通用技术规范》《氢用低温阀门 通用技术规范》入选2023年度工业和信息化部百项团体标准示范应用项目。

九、第四届中国国际流体机械产业高峰论坛成功举办

2023年9月14日，第四届中国国际流体机械产业高峰论坛在成都举办。著名经济学家温铁军教授作题为"全球过剩与中国应对危机的战略调整"的主旨演讲。13位业界专家就行业发展、市场趋势、标准应用和前沿技术等内容进行了探讨与分享。

十、中国通用机械工业协会八届二次会员代表大会召开

2023年9月13日，中国通用机械工业协会第八届会员代表大会第二次会议暨第八届理事会第三次会议在成都召开。会议通过了中国通用机械工业协会第八届会员大会第二次会议工作报告。工作报告回顾了一年来行业发展和协会工作情况，并对协会今后工作提出了设想和建议。

〔撰稿人：中国通用机械工业协会秦伟〕

培育世界一流企业　引领行业高质量发展

2023年3月16日，国务院国资委发布了《关于印发创建世界一流示范企业和专精特新示范企业名单的通知》，公布了"创建世界一流示范企业和专精特新示范企业"名单。通用机械行业共有

8家企业入选创建世界一流专精特新示范企业名单，它们是：合肥通用机械研究院有限公司、哈电集团哈尔滨电站阀门有限公司、沈阳鼓风机集团股份有限公司、杭州汽轮动力集团股份有限公

司、杭氧集团股份有限公司、重庆水泵厂有限责任公司、重庆川仪调节阀有限公司和陕西鼓风机（集团）有限公司。

国资委在"双示范"行动中对"世界一流'专精特新'示范企业"的特征概括为"专业突出、创新驱动、管理精益、特色明显"。

技术创新是"世界一流"企业最鲜明的特色。沈阳鼓风机集团股份有限公司成功研制我国首台（套）年产 150 万 t 乙烯"三机"、10 万 m^3/h 等级空分压缩机、天然气长输管线压缩机等 200 余种重大技术装备。杭氧集团股份有限公司多次突破国内空分设备规模上限，研制的空分设备等级已达 12 万 m^3/h，技术指标处于国际领先水平。陕西鼓风机（集团）有限公司创新研制了全球最大、技术最先进的工业用 AV140 轴流压缩机组，达到了全球工业压缩机领域全新高度。从神华宁煤 10 万 m^3/h 等级空分装置汽轮机组投产到大连恒力"全球功率最大工业汽轮机"研制成功，从宁夏宝丰 10.5 万 m^3/h 等级空分装置用汽轮机和中化泉州乙烯项目百万吨乙烯裂解气汽轮机等单机试车一次性成功到首台亚临界机组交付，从国际首台（套）的纪录刷新到 50 兆瓦等级 F 级自主燃机取得阶段性成果，杭州汽轮动力集团股份有限公司实现了重大装备自主化的一次次突破。

产品市场占有率高是"世界一流"企业的标志。沈阳鼓风机集团股份有限公司研制的大炼化离心压缩机市场占有率超过 85%，煤化工市场离心压缩机市场占有率达 75%，长输管线用离心压缩机市场占有率达 90%，1 250kN 往复式压缩机组的国内市场占有率在 90% 以上。陕西鼓风机（集团）有限公司研制的轴流压缩机产量累计达 2 600 余台（套），产量居全球第一。杭州汽轮动力集团股份有限公司研制的工业汽轮机国内综合市场占有率超过 50%。

数字化、绿色化是"世界一流"企业的追求。重庆川仪调节阀有限公司以柔性化、智能化和高度集成化为核心，推进主力产品和主要制造工序的数字化、主要工序间的物流数字化和自动化等生产方式的转型升级，解决了传统制造业产品制造过程中的一系列瓶颈问题。哈电集团哈尔滨电站阀门有限公司通过对 20 多个业务流程梳理再造，应用物联网、大数据、移动化等技术，实现物料管理业务流程数字化及互联互通。供应链上下游动态协同，解决了物料数据孤岛、"信息烟囱"等问题，仓储管理由原始的收发存业务升级为集智能采集、数据驱动、组织协同、动态分析、移动智能作业和数字化存档为一体的智慧化仓库。

通用机械行业要增强产业链、供应链韧性，最大限度地解决"卡脖子"难题，就需要更多的世界一流"专精特新"企业。为此，中国通用机械工业协会将做好以下重点工作：一是加强关键技术攻关，提升通用机械制造企业的首创技术能力。积极鼓励和支持行业企业加大科技研发投入，加强产学研用合作，加强通用机械产业上下游企业协同创新，针对关键核心"卡脖子"技术、智能制造技术和节能减碳技术，集中研发力量进行攻关，打造世界一流科技创新能力，全面提高企业全球竞争力。二是实施人才兴企战略，提升通用机械行业人才的专业水平与综合素质。在统筹国家政策、行业趋势和企业需求基础上，通过系统规划、供需衔接、跟踪培养及评价示范等工作，稳定并发展壮大一批高素质的经营管理人才、专业技术人才和高端产业工人，构建行业人才支撑和储备体系。三是积极推行智能制造，提升通用机械产品的核心竞争力。引导和支持企业引进先进生产技术和高端设备，改造通用机械行业传统制造体系和模式，提高通用机械产品质量和技术水平；加强终端质量控制，推行先进的生产管理和质量管理体系，确保产品符合国际标准，形成一流的产品品牌效应，以技术和质量打造产品核心竞争力。

培育通用机械行业"世界一流"企业，需要从企业技术竞争力、高端产品质量、产品质量稳定性及批量化生产、高端产品供应能力等维度持续发力，构建新质生产力，推动通用机械行业进一步实现高质量发展。要加快建设世界一流通用机械制造企业，打造世界一流的通用机械产品，为推进新型工业化建设、制造强国建设注入强劲动力。

〔撰稿人：中国通用机械工业协会秦伟〕

中国
通用
机械
工业
年鉴
2024

统
计
资
料

公布 2023 年通用机械产品进出口数据

综
述
篇

大
事
记

行
业
篇

企
业
篇

专
题
篇

成
果
篇

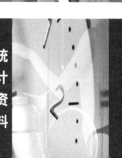

统
计
资
料

综述篇

大事记

行业篇

企业篇

专题篇

成果篇

统计资料

中国
通用
机械
工业
年鉴
2024

统
计
资
料

2023 年通用机械产品主要进口国家（地区）量值

2023 年通用机械产品主要出口国家（地区）量值

2023 年通用机械产品主要进口国家（地区）量值

商品税号	商品名称	国家（地区）名称	进口量单位	进口量	进口金额（万美元）
84131100	分装燃料或润滑油的计量泵，加油站或车库用	美国	台	766	76.4
		德国	台	292	18.3
		意大利	台	329	6.3
		中国台湾	台	1 113	4.8
		中国大陆	台	552	4.0
		日本	台	14	3.5
		韩国	台	21	2.8
		丹麦	台	10	2.6
		西班牙	台	29	2.0
84131900	其他装有或可装计量装置的液体泵	德国	台	1 948 277	12 822.7
		美国	台	103 937	3 231.0
		日本	台	23 526	1 496.2
		法国	台	38 697	1 483.7
		意大利	台	8 811	758.8
		芬兰	台	95 603	694.3
		瑞士	台	3 014	486.6
		英国	台	1 612	322.7
		波兰	台	18 883	318.9
		墨西哥	台	877	282.1
		挪威	台	5	275.4
		巴西	台	1	272.7
		韩国	台	1 438	173.5
		爱尔兰	台	64 635	129.4
		以色列	台	12 409	105.9
		瑞典	台	195	100.2
		马来西亚	台	3 740	97.7
		荷兰	台	1 930	66.7
		奥地利	台	71	57.8
		新加坡	台	438	57.5
		丹麦	台	283	56.2
		西班牙	台	757	50.2

（续）

商品税号	商品名称	国家（地区）名称	进口量单位	进口量	进口金额（万美元）
84135010	气动往复式排液泵	中国台湾	台	2 850	48.5
		中国大陆	台	960	47.9
		印度	台	3 353	35.8
		澳大利亚	台	245	24.7
		印度尼西亚	台	38	16.1
		捷克	台	381	11.3
		美国	台	38 409	6 021.6
		日本	台	31 932	2 357.3
		德国	台	15 254	1 751.4
		中国台湾	台	4 466	859.5
		法国	台	1 874	349.1
		英国	台	670	266.9
		韩国	台	1 434	248.6
		意大利	台	6 540	214.8
		瑞士	台	861	69.9
		波兰	台	908	64.2
		瑞典	台	274	50.2
		西班牙	台	720	46.1
		加拿大	台	117	44.8
		中国大陆	台	1 285	43.6
		奥地利	台	11	42.0
		印度尼西亚	台	24	40.1
		荷兰	台	213	39.8
		墨西哥	台	14 101	32.9
		马来西亚	台	19	22.6
		丹麦	台	22	13.2
		芬兰	台	19	10.1
84135020	电动往复式排液泵	德国	台	694 260	11 339.3
		巴西	台	123	8 377.3
		美国	台	34 799	5 069.9
		捷克	台	399 695	4 582.6
		日本	台	349 715	3 882.5
		意大利	台	1 040 318	3 636.5
		荷兰	台	127	2 997.6
		瑞士	台	347 580	2 208.7
		韩国	台	446 955	1 358.4

（续）

商品税号	商品名称	国家（地区）名称	进口量单位	进口量	进口金额（万美元）
		法国	台	43 029	904.2
		英国	台	4 174	835.6
		中国大陆	台	997 982	703.5
		新加坡	台	60	461.7
		芬兰	台	121	407.8
		泰国	台	624 754	403.1
		丹麦	台	104	325.4
		墨西哥	台	19 369	262.2
		罗马尼亚	台	9 778	169.8
		马来西亚	台	1 370	112.9
		越南	台	33 937	112.4
		奥地利	台	1 526	93.3
		瑞典	台	810	91.7
		中国台湾	台	9 355	79.8
		爱尔兰	台	5 958	46.9
		西班牙	台	194	39.0
		土耳其	台	4 554	38.7
		澳大利亚	台	1 241	33.4
		匈牙利	台	107	21.9
		挪威	台	159	18.2
		比利时	台	64	12.7
		印度	台	462	11.5
84135031	液压往复式柱塞泵	德国	台	16 386	5 559.0
		美国	台	84 286	4 350.3
		日本	台	22 163	2 093.0
		意大利	台	185 765	1 874.7
		中国台湾	台	31 327	559.7
		韩国	台	9 696	529.7
		奥地利	台	56	421.9
		法国	台	3 806	291.2
		英国	台	1 177	227.1
		荷兰	台	190	194.9
		中国大陆	台	1 109	140.4
		芬兰	台	397	122.9
		瑞士	台	8 479	113.4
		斯洛伐克	台	1 558	98.8

（续）

商品税号	商品名称	国家（地区）名称	进口量单位	进口量	进口金额（万美元）
		丹麦	台	215	63.8
		马来西亚	台	2 735	58.9
		瑞典	台	285	35.5
		波兰	台	250	30.0
		墨西哥	台	291	28.6
		土耳其	台	675	28.2
		挪威	台	15	28.1
		新加坡	台	8	25.5
		比利时	台	30	13.4
84135039	其他液压往复式排液泵	日本	台	81 487	3 063.9
		德国	台	56 227	1 502.1
		美国	台	2 552	708.4
		瑞典	台	185	539.4
		韩国	台	9 807	420.6
		意大利	台	7 096	240.1
		中国大陆	台	3 078	185.8
		瑞士	台	1 190	182.6
		墨西哥	台	1 805	132.5
		英国	台	1 242	62.3
		法国	台	428	48.2
		加拿大	台	33	32.2
		中国台湾	台	7 138	28.9
		土耳其	台	1 743	20.8
		丹麦	台	70	18.4
		挪威	台	301	13.8
		芬兰	台	41	13.0
84135090	未列名往复式排液泵	德国	台	4 472	1 091.7
		日本	台	21 988	975.7
		美国	台	7 098	530.4
		意大利	台	11 954	377.7
		韩国	台	3 610	341.5
		阿拉伯联合酋长国	台	20	149.9
		法国	台	264	51.7
		墨西哥	台	950	50.0
		中国大陆	台	363	24.1
		以色列	台	1 681	20.2

（续）

商品税号	商品名称	国家（地区）名称	进口量单位	进口量	进口金额（万美元）
84136021	电动回转式齿轮泵	瑞士	台	3 749	15.2
		德国	台	531 457	14 034.9
		日本	台	986 339	8 378.4
		意大利	台	1 388 578	4 629.4
		瑞士	台	6 470	3 439.6
		美国	台	60 743	1 997.6
		韩国	台	186 883	719.9
		法国	台	32 753	460.3
		波兰	台	25 553	392.0
		丹麦	台	85 169	368.3
		英国	台	1 951	364.9
		捷克	台	19 934	232.4
		荷兰	台	339	129.9
		中国台湾	台	13 625	122.7
		奥地利	台	445	94.7
		比利时	台	516	63.3
		中国大陆	台	13 766	62.8
		墨西哥	台	1 351	60.9
		芬兰	台	50	59.6
		印度	台	8 218	55.6
		西班牙	台	330	30.1
		瑞典	台	75	26.1
		挪威	台	10	22.3
		新加坡	台	272	21.8
		阿拉伯联合酋长国	台	4	21.8
		越南	台	300	14.9
84136022	液压回转式齿轮泵	德国	台	64 069	2 153.4
		意大利	台	160 095	1 229.9
		美国	台	12 321	759.1
		日本	台	59 242	744.7
		比利时	台	367	378.9
		中国台湾	台	32 270	222.2
		法国	台	17 939	205.1
		捷克	台	5 529	164.4
		瑞士	台	453	162.3
		韩国	台	23 635	132.1

（续）

商品税号	商品名称	国家（地区）名称	进口量单位	进口量	进口金额（万美元）
		波兰	台	308	97.0
		英国	台	819	80.6
		土耳其	台	3 681	67.8
		斯洛伐克	台	1 260	54.6
		巴西	台	24 049	54.1
		印度	台	6 836	40.4
		奥地利	台	126	34.2
		瑞典	台	159	33.4
		中国大陆	台	363	31.9
		墨西哥	台	218	30.0
		加拿大	台	942	22.1
		丹麦	台	38	10.9
84136029	其他回转式齿轮泵	德国	台	329 727	1 985.0
		韩国	台	642 043	1 857.9
		日本	台	343 759	812.1
		意大利	台	27 729	579.1
		美国	台	4 573	565.0
		瑞士	台	5 071	164.8
		中国台湾	台	2 889	72.9
		英国	台	116	56.3
		比利时	台	117	46.2
		土耳其	台	665	45.1
		法国	台	1 187	25.0
		捷克	台	369	23.6
		西班牙	台	208	15.5
		奥地利	台	19	14.5
		中国大陆	台	20 230	13.9
		墨西哥	台	79	13.2
		荷兰	台	152	11.8
		丹麦	台	172	11.4
84136031	电动回转式叶片泵	日本	台	26 604	1 304.1
		挪威	台	65	479.5
		荷兰	台	118	459.5
		德国	台	22 445	436.3
		美国	台	7 329	395.9
		奥地利	台	32 298	359.9

（续）

商品税号	商品名称	国家（地区）名称	进口量单位	进口量	进口金额（万美元）
		丹麦	台	56	331.4
		法国	台	1 971	220.2
		意大利	台	17 629	201.6
		中国台湾	台	12 403	171.4
		韩国	台	114 879	170.2
		墨西哥	台	12 762	57.0
		匈牙利	台	56	56.7
		中国大陆	台	29 350	23.9
		捷克	台	1 538	22.7
		土耳其	台	25	17.1
		瑞士	台	33	12.4
		波兰	台	3 476	12.2
		印度	台	154	11.5
84136032	液压回转式叶片泵	日本	台	749 383	3 818.2
		挪威	台	11	395.0
		中国台湾	台	15 699	151.9
		德国	台	1 422	93.7
		美国	台	215	54.0
		意大利	台	4 590	34.6
		韩国	台	5 498	12.5
		法国	台	55	12.0
		波兰	台	208	7.3
84136039	其他回转式叶片泵	日本	台	405 851	1 258.2
		德国	台	14 052	971.1
		意大利	台	3 500	168.3
		美国	台	239	154.2
		中国台湾	台	4 848	86.0
		韩国	台	6 961	69.0
		墨西哥	台	13 845	56.0
		保加利亚	台	849	33.8
		丹麦	台	6	21.9
		比利时	台	34	20.9
		印度	台	127	10.6
84136040	回转式螺杆泵	德国	台	7 015	2 503.1
		日本	台	6 040	2 383.6
		意大利	台	18 395	864.3

（续）

商品税号	商品名称	国家（地区）名称	进口量单位	进口量	进口金额（万美元）
		奥地利	台	5 175	798.2
		美国	台	834	586.0
		丹麦	台	18	457.5
		中国台湾	台	1 278	220.4
		韩国	台	15 825	191.7
		西班牙	台	183	125.5
		挪威	台	34	121.2
		瑞典	台	46	106.5
		巴西	台	221	100.8
		捷克	台	14	82.4
		中国大陆	台	1 002	55.6
		芬兰	台	46	52.7
		加拿大	台	134	32.0
		法国	台	3 284	27.4
		印度	台	17	25.3
		泰国	台	88	19.7
		英国	台	54	15.7
		新加坡	台	19	11.9
		瑞士	台	39	10.7
		波兰	台	5	10.6
84136050	回转式径向柱塞泵	日本	台	174 276	2 169.4
		德国	台	6 731	715.2
		意大利	台	3 960	338.2
		美国	台	522	135.1
		瑞典	台	2 591	123.4
		法国	台	20	64.6
		中国香港	台	13	48.5
		荷兰	台	24	35.5
		挪威	台	1	28.6
		以色列	台	394	21.4
		瑞士	台	90	15.2
		中国台湾	台	819	14.7
		韩国	台	51	11.2
		新加坡	台	51	10.9
84136060	回转式轴向柱塞泵	德国	台	23 888	6 385.8
		日本	台	50 330	4 013.8

（续）

商品税号	商品名称	国家（地区）名称	进口量单位	进口量	进口金额（万美元）
		美国	台	12 486	1 875.5
		韩国	台	6 777	917.3
		土耳其	台	4 327	728.8
		挪威	台	10	464.8
		丹麦	台	601	358.6
		意大利	台	6 703	338.9
		瑞士	台	2 015	274.5
		英国	台	1 488	145.9
		法国	台	1 338	139.7
		中国大陆	台	2 034	71.1
		奥地利	台	25	71.1
		加拿大	台	112	53.8
		泰国	台	9	38.6
		墨西哥	台	677	23.9
		中国香港	台	151 500	16.5
		瑞典	台	169	11.0
84136090	其他回转式排液泵	德国	台	299 908	2 622.6
		罗马尼亚	台	64 293	709.8
		英国	台	4 157	526.6
		美国	台	4 166	526.2
		日本	台	36 634	520.7
		意大利	台	42 013	378.3
		中国大陆	台	27 529	279.0
		韩国	台	22 226	229.4
		法国	台	851	158.0
		丹麦	台	379	125.3
		加拿大	台	511	116.1
		瑞士	台	163 586	104.0
		保加利亚	台	7 267	82.7
		瑞典	台	1 122	79.3
		中国台湾	台	6 689	78.2
		奥地利	台	1 910	72.2
		爱尔兰	台	2 109	61.6
		捷克	台	697	38.3
		西班牙	台	137	31.3
		墨西哥	台	1 559	26.1

（续）

商品税号	商品名称	国家（地区）名称	进口量单位	进口量	进口金额（万美元）
		比利时	台	22	23.7
		泰国	台	8 752	23.5
		巴西	台	40	14.9
		芬兰	台	10	14.5
		匈牙利	台	983	14.3
		荷兰	台	83	12.0
		波兰	台	310	10.5
		土耳其	台	1 387	10.2
84137010	转速≥10 000r/min 的离心泵	巴西	台	1	5 751.9
		美国	台	2 727	321.2
		德国	台	36 531	192.6
		日本	台	21 708	124.0
		意大利	台	235 598	107.0
		瑞士	台	97 094	94.7
		英国	台	49	92.0
		瑞典	台	31	40.9
		比利时	台	1	23.9
		中国大陆	台	4 514	14.8
		加拿大	台	14	13.4
		丹麦	台	7	11.5
		新西兰	台	2	10.5
84137091	转速＜10 000r/min 的离心电动潜油泵及潜水泵	德国	台	5 849	1 268.0
		美国	台	1 750	827.1
		意大利	台	16 217	398.4
		丹麦	台	438	382.4
		匈牙利	台	4 100	360.3
		韩国	台	760	250.7
		塞尔维亚	台	9 238	231.9
		中国台湾	台	7 066	197.4
		日本	台	1 731	119.0
		新加坡	台	242	113.0
		爱尔兰	台	333	74.9
		越南	台	4 653	66.3
		法国	台	181	66.0
		中国大陆	台	23 144	26.5
		墨西哥	台	1 264	20.7

商品税号	商品名称	国家（地区）名称	进口量单位	进口量	进口金额（万美元）
84137099	转速＜10 000r/min 的其他离心泵	荷兰	台	631	14.8
		俄罗斯	台	4	9.4
		德国	台	987 568	14 031.6
		美国	台	17 508	11 902.0
		日本	台	566 160	8 082.3
		法国	台	697 101	7 376.2
		英国	台	8 431	5 182.7
		瑞士	台	3 737	5 173.4
		意大利	台	184 141	4 805.9
		挪威	台	358	3 190.1
		丹麦	台	2 913	2 610.7
		中国台湾	台	50 779	2 423.8
		巴西	台	59	2 037.0
		韩国	台	918 448	1 786.2
		印度	台	76 597	1 486.7
		澳大利亚	台	280	1 475.2
		瑞典	台	3 765	1 402.9
		奥地利	台	327	1 328.4
		西班牙	台	8 423	1 326.2
		捷克	台	252 534	697.9
		墨西哥	台	66 781	563.6
		塞尔维亚	台	75 342	443.7
		芬兰	台	427	409.7
		比利时	台	164	402.3
		荷兰	台	1 481	391.3
		匈牙利	台	10 808	377.6
		斯洛伐克	台	285 036	329.5
		中国大陆	台	164 856	285.9
		沙特阿拉伯	台	10	267.6
		波兰	台	2 468	118.8
		加拿大	台	131	88.5
		俄罗斯	台	76	75.7
		新加坡	台	83	75.1
		希腊	台	285	42.3
		印度尼西亚	台	11	35.7
		马来西亚	台	4 616	32.4

（续）

商品税号	商品名称	国家（地区）名称	进口量单位	进口量	进口金额（万美元）
84138100	未列名液体泵	泰国	台	18 518	29.2
		斯洛文尼亚	台	38 964	22.8
		越南	台	21 651	15.6
		爱沙尼亚	台	39	15.5
		爱尔兰	台	123	13.1
		日本	台	24 139	1 880.7
		德国	台	19 870	1 403.6
		挪威	台	135	1 079.4
		瑞士	台	1 901	744.6
		西班牙	台	703	701.4
		美国	台	2 306	467.6
		丹麦	台	249	447.6
		意大利	台	15 623	290.9
		中国台湾	台	3 774	268.6
		韩国	台	10 875	174.6
		英国	台	1 767	149.0
		瑞典	台	280	99.4
		法国	台	900	92.8
		马来西亚	台	851	72.4
		越南	台	172 273	54.9
		荷兰	台	163	53.7
		芬兰	台	341	50.9
		中国大陆	台	36 149	29.9
		俄罗斯	台	20	29.6
		墨西哥	台	1 853	24.2
		加拿大	台	101	22.7
		奥地利	台	107	17.1
		波兰	台	59	17.0
		新加坡	台	56	10.6
84138200	液体提升机	德国	台	6 580	329.9
		美国	台	20	188.7
		西班牙	台	1	54.8
		意大利	台	103	14.5
		中国台湾	台	16	3.4
		荷兰	台	2	1.5
		波兰	台	30	0.5

（续）

商品税号	商品名称	国家（地区）名称	进口量单位	进口量	进口金额（万美元）
84141000	真空泵	日本	台	953 332	34 888.6
		韩国	台	176 382	33 334.2
		德国	台	516 420	20 761.7
		中国台湾	台	59 782	10 198.8
		捷克	台	24 364	6 212.9
		法国	台	162 215	5 666.2
		瑞士	台	71 967	5 638.9
		美国	台	32 908	4 521.8
		意大利	台	81 655	2 448.5
		马来西亚	台	2 838	1 017.3
		英国	台	22 654	703.3
		西班牙	台	1 998	437.7
		荷兰	台	2 132	366.7
		匈牙利	台	88 836	247.7
		中国大陆	台	16 998	232.4
		奥地利	台	146	180.2
		挪威	台	50	178.4
		印度	台	665	163.3
		芬兰	台	93	141.8
		加拿大	台	98	117.2
		罗马尼亚	台	17 791	95.1
		泰国	台	12 343	84.2
		新加坡	台	1 488	64.4
		比利时	台	126	61.2
		瑞典	台	1 051	49.6
		保加利亚	台	3 061	42.9
		澳大利亚	台	153	33.3
		丹麦	台	91	32.6
		巴西	台	40	22.9
		斯洛伐克	台	211	21.9
		墨西哥	台	7 726	20.7
		土耳其	台	2 426	20.6
		以色列	台	148	19.3
		爱沙尼亚	台	10	19.0
		俄罗斯	台	30	17.5
		波兰	台	347	16.9

（续）

商品税号	商品名称	国家（地区）名称	进口量单位	进口量	进口金额（万美元）
84142000	手动或脚踏式空气泵	中国台湾	台	663 915	155.2
		日本	台	62 996	44.0
		德国	台	2 539	28.0
		美国	台	3 113	23.0
		中国大陆	台	30 500	16.1
		加拿大	台	11	13.1
		马来西亚	台	33 845	11.6
		英国	台	671	8.4
		越南	台	16 453	5.4
		斯洛伐克	台	10 800	5.3
		意大利	台	383	4.9
		土耳其	台	242	4.4
		瑞典	台	161	4.3
84145930	离心通风机	德国	台	92 199	8 218.4
		比利时	台	348	1 161.6
		意大利	台	75 847	1 019.0
		泰国	台	375 078	903.1
		日本	台	28 333	864.3
		西班牙	台	3 874	645.6
		韩国	台	4 488	617.9
		美国	台	6 444	561.8
		匈牙利	台	82 823	522.8
		法国	台	9 853	485.3
		斯洛文尼亚	台	13 748	418.6
		捷克	台	42 634	387.3
		波兰	台	2 420	364.8
		荷兰	台	2 897	320.2
		中国大陆	台	201 012	263.0
		爱沙尼亚	台	86	204.2
		瑞士	台	4 661	190.1
		丹麦	台	663	189.8
		马来西亚	台	3 918	154.5
		芬兰	台	283	154.2
		中国台湾	台	11 814	144.9
		越南	台	315 060	108.8
		奥地利	台	168	60.2

（续）

商品税号	商品名称	国家（地区）名称	进口量单位	进口量	进口金额（万美元）
		印度	台	163	57.3
		挪威	台	34	44.9
		英国	台	96	41.8
		澳大利亚	台	31	40.2
		菲律宾	台	27 694	34.7
		瑞典	台	2 666	34.5
		墨西哥	台	3 028	26.8
		乌克兰	台	505	21.0
		印度尼西亚	台	884	20.9
		斯洛伐克	台	622	14.9
		以色列	台	276	13.9
		罗马尼亚	台	4 398	13.2
		柬埔寨	台	84 700	11.5
84145990	未列名风机、风扇	中国大陆	台	36 853 729	15 922.4
		菲律宾	台	15 985 559	12 362.2
		德国	台	983 278	10 505.7
		泰国	台	11 007 923	7 372.0
		越南	台	11 137 710	4 967.6
		美国	台	67 097	4 171.4
		柬埔寨	台	18 664 596	3 448.4
		意大利	台	590 768	3 304.3
		韩国	台	887 619	2 681.7
		中国台湾	台	1 838 253	2 137.3
		日本	台	351 513	1 702.4
		芬兰	台	3 067	1 000.1
		匈牙利	台	224 962	679.7
		瑞士	台	25 460	658.3
		比利时	台	1 812	624.7
		法国	台	7 086	551.7
		斯洛伐克	台	1 158 354	523.4
		印度尼西亚	台	1 741 700	521.2
		捷克	台	10 998	430.7
		印度	台	26 991	362.8
		英国	台	3 019	324.5
		奥地利	台	407 405	319.8
		荷兰	台	2 094	297.8

（续）

商品税号	商品名称	国家（地区）名称	进口量单位	进口量	进口金额（万美元）
		马来西亚	台	47 157	224.5
		墨西哥	台	23 190	212.5
		新加坡	台	9 268	165.4
		瑞典	台	5 097	156.1
		西班牙	台	6 093	117.7
		波兰	台	4 277	116.6
		丹麦	台	907	111.1
		加拿大	台	2 879	108.5
		中国香港	台	6 997	43.7
		土耳其	台	770	33.3
		斯洛文尼亚	台	2 116	32.2
		突尼斯	台	3 730	30.3
		以色列	台	1 373	17.5
		罗马尼亚	台	563	11.6
		澳大利亚	台	218	11.6
84148020	二氧化碳压缩机	德国	台	566	293.2
		意大利	台	995	183.9
		日本	台	4	7.0
		丹麦	台	1	1.2
		中国台湾	台	6	1.0
		英国	台	1	0.6
		中国大陆	台	1	0.5
84148041	螺杆空压机	德国	台	908	2 084.0
		比利时	台	210	1 238.9
		日本	台	448	743.0
		意大利	台	42	661.7
		美国	台	65	142.0
		芬兰	台	44	135.1
		法国	台	20	43.1
		荷兰	台	15	26.6
		韩国	台	28	25.9
		马来西亚	台	3	22.8
		挪威	台	2	8.2
		中国大陆	台	16	5.1
84148049	未列名空气及其他气体压缩机	德国	台	242 613	20 102.7
		意大利	台	3 445	19 710.5

（续）

商品税号	商品名称	国家（地区）名称	进口量单位	进口量	进口金额（万美元）
		日本	台	45 509	17 686.9
		瑞士	台	151	13 476.9
		美国	台	9 535	12 633.7
		法国	台	873	3 923.2
		韩国	台	10 360	3 368.4
		波兰	台	4 393	2 661.3
		比利时	台	463	2 265.9
		沙特阿拉伯	台	2	1 800.0
		巴西	台	586	1 451.8
		挪威	台	364	1 293.1
		英国	台	507	928.3
		墨西哥	台	9 018	853.0
		荷兰	台	113	580.8
		奥地利	台	71 382	548.0
		印度	台	15 514	433.5
		菲律宾	台	2 619	422.9
		瑞典	台	351	369.8
		芬兰	台	152	315.7
		马来西亚	台	49 417	216.5
		中国大陆	台	11 239	204.9
		西班牙	台	38	183.4
		越南	台	3 899	111.1
		斯洛伐克	台	373	96.9
		中国台湾	台	1 376	95.4
		澳大利亚	台	8 406	81.6
		新加坡	台	127	67.2
		丹麦	台	44	42.1
		泰国	台	180	41.0
		匈牙利	台	54	35.0
		土耳其	台	57	20.8
		捷克	台	112	14.6
		印度尼西亚	台	2	10.0
84148090	其他空气泵，通风罩、循环气罩	美国	台	70 281	3 119.1
		德国	台	19 361	1 952.7
		巴西	台	5	1 566.2
		日本	台	310 747	970.0

（续）

商品税号	商品名称	国家（地区）名称	进口量单位	进口量	进口金额（万美元）
		意大利	台	948	823.8
		中国大陆	台	8 422 587	820.9
		泰国	台	433 470	679.4
		波兰	台	205 070	674.2
		印度	台	309	488.2
		法国	台	6 091	350.1
		瑞士	台	1 692	323.0
		印度尼西亚	台	1 374	306.8
		比利时	台	117	295.9
		韩国	台	10 550	280.4
		中国台湾	台	59 485	262.9
		捷克	台	24 058	146.8
		匈牙利	台	2 851	127.3
		荷兰	台	194	112.8
		澳大利亚	台	4 563	109.3
		芬兰	台	149	102.8
		阿拉伯联合酋长国	台	3	84.1
		马来西亚	台	674	62.9
		挪威	台	55	50.8
		奥地利	台	18 611	42.9
		英国	台	342	29.4
		菲律宾	台	1 780	20.8
		西班牙	台	1 035	19.9
		新加坡	台	2 052	19.7
		加拿大	台	572	11.9
		墨西哥	台	365	11.8
		俄罗斯	台	13	11.2
		希腊	台	7	10.9
		丹麦	台	55	10.2
84149011	84143011 至 84143014、84143090 的压缩机进、排气阀片	韩国	kg	325 873	471.4
		美国	kg	3 919	74.1
		斯洛伐克	kg	3 514	64.5
		意大利	kg	3 224	58.8
		瑞士	kg	361	54.9
		日本	kg	2 157	30.9
		新加坡	kg	7 477	29.8

（续）

商品税号	商品名称	国家（地区）名称	进口量单位	进口量	进口金额（万美元）
		土耳其	kg	6 303	23.7
		德国	kg	1 832	21.8
		印度	kg	6 882	14.6
		奥地利	kg	284	8.6
		荷兰	kg	193	3.3
		塞尔维亚	kg	7 590	2.8
		中国大陆	kg	322	2.4
84196011	制氧量≥15 000m³/h 的制氧机	日本	台	8	13.9
		韩国	台	1	5.8
		美国	台	2	0.2
84196019	其他制氧机	德国	台	2 115	117.3
		美国	台	665	67.7
		法国	台	6	44.2
		韩国	台	42	9.1
		日本	台	1	8.6
		中国大陆	台	191	4.6
		印度	台	142	2.9
		新加坡	台	63	1.9
		墨西哥	台	20	1.4
		瑞典	台	1	0.4
84196090	未列名液化空气或其他气体的机器	法国	台	28	691.9
		德国	台	17	480.6
		意大利	台	10	464.6
		韩国	台	5	272.7
		挪威	台	33	204.6
		荷兰	台	4	97.7
		美国	台	24	58.7
		芬兰	台	3	52.8
		印度尼西亚	台	1	37.8
		波兰	台	3	28.0
		日本	台	7	21.2
		中国台湾	台	4	20.2
		丹麦	台	1	17.7
		英国	台	2	13.6
		泰国	台	1	2.5
84211920	固液分离机	德国	台	1 143	9 673.8

（续）

商品税号	商品名称	国家（地区）名称	进口量单位	进口量	进口金额（万美元）
		斯洛伐克	台	18	2 098.4
		日本	台	121	1 451.1
		瑞士	台	27	1 415.1
		意大利	台	36	470.3
		捷克	台	24	462.0
		韩国	台	20	383.1
		美国	台	139	284.6
		瑞典	台	35	217.0
		波兰	台	10	210.4
		印度	台	88	154.1
		西班牙	台	78	103.8
		马来西亚	台	1	98.7
		荷兰	台	14	94.2
		奥地利	台	27	54.0
		中国台湾	台	17	42.9
		加拿大	台	8	41.8
		土耳其	台	4	32.2
		澳大利亚	台	3	28.0
		中国大陆	台	163	24.2
		芬兰	台	7	18.3
84212910	压滤机	德国	台	55	2 114.3
		中国台湾	台	28	515.7
		日本	台	31	229.8
		比利时	台	2	147.4
		美国	台	43	34.0
		荷兰	台	3	15.0
		韩国	台	1	10.1
		马来西亚	台	2	7.3
		意大利	台	11	6.3
		中国大陆	台	3	4.2
		丹麦	台	2	2.1
84811000	减压阀	日本	台	6 398 160	8 767.3
		德国	台	2 694 732	8 400.1
		美国	台	2 457 724	8 283.8
		意大利	台	4 411 103	5 028.9
		韩国	台	3 684 733	3 237.0

（续）

商品税号	商品名称	国家（地区）名称	进口量单位	进口量	进口金额（万美元）
		中国大陆	台	798 243	2 016.2
		法国	台	166 659	1 288.8
		匈牙利	台	411 460	1 278.8
		英国	台	167 330	896.8
		墨西哥	台	224 009	753.3
		瑞士	台	2 288 592	696.7
		捷克	台	184 380	573.0
		中国台湾	台	2 748 461	526.8
		泰国	台	95 059	444.5
		新加坡	台	2 519	423.6
		卢森堡	台	12 797	389.0
		印度	台	188 611	345.9
		保加利亚	台	17 279	342.0
		奥地利	台	45 873	177.5
		西班牙	台	5 824	174.0
		罗马尼亚	台	50 059	170.5
		荷兰	台	21 964	166.3
		以色列	台	7 014	164.5
		波兰	台	195 943	163.1
		芬兰	台	3 857	98.2
		马来西亚	台	1 162	93.5
		斯洛伐克	台	38 292	74.5
		瑞典	台	124 045	73.5
		加拿大	台	14 572	66.1
		丹麦	台	5 274	61.3
		菲律宾	台	59 841	58.3
		澳大利亚	台	44 485	54.9
		巴西	台	201	34.8
		葡萄牙	台	15 632	28.1
		比利时	台	86 604	25.2
		挪威	台	566	21.9
		土耳其	台	1 927	18.0
		俄罗斯	台	76	16.4
		乌克兰	台	25	10.0
84812010	油压传动阀	日本	台	66 378 060	20 863.6
		德国	台	6 499 953	19 061.6

（续）

商品税号	商品名称	国家（地区）名称	进口量单位	进口量	进口金额（万美元）
		美国	台	6 237 935	12 371.0
		越南	台	5 018 884	11 049.0
		意大利	台	3 517 620	9 017.1
		韩国	台	10 063 987	5 273.5
		泰国	台	3 029 819	2 511.4
		中国台湾	台	663 453	2 362.6
		瑞士	台	78 875	2 086.8
		英国	台	309 963	1 561.1
		比利时	台	21 793 072	1 278.3
		墨西哥	台	1 210 905	1 022.4
		法国	台	28 946	771.6
		瑞典	台	17 958	694.2
		印度	台	104 704	515.9
		菲律宾	台	9 311	502.5
		土耳其	台	19 722	365.6
		罗马尼亚	台	32 040	316.1
		捷克	台	310 434	276.3
		丹麦	台	5 618	186.7
		奥地利	台	3 078	168.5
		中国大陆	台	10 481	92.6
		卢森堡	台	282	89.8
		波兰	台	9 345	66.9
		芬兰	台	765	50.6
		加拿大	台	2 919	47.7
		挪威	台	186	37.0
		斯洛文尼亚	台	9 051	32.8
		荷兰	台	2 110	22.4
		澳大利亚	台	567	20.0
		斯洛伐克	台	10 195	17.8
		匈牙利	台	8 004	17.2
		西班牙	台	1 180	12.4
84812020	气压传动阀	日本	台	14 701 626	27 350.2
		德国	台	5 430 686	11 208.3
		瑞士	台	4 541 185	9 619.0
		美国	台	373 649	7 540.6
		韩国	台	1 054 108	4 502.6

（续）

商品税号	商品名称	国家（地区）名称	进口量单位	进口量	进口金额（万美元）
		波兰	台	963 050	3 054.5
		英国	台	23 958	2 706.8
		卢森堡	台	103 938	2 285.5
		马来西亚	台	3 346	2 238.4
		匈牙利	台	751 648	2 018.0
		印度	台	5 826 033	1 980.5
		越南	台	1 105 845	1 443.4
		法国	台	65 938	1 339.3
		中国台湾	台	833 429	1 187.7
		意大利	台	236 860	944.9
		西班牙	台	645	885.2
		瑞典	台	5 357	729.9
		中国大陆	台	84 040	450.9
		墨西哥	台	8 745	275.1
		奥地利	台	4 700	215.2
		以色列	台	30 975	183.8
		荷兰	台	1 444	142.4
		保加利亚	台	5 858	118.5
		捷克	台	33 052	95.3
		加拿大	台	770	69.2
		斯洛伐克	台	135 390	65.9
		芬兰	台	2 656	63.8
		巴西	台	41 930	57.7
		新加坡	台	502	29.9
		丹麦	台	680	26.4
		爱沙尼亚	台	374	20.0
		泰国	台	1 179 839	19.4
		澳大利亚	台	1 910	17.2
84813000	止回阀	德国	台	38 648 892	10 124.4
		美国	台	35 561 586	6 959.2
		日本	台	114 590 416	6 345.0
		意大利	台	4 316 000	4 327.6
		英国	台	11 956 157	2 991.7
		韩国	台	19 856 271	2 947.1
		法国	台	14 741 231	1 828.4
		中国台湾	台	28 881 401	1 155.1

（续）

商品税号	商品名称	国家（地区）名称	进口量单位	进口量	进口金额（万美元）
		印度	台	205 421	1 044.9
		瑞士	台	4 216 836	1 023.4
		西班牙	台	616 264	881.8
		瑞典	台	2 062 997	767.2
		捷克	台	890 357	451.1
		墨西哥	台	1 593 609	407.7
		罗马尼亚	台	278 638	381.1
		奥地利	台	1 653 754	377.7
		荷兰	台	1 919 881	354.2
		匈牙利	台	244 971	304.2
		芬兰	台	13 509	298.9
		中国大陆	台	15 375 638	296.3
		以色列	台	1 775 944	292.7
		卢森堡	台	620 791	223.4
		加拿大	台	3 109	206.2
		丹麦	台	187 276	202.4
		波兰	台	549 025	172.3
		泰国	台	638 720	148.9
		新加坡	台	1 845	133.7
		土耳其	台	49 443	83.9
		挪威	台	989	72.3
		多米尼加	台	3 912 026	70.1
		菲律宾	台	193 591	50.3
		澳大利亚	台	174 169	44.7
		爱尔兰	台	2 774	40.4
		斯洛文尼亚	台	2 444	28.9
		马来西亚	台	1 181	20.1
		斯洛伐克	台	30 194	17.4
		沙特阿拉伯	台	132	17.3
		阿拉伯联合酋长国	台	373	16.5
		越南	台	42 678	15.5
		比利时	台	556	12.3
		俄罗斯	台	243	11.0
84814000	安全阀或溢流阀	德国	台	6 212 197	7 477.7
		美国	台	3 972 962	6 822.3
		日本	台	7 311 001	4 263.4

（续）

商品税号	商品名称	国家（地区）名称	进口量单位	进口量	进口金额（万美元）
		意大利	台	4 086 980	3 760.9
		新加坡	台	738	2 393.5
		韩国	台	4 131 093	2 280.3
		捷克	台	4 990 386	1 368.1
		法国	台	282 482	1 275.6
		英国	台	90 659	997.3
		中国台湾	台	605 389	738.6
		印度	台	383 157	681.5
		卢森堡	台	39 713	624.3
		中国大陆	台	214 974	472.1
		泰国	台	2 232 965	429.2
		瑞士	台	28 392 706	332.3
		奥地利	台	5 129	256.6
		乌克兰	台	24	250.4
		墨西哥	台	174 244	248.3
		巴西	台	163	211.6
		丹麦	台	9 531	165.0
		罗马尼亚	台	86 357	130.4
		波兰	台	51 853	129.2
		加拿大	台	5 282	122.5
		以色列	台	74 161	122.2
		荷兰	台	29 871	122.2
		匈牙利	台	27 161	108.0
		瑞典	台	25 216	97.7
		西班牙	台	87 827	91.8
		挪威	台	6 426	71.6
		斯洛伐克	台	182 854	69.8
		比利时	台	33 048	65.4
		芬兰	台	1 107	40.4
		菲律宾	台	31 858	22.7
		澳大利亚	台	2 813	20.8
		新西兰	台	1 039	17.8
		土耳其	台	14 879	16.4
84818029	其他换向阀	美国	台	1 009 211	3 268.1
		德国	台	128 783	2 450.9
		日本	台	7 918 708	1 487.3

（续）

商品税号	商品名称	国家（地区）名称	进口量单位	进口量	进口金额（万美元）
		瑞士	台	1 207 319	623.7
		墨西哥	台	10 848 352	587.2
		意大利	台	89 800	511.2
		以色列	台	27 475 242	442.0
		中国台湾	台	131 298	390.5
		法国	台	57 673	387.8
		波兰	台	308 203	366.8
		韩国	台	419 381	304.0
		英国	台	29 538	249.4
		越南	台	336 255	121.5
		印度	台	20 705	119.5
		西班牙	台	78 734	110.3
		丹麦	台	16 709	102.1
		土耳其	台	3 801	91.1
		匈牙利	台	44 498	86.2
		瑞典	台	1 665	81.8
		捷克	台	15 258	62.4
		马来西亚	台	15 607	61.2
		奥地利	台	1 589	59.9
		罗马尼亚	台	1 912	43.2
		斯洛文尼亚	台	2 589	38.2
		阿拉伯联合酋长国	台	16	37.9
		加拿大	台	543	37.0
		芬兰	台	546	30.7
		中国大陆	台	18 036	29.1
		荷兰	台	844	26.5
		新加坡	台	349	22.3
		澳大利亚	台	461	20.1
		塞尔维亚	台	18 000	17.6
		挪威	台	269	17.5
84818040	其他阀门	德国	台	13 269 758	38 760.2
		意大利	台	5 331 590	34 737.3
		美国	台	26 769 104	31 628.9
		日本	台	17 043 157	23 823.1
		韩国	台	16 999 529	23 506.9
		瑞士	台	36 659 612	12 202.0

（续）

商品税号	商品名称	国家（地区）名称	进口量单位	进口量	进口金额（万美元）
		英国	台	6 905 116	9 184.5
		中国台湾	台	11 726 422	9 063.6
		马来西亚	台	5 842 579	8 887.4
		法国	台	16 359 985	7 010.9
		西班牙	台	355 817	5 493.9
		印度	台	150 536	5 309.8
		以色列	台	22 308 296	4 120.9
		越南	台	9 048 129	3 960.1
		丹麦	台	88 121	3 138.7
		荷兰	台	108 970	3 055.8
		新加坡	台	30 245	2 990.1
		墨西哥	台	3 347 152	2 776.7
		中国大陆	台	6 103 700	2 653.8
		瑞典	台	28 740	2 445.3
		芬兰	台	8 962	2 382.2
		印度尼西亚	台	29 756	2 058.5
		奥地利	台	36 455	1 844.2
		挪威	台	3 374	1 821.7
		加拿大	台	37 784	1 818.7
		捷克	台	787 617	1 507.6
		俄罗斯	台	6 730	1 199.2
		匈牙利	台	1 049 846	956.5
		泰国	台	611 583	914.7
		澳大利亚	台	2 141 706	773.4
		波兰	台	659 017	755.3
		比利时	台	1 019 796	586.6
		沙特阿拉伯	台	3 215	552.2
		巴西	台	118 349	509.9
		爱尔兰	台	15 058	439.6
		土耳其	台	1 933 086	362.2
		卢森堡	台	14 828	321.1
		罗马尼亚	台	523 606	302.0
		葡萄牙	台	31 666	273.9
		阿拉伯联合酋长国	台	324	205.1
		斯洛文尼亚	台	890 877	178.1
		乌克兰	台	129	88.5

（续）

商品税号	商品名称	国家（地区）名称	进口量单位	进口量	进口金额（万美元）
84819010	阀门零件	中国香港	台	65 067	84.0
		斯洛伐克	台	11 520	73.1
		阿根廷	台	2 998	55.0
		日本	kg	9 528 664	24 786.0
		德国	kg	4 054 101	24 509.6
		美国	kg	1 300 369	13 354.9
		韩国	kg	5 206 281	7 996.1
		法国	kg	356 989	4 398.5
		意大利	kg	2 063 426	4 297.7
		中国台湾	kg	1 510 341	3 655.2
		英国	kg	297 621	2 892.4
		印度	kg	1 978 629	2 398.1
		瑞士	kg	145 628	2 328.3
		中国大陆	kg	515 170	2 298.1
		奥地利	kg	363 380	2 270.0
		马来西亚	kg	944 713	2 164.4
		泰国	kg	908 122	1 594.1
		丹麦	kg	344 890	1 308.3
		西班牙	kg	282 164	987.3
		荷兰	kg	91 544	667.2
		新加坡	kg	74 509	666.6
		越南	kg	151 704	597.7
		捷克	kg	100 502	554.3
		瑞典	kg	59 433	551.3
		挪威	kg	8 082	482.9
		波兰	kg	103 691	455.7
		匈牙利	kg	59 305	426.5
		以色列	kg	321 285	403.7
		墨西哥	kg	95 871	362.4
		加拿大	kg	40 593	357.8
		芬兰	kg	37 427	346.2
		罗马尼亚	kg	12 140	237.2
		卢森堡	kg	41 325	155.3
		菲律宾	kg	21 672	140.0
		斯洛伐克	kg	51 568	118.1
		比利时	kg	12 947	116.9

（续）

商品税号	商品名称	国家（地区）名称	进口量单位	进口量	进口金额（万美元）
		土耳其	kg	40 983	106.6
		巴西	kg	5 924	98.1
		印度尼西亚	kg	17 618	69.4
		中国香港	kg	5 906	65.8
		俄罗斯	kg	5 568	63.9
		斯洛文尼亚	kg	44 797	55.9
		爱尔兰	kg	6 093	50.6
84834020	行星齿轮减速器	德国	个	74 348	6 993.9
		日本	个	147 956	5 797.6
		意大利	个	21 139	2 467.3
		中国台湾	个	140 084	1 997.9
		韩国	个	41 728	1 773.2
		印度	个	80 068	1 630.2
		中国香港	个	3 757	973.0
		美国	个	1 966	646.0
		芬兰	个	139	599.7
		菲律宾	个	38 640	507.9
		法国	个	1 739	262.4
		瑞士	个	1 037	164.6
		奥地利	个	276	134.6
		斯洛伐克	个	551	121.6
		俄罗斯	个	3	105.1
		丹麦	个	698	83.5
		中国大陆	个	3 183	64.8
		挪威	个	14	64.8
		荷兰	个	121	50.1
		瑞典	个	358	44.7
		英国	个	154	43.3
		波兰	个	11	23.2
		爱尔兰	个	435	19.6
		墨西哥	个	301 509	15.3
		保加利亚	个	1 976	12.3
		马来西亚	个	1 878	11.1

〔供稿单位：中国通用机械工业协会〕

2023 年通用机械产品主要出口国家（地区）量值

商品税号	商品名称	国家（地区）名称	出口量单位	出口量	出口金额（万美元）
84131100	分装燃料或润滑油的计量泵，加油站或车库用	菲律宾	台	16 605	1 390.4
		尼日利亚	台	8 863	898.0
		美国	台	137 637	726.2
		沙特阿拉伯	台	5 630	713.6
		澳大利亚	台	3 555	562.0
		俄罗斯	台	61 118	489.7
		贝宁	台	2 289	447.7
		泰国	台	11 563	325.5
		阿拉伯联合酋长国	台	12 338	238.8
		中国台湾	台	887	237.7
		坦桑尼亚	台	3 409	218.6
		肯尼亚	台	8 549	210.0
		乌兹别克斯坦	台	8 949	207.4
		也门	台	2 323	190.4
		加纳	台	1 665	170.4
		印度尼西亚	台	11 699	166.1
		巴基斯坦	台	2 950	143.4
		印度	台	3 187	137.1
		土耳其	台	56 333	136.1
		埃塞俄比亚	台	851	128.0
		南非	台	15 955	127.7
		蒙古	台	772	125.4
		孟加拉国	台	869	124.5
		塞拉利昂	台	347	111.5
		乌干达	台	562	109.9
		苏丹	台	582	107.8
		巴西	台	21 685	103.4
		布基纳法索	台	438	96.5

（续）

商品税号	商品名称	国家（地区）名称	出口量单位	出口量	出口金额（万美元）
84131900	其他装有或可装计量装置的液体泵	索马里	台	555	95.2
		阿富汗	台	373	94.7
		哥伦比亚	台	1 966	93.8
		伊拉克	台	6 481	91.1
		利比亚	台	23 484	83.7
		波兰	台	38 294	82.9
		秘鲁	台	1 302	81.9
		俄罗斯	台	490 335	2 327.6
		美国	台	410 010	1 176.4
		印度尼西亚	台	163 585	871.5
		意大利	台	147 973	693.5
		马来西亚	台	63 762	537.4
		韩国	台	52 137	495.9
		日本	台	48 302	491.6
		澳大利亚	台	44 953	445.1
		巴西	台	93 495	418.4
		英国	台	151 675	413.9
		印度	台	183 815	397.0
		泰国	台	54 155	392.7
		新加坡	台	59 879	370.0
		德国	台	115 466	340.4
		越南	台	37 288	322.9
		阿拉伯联合酋长国	台	175 636	294.5
		法国	台	21 597	291.9
		中国香港	台	16 373	274.0
		西班牙	台	48 699	272.2
		波兰	台	49 360	257.6
		土耳其	台	85 792	254.7
		比利时	台	21 827	190.5
		巴基斯坦	台	20 992	188.1
		中国台湾	台	9 677	157.3
		荷兰	台	24 710	154.9
		菲律宾	台	17 477	145.5

（续）

商品税号	商品名称	国家（地区）名称	出口量单位	出口量	出口金额（万美元）
84135010	气动往复式排液泵	南非	台	30 774	130.2
		罗马尼亚	台	27 618	129.8
		墨西哥	台	19 529	126.5
		伊拉克	台	14 794	98.3
		伊朗	台	38 639	97.6
		白俄罗斯	台	8 325	94.0
		沙特阿拉伯	台	12 088	91.2
		哈萨克斯坦	台	17 218	88.3
		加拿大	台	9 423	84.1
		美国	台	93 933	1 213.4
		英国	台	611 684	866.2
		比利时	台	36 040	679.1
		墨西哥	台	611 723	646.8
		俄罗斯	台	98 644	609.7
		韩国	台	23 743	586.7
		新加坡	台	35 010	575.8
		马来西亚	台	27 465	417.4
		巴西	台	20 142	395.3
		泰国	台	155 550	361.4
		中国台湾	台	8 351	311.3
		澳大利亚	台	64 320	261.7
		越南	台	41 534	238.2
		日本	台	61 307	215.9
		印度尼西亚	台	44 977	186.5
		荷兰	台	12 493	181.0
		德国	台	4 446	178.3
		南非	台	4 215	171.8
		阿拉伯联合酋长国	台	5 176	132.8
		印度	台	55 080	120.5
		匈牙利	台	76 886	88.5
		中国香港	台	10 007	87.8
84135020	电动往复式排液泵	美国	台	4 003 204	8 767.2
		新加坡	台	875 519	4 297.1
		印度尼西亚	台	6 759 314	4 137.0

（续）

商品税号	商品名称	国家（地区）名称	出口量单位	出口量	出口金额（万美元）
		中国香港	台	2 392 142	3 320.3
		印度	台	3 594 088	3 027.2
		越南	台	3 745 510	2 923.9
		德国	台	1 193 754	2 360.3
		俄罗斯	台	1 356 060	2 320.0
		墨西哥	台	941 662	2 184.5
		巴西	台	1 558 811	1 533.9
		荷兰	台	825 998	1 207.5
		英国	台	355 172	1 151.7
		日本	台	357 996	990.9
		韩国	台	1 116 295	843.4
		土耳其	台	1 120 469	779.1
		澳大利亚	台	241 018	752.8
		意大利	台	1 103 075	693.9
		马来西亚	台	1 239 090	675.1
		加拿大	台	268 838	653.4
		法国	台	861 123	649.8
		哈萨克斯坦	台	473 384	639.2
		泰国	台	718 462	584.8
		埃及	台	291 837	418.0
		波兰	台	254 967	411.7
		阿拉伯联合酋长国	台	401 441	351.3
		匈牙利	台	149 847	339.1
		沙特阿拉伯	台	175 476	302.9
		菲律宾	台	149 624	298.9
		瑞士	台	87 794	236.7
		比利时	台	46 508	222.9
		西班牙	台	129 650	219.9
		刚果民主共和国	台	885	219.1
		智利	台	213 992	213.5
		塔吉克斯坦	台	36 393	189.0
		希腊	台	139 313	177.3
		阿曼	台	7 389	164.9
		伊拉克	台	88 024	150.6

（续）

商品税号	商品名称	国家（地区）名称	出口量单位	出口量	出口金额（万美元）
		吉尔吉斯斯坦	台	62 570	146.4
		南非	台	45 656	146.2
		以色列	台	43 522	127.8
		孟加拉国	台	48 582	127.7
		尼日利亚	台	23 661	123.0
		罗马尼亚	台	213 003	110.4
		巴基斯坦	台	89 874	107.6
		瑞典	台	28 761	107.5
		中国台湾	台	73 564	105.0
		斯洛文尼亚	台	57 006	92.3
		伊朗	台	110 312	88.8
		哥伦比亚	台	69 654	86.2
84135031	液压往复式柱塞泵	俄罗斯	台	237 484	3 269.1
		美国	台	312 893	1 811.9
		巴西	台	219 512	1 062.0
		印度	台	157 383	970.8
		越南	台	233 006	859.6
		德国	台	6 732	631.2
		印度尼西亚	台	161 725	561.7
		阿拉伯联合酋长国	台	38 065	552.8
		中国香港	台	2 371	484.0
		白俄罗斯	台	59 649	477.5
		韩国	台	9 143	393.1
		新加坡	台	1 976	349.4
		哈萨克斯坦	台	23 854	330.2
		卡塔尔	台	23	320.2
		泰国	台	62 791	297.3
		伊朗	台	58 628	269.8
		澳大利亚	台	4 064	211.4
		沙特阿拉伯	台	3 945	200.2
		菲律宾	台	64 764	177.6
		日本	台	8 788	170.8
		科威特	台	522	170.3
		土耳其	台	36 933	167.6

（续）

商品税号	商品名称	国家（地区）名称	出口量单位	出口量	出口金额（万美元）
		南非	台	10 302	148.9
		马来西亚	台	55 882	145.5
		墨西哥	台	135 547	141.3
		阿塞拜疆	台	2 244	136.3
		西班牙	台	44 290	115.1
		英国	台	7 819	112.3
		意大利	台	19 878	108.2
		荷兰	台	679	96.7
		也门	台	41 371	95.3
		伊拉克	台	21 524	90.4
		尼日利亚	台	7 645	86.6
		刚果民主共和国	台	456	83.8
84135039	其他液压往复式排液泵	美国	台	296 599	1 594.1
		俄罗斯	台	186 981	891.5
		越南	台	466 264	433.8
		哈萨克斯坦	台	289 839	376.5
		巴西	台	137 253	367.8
		马来西亚	台	145 851	312.4
		墨西哥	台	329 087	302.8
		德国	台	18 505	295.1
		印度	台	58 978	262.1
		印度尼西亚	台	606 000	238.4
		土耳其	台	71 860	129.5
		阿拉伯联合酋长国	台	141 992	128.9
		韩国	台	26 577	128.2
		泰国	台	20 669	115.2
		新加坡	台	7 883	113.4
		加拿大	台	2 296	107.0
		加纳	台	7 559	106.6
		意大利	台	72 070	103.8
		尼日利亚	台	238 473	98.0
		吉尔吉斯斯坦	台	49 785	96.2
		乌兹别克斯坦	台	85 929	96.0
		阿尔及利亚	台	151 261	91.2

（续）

商品税号	商品名称	国家（地区）名称	出口量单位	出口量	出口金额（万美元）
84135090	未列名往复式排液泵	南非	台	84 822	89.9
		美国	台	542 768	2 374.7
		俄罗斯	台	22 956	1 434.0
		泰国	台	2 548 551	474.3
		印度尼西亚	台	2 204 880	457.2
		加拿大	台	49 518	365.5
		哈萨克斯坦	台	9 803	256.4
		意大利	台	34 918	239.4
		印度	台	98 139	238.9
		阿曼	台	392	206.7
		马来西亚	台	1 560 324	195.8
		韩国	台	54 546	188.2
		巴西	台	112 636	164.3
		澳大利亚	台	19 947	151.3
		新加坡	台	8 899	141.8
		法国	台	10 939	124.3
		墨西哥	台	45 828	122.0
		阿拉伯联合酋长国	台	33 846	115.4
		英国	台	18 593	99.7
		南非	台	202 517	93.2
		科威特	台	256	92.2
		德国	台	16 044	91.2
		罗马尼亚	台	2 958	87.7
		土库曼斯坦	台	5	84.9
		智利	台	2 984	82.9
		越南	台	25 018	82.5
		菲律宾	台	260 153	80.2
84136021	电动回转式齿轮泵	美国	台	322 053	4 141.8
		日本	台	621 196	1 255.6
		印度	台	66 728	420.4
		法国	台	31 001	376.4
		俄罗斯	台	24 263	349.0
		巴西	台	7 586	316.9
		韩国	台	515 511	314.9

（续）

商品税号	商品名称	国家（地区）名称	出口量单位	出口量	出口金额（万美元）
		英国	台	10 527	310.5
		新加坡	台	91 294	200.7
		印度尼西亚	台	40 810	199.4
		德国	台	8 531	192.9
		泰国	台	602 995	169.1
		阿拉伯联合酋长国	台	3 093	168.3
		中国台湾	台	10 123	152.4
		越南	台	48 891	141.4
		土耳其	台	16 552	135.5
		丹麦	台	1 016	121.9
		荷兰	台	13 903	114.6
		哥伦比亚	台	80 123	108.1
		中国香港	台	2 521	98.4
		澳大利亚	台	8 813	74.4
		哈萨克斯坦	台	11 455	65.3
		马来西亚	台	5 062	63.5
		墨西哥	台	12 528	54.4
		波兰	台	20 519	53.6
		乌兹别克斯坦	台	359	48.9
84136022	液压回转式齿轮泵	美国	台	311 615	2 586.8
		俄罗斯	台	434 113	2 391.5
		巴西	台	50 664	490.8
		马来西亚	台	34 331	486.6
		印度	台	57 782	454.7
		印度尼西亚	台	28 990	349.1
		墨西哥	台	24 280	296.4
		韩国	台	75 273	268.9
		泰国	台	16 665	261.0
		土耳其	台	88 146	257.2
		英国	台	17 869	176.6
		新加坡	台	11 223	168.7
		白俄罗斯	台	36 186	165.9
		德国	台	29 516	164.3
		加拿大	台	19 650	157.1

（续）

商品税号	商品名称	国家（地区）名称	出口量单位	出口量	出口金额（万美元）
		越南	台	27 593	151.8
		阿拉伯联合酋长国	台	27 931	151.4
		保加利亚	台	41 833	140.7
		沙特阿拉伯	台	13 516	129.7
		日本	台	6 883	123.6
		波兰	台	16 578	117.2
		意大利	台	45 250	115.4
		哈萨克斯坦	台	15 198	114.6
		西班牙	台	15 682	106.8
		刚果民主共和国	台	1 293	92.3
		荷兰	台	5 746	86.1
		阿尔及利亚	台	25 251	82.9
		法国	台	6 364	80.4
84136029	其他回转式齿轮泵	美国	台	83 874	1 465.4
		俄罗斯	台	49 252	707.4
		印度尼西亚	台	43 330	440.7
		保加利亚	台	180 051	327.4
		土耳其	台	68 970	223.8
		越南	台	27 470	202.0
		印度	台	33 206	192.9
		巴基斯坦	台	87 279	176.3
		韩国	台	19 669	162.9
		德国	台	44 605	143.3
		泰国	台	24 777	141.0
		阿拉伯联合酋长国	台	24 580	121.0
		巴西	台	19 433	95.1
		墨西哥	台	6 580	90.8
		波兰	台	33 903	88.1
84136031	电动回转式叶片泵	日本	台	475 790	2 445.7
		墨西哥	台	749 196	2 367.7
		美国	台	956 592	809.2
		俄罗斯	台	224 569	722.6
		泰国	台	381 226	656.0
		孟加拉国	台	232 751	533.8

商品税号	商品名称	国家（地区）名称	出口量单位	出口量	出口金额（万美元）
		印度尼西亚	台	44 359	449.1
		阿拉伯联合酋长国	台	177 052	326.8
		希腊	台	1 061	205.7
		阿尔及利亚	台	207 195	205.5
		越南	台	53 881	202.1
		乌兹别克斯坦	台	381 301	192.3
		英国	台	45 467	164.8
		中国澳门	台	34	164.4
		伊拉克	台	74 060	161.4
		哈萨克斯坦	台	72 380	160.2
		土耳其	台	76 476	158.6
		巴西	台	53 797	151.6
		荷兰	台	33 295	145.9
		澳大利亚	台	24 164	140.0
		利比亚	台	86 387	132.7
		匈牙利	台	9 399	123.7
		埃及	台	407 605	112.5
		德国	台	116 881	101.3
		比利时	台	34 502	97.5
		韩国	台	74 620	97.3
		土库曼斯坦	台	39 524	88.7
84136032	液压回转式叶片泵	美国	台	61 909	445.8
		俄罗斯	台	33 439	302.8
		越南	台	50 815	224.1
		印度	台	56 172	219.0
		日本	台	5 252	171.4
		韩国	台	8 294	164.8
		阿拉伯联合酋长国	台	33 912	111.2
		印度尼西亚	台	5 401	94.3
		巴西	台	13 643	90.2
		土耳其	台	19 948	79.4
		墨西哥	台	9 740	76.2
		马来西亚	台	15 224	68.9
		中国台湾	台	2 618	66.0

（续）

商品税号	商品名称	国家（地区）名称	出口量单位	出口量	出口金额（万美元）
84136039	其他回转式叶片泵	德国	台	17 326	64.9
		泰国	台	3 888	54.2
		尼日利亚	台	15 044	50.4
		日本	台	667 642	2 460.7
		美国	台	747 191	1 200.4
		德国	台	225 617	1 097.9
		墨西哥	台	226 029	1 045.2
		巴西	台	303 314	1 004.2
		阿拉伯联合酋长国	台	256 155	921.6
		法国	台	124 452	580.3
		俄罗斯	台	122 214	562.8
		印度	台	85 879	350.4
		土耳其	台	93 587	349.5
		印度尼西亚	台	224 450	290.5
		泰国	台	101 709	238.5
		波兰	台	164 869	212.6
		英国	台	142 191	207.1
		尼日利亚	台	31 416	170.2
		菲律宾	台	13 214	148.0
		马来西亚	台	26 888	129.0
		阿尔及利亚	台	32 957	123.9
		哥伦比亚	台	24 701	119.9
		越南	台	39 723	102.8
		南非	台	12 456	99.1
		伊拉克	台	21 507	88.1
		伊朗	台	25 899	83.7
		韩国	台	15 930	82.2
84136040	回转式螺杆泵	日本	台	4 274	671.4
		俄罗斯	台	35 316	473.8
		乌兹别克斯坦	台	76 066	463.3
		澳大利亚	台	5 630	381.2
		吉尔吉斯斯坦	台	63 681	340.3
		韩国	台	9 690	338.7
		哈萨克斯坦	台	6 517	313.5

商品税号	商品名称	国家（地区）名称	出口量单位	出口量	出口金额（万美元）
		印度尼西亚	台	1 880	271.2
		新加坡	台	724	253.2
		美国	台	8 108	207.0
		墨西哥	台	5 277	183.0
		阿尔及利亚	台	1 240	170.0
		伊拉克	台	2 264	154.4
		荷兰	台	729	149.1
		加拿大	台	2 272	141.3
		马来西亚	台	3 653	140.6
		阿拉伯联合酋长国	台	972	135.7
		波兰	台	6 857	112.4
		刚果民主共和国	台	762	106.4
		越南	台	612	102.7
		中国香港	台	153	92.5
		泰国	台	3 222	88.0
		尼日尔	台	11	78.8
		印度	台	3 843	72.9
		尼日利亚	台	1 485	64.3
		菲律宾	台	1 782	62.2
		土耳其	台	3 607	61.4
		中国台湾	台	1 183	59.5
84136050	回转式径向柱塞泵	丹麦	台	3 824	269.5
		韩国	台	2 698	160.8
		俄罗斯	台	3 148	62.8
		泰国	台	3 732	36.5
		美国	台	483	18.2
		吉尔吉斯斯坦	台	2 963	16.5
		印度尼西亚	台	73	10.5
		阿拉伯联合酋长国	台	105	8.1
		南非	台	7 074	6.2
		新加坡	台	112	6.1
		越南	台	107	5.5
84136060	回转式轴向柱塞泵	俄罗斯	台	60 346	2 151.5
		日本	台	18 488	1 442.5

（续）

商品税号	商品名称	国家（地区）名称	出口量单位	出口量	出口金额（万美元）
		美国	台	74 015	1 341.9
		印度	台	34 579	814.7
		德国	台	22 336	808.0
		墨西哥	台	121 039	784.1
		印度尼西亚	台	54 060	597.8
		巴西	台	40 367	434.8
		白俄罗斯	台	4 386	330.3
		越南	台	23 988	205.2
		法国	台	2 177	187.0
		伊拉克	台	13 103	126.8
		韩国	台	11 156	124.7
		澳大利亚	台	1 085	121.2
		泰国	台	13 194	111.1
		马来西亚	台	4 035	96.0
		新加坡	台	407	76.7
		阿拉伯联合酋长国	台	2 855	69.3
		菲律宾	台	8 077	67.2
		南非	台	659	55.7
		土耳其	台	1 032	52.5
		哈萨克斯坦	台	4 273	51.2
84136090	其他回转式排液泵	美国	台	2 492 692	8 676.5
		俄罗斯	台	1 647 089	7 146.8
		德国	台	1 206 825	4 986.6
		土耳其	台	1 015 017	3 077.5
		伊拉克	台	718 596	2 262.8
		墨西哥	台	907 129	2 097.1
		加纳	台	224 647	1 997.8
		乌兹别克斯坦	台	434 461	1 898.0
		阿拉伯联合酋长国	台	448 389	1 810.7
		阿尔及利亚	台	796 728	1 729.4
		伊朗	台	326 906	1 721.4
		巴西	台	745 904	1 548.0
		马来西亚	台	924 492	1 443.6
		越南	台	541 055	1 359.5

（续）

商品税号	商品名称	国家（地区）名称	出口量单位	出口量	出口金额（万美元）
		意大利	台	408 986	1 209.1
		泰国	台	356 214	1 207.1
		澳大利亚	台	239 811	1 205.9
		印度	台	505 174	1 133.8
		孟加拉国	台	248 770	1 074.6
		波兰	台	489 934	1 056.1
		印度尼西亚	台	473 312	1 038.4
		尼日利亚	台	159 140	1 022.2
		西班牙	台	458 126	940.3
		法国	台	216 491	847.3
		哈萨克斯坦	台	186 274	821.5
		沙特阿拉伯	台	232 414	802.7
		摩洛哥	台	108 263	785.6
		埃及	台	463 169	707.6
		日本	台	598 542	693.6
		加拿大	台	200 916	684.2
		南非	台	172 520	647.8
		英国	台	165 758	603.8
		新加坡	台	177 080	587.0
		韩国	台	180 928	544.8
		吉尔吉斯斯坦	台	113 792	517.6
		乌拉圭	台	147 860	499.4
		智利	台	178 987	468.9
		荷兰	台	126 165	440.5
		阿塞拜疆	台	185 395	425.3
		菲律宾	台	97 171	399.4
		比利时	台	77 345	366.7
		阿根廷	台	123 341	360.5
		罗马尼亚	台	102 155	340.0
		秘鲁	台	109 063	334.7
		埃塞俄比亚	台	33 500	312.7
		缅甸	台	151 181	299.4
		捷克	台	720 683	297.8
		利比亚	台	82 365	284.4

（续）

商品税号	商品名称	国家（地区）名称	出口量单位	出口量	出口金额（万美元）
		哥伦比亚	台	134 172	277.3
		瑞典	台	51 804	275.3
		吉布提	台	40 652	273.8
		中国香港	台	118 623	267.8
		厄瓜多尔	台	156 510	267.0
		约旦	台	60 002	240.7
		老挝	台	64 441	227.2
		苏丹	台	37 125	226.4
		乌克兰	台	95 528	213.8
		委内瑞拉	台	68 661	211.5
		土库曼斯坦	台	84 626	209.0
		多米尼加	台	57 177	207.8
		危地马拉	台	45 031	206.0
		也门	台	47 046	202.9
		巴基斯坦	台	102 848	201.3
		巴拿马	台	81 931	189.7
		匈牙利	台	41 056	186.3
		亚美尼亚	台	38 160	179.4
		以色列	台	53 498	174.7
		阿富汗	台	38 064	160.4
		白俄罗斯	台	47 338	158.6
		几内亚	台	24 023	156.0
		尼泊尔	台	34 888	153.1
84137010	转速≥10 000r/min 的离心泵	韩国	台	5 937 395	1 470.2
		美国	台	2 419 522	834.5
		德国	台	1 460 656	400.3
		印度	台	1 545 865	395.8
		俄罗斯	台	1 246 686	393.2
		瑞典	台	226 203	372.3
		印度尼西亚	台	219 637	317.5
		日本	台	1 268 617	295.7
		泰国	台	288 399	285.7
		波兰	台	1 458 500	261.5
		阿尔及利亚	台	47 211	195.4

（续）

商品税号	商品名称	国家（地区）名称	出口量单位	出口量	出口金额（万美元）
		捷克	台	679 459	161.9
		土耳其	台	1 030 692	158.0
		荷兰	台	858 161	149.3
		阿拉伯联合酋长国	台	417 519	148.8
		哈萨克斯坦	台	59 254	147.7
		巴西	台	628 599	132.3
		越南	台	31 536	130.5
		意大利	台	889 949	129.0
		中国香港	台	718 510	125.1
		孟加拉国	台	1 053	122.9
		马来西亚	台	73 041	112.5
		伊朗	台	649 687	108.8
		墨西哥	台	307 040	104.6
		菲律宾	台	27 658	100.1
84137091	转速＜10 000r/min的离心电动潜油泵及潜水泵	美国	台	4 278 469	18 329.9
		俄罗斯	台	3 604 358	10 886.8
		孟加拉国	台	1 197 562	7 209.6
		印度尼西亚	台	4 046 995	5 405.7
		越南	台	2 063 452	5 361.0
		尼日利亚	台	847 550	3 995.3
		泰国	台	1 241 401	3 795.7
		巴基斯坦	台	889 079	3 757.6
		德国	台	1 217 711	3 479.2
		墨西哥	台	1 021 834	3 452.1
		巴西	台	1 450 401	3 351.2
		伊拉克	台	1 892 833	3 059.5
		伊朗	台	821 398	2 952.1
		摩洛哥	台	330 967	2 895.1
		阿拉伯联合酋长国	台	543 266	2 690.9
		波兰	台	1 026 680	2 661.8
		阿根廷	台	293 729	2 367.3
		土耳其	台	575 549	2 365.5
		罗马尼亚	台	653 803	2 050.4
		乌兹别克斯坦	台	260 313	1 900.9

（续）

商品税号	商品名称	国家（地区）名称	出口量单位	出口量	出口金额（万美元）
		澳大利亚	台	466 340	1 789.5
		韩国	台	618 387	1 760.0
		日本	台	1 328 460	1 692.7
		阿尔及利亚	台	140 375	1 673.4
		利比亚	台	298 103	1 640.8
		沙特阿拉伯	台	595 975	1 469.6
		英国	台	432 149	1 414.7
		南非	台	204 404	1 374.2
		印度	台	808 926	1 258.1
		荷兰	台	603 231	1 177.4
		加纳	台	163 771	1 103.1
		意大利	台	368 874	1 097.7
		法国	台	427 636	1 095.1
		加拿大	台	249 283	1 072.1
		西班牙	台	254 883	1 061.2
		马来西亚	台	918 814	1 040.6
		阿富汗	台	181 319	1 025.2
		哈萨克斯坦	台	190 685	905.9
		老挝	台	137 728	874.3
		菲律宾	台	279 162	837.6
		坦桑尼亚	台	89 029	701.9
		新加坡	台	151 555	694.7
		埃及	台	307 473	662.1
		肯尼亚	台	83 383	647.6
		厄瓜多尔	台	15 191	598.4
		智利	台	87 921	589.2
		莫桑比克	台	63 686	534.8
		乌克兰	台	230 045	527.9
		哥伦比亚	台	108 957	474.3
		乌拉圭	台	97 987	465.2
		缅甸	台	83 909	461.4
		捷克	台	146 401	453.1
		刚果民主共和国	台	5 466	448.7
		塞内加尔	台	37 676	443.7

（续）

商品税号	商品名称	国家（地区）名称	出口量单位	出口量	出口金额（万美元）
		津巴布韦	台	52 184	443.5
		中国香港	台	118 567	429.8
		也门	台	82 525	407.5
		科威特	台	15 658	392.8
		吉尔吉斯斯坦	台	52 369	390.2
		秘鲁	台	43 146	362.3
		中国台湾	台	62 662	359.7
		比利时	台	77 550	356.3
		希腊	台	92 409	335.1
		斯里兰卡	台	78 806	314.0
		阿曼	台	157 079	297.0
		危地马拉	台	57 803	295.3
		白俄罗斯	台	89 696	290.5
		格鲁吉亚	台	87 374	277.9
		塔吉克斯坦	台	39 777	274.6
		葡萄牙	台	180 202	255.6
		柬埔寨	台	75 625	245.0
		赞比亚	台	23 584	232.4
		瑞典	台	103 675	231.9
		几内亚	台	34 860	230.3
		多米尼加	台	30 194	217.7
		阿尔巴尼亚	台	29 483	196.5
		突尼斯	台	26 170	193.4
		黎巴嫩	台	32 062	163.6
		丹麦	台	35 896	161.8
		卢森堡	台	8 229	158.3
		拉脱维亚	台	59 498	157.2
		尼泊尔	台	43 198	154.9
		新西兰	台	48 248	151.9
		立陶宛	台	70 476	145.8
		以色列	台	33 968	145.2
		科特迪瓦	台	17 222	144.9
		多哥	台	63 605	142.2
		纳米比亚	台	1 021	141.4

（续）

商品税号	商品名称	国家（地区）名称	出口量单位	出口量	出口金额（万美元）
84137099	转速＜10 000r/min 的其他离心泵	塞尔维亚	台	30 543	140.0
		俄罗斯	台	7 007 964	26 297.9
		美国	台	6 894 335	23 520.7
		印度尼西亚	台	3 109 128	19 631.7
		泰国	台	4 428 318	10 145.0
		伊拉克	台	3 569 465	9 990.5
		墨西哥	台	6 426 169	9 704.5
		阿拉伯联合酋长国	台	2 504 812	9 215.5
		土耳其	台	11 094 529	8 952.0
		新加坡	台	412 908	8 716.3
		越南	台	2 901 957	8 329.6
		波兰	台	5 570 491	7 585.0
		马来西亚	台	1 608 990	7 386.4
		孟加拉国	台	1 257 299	6 950.9
		沙特阿拉伯	台	1 337 332	6 311.3
		日本	台	3 038 667	6 225.9
		印度	台	2 557 388	6 130.4
		乌兹别克斯坦	台	1 120 272	5 840.5
		巴西	台	3 402 307	5 756.4
		澳大利亚	台	684 642	5 512.1
		韩国	台	1 568 439	5 168.7
		菲律宾	台	1 068 060	4 862.2
		埃及	台	2 076 306	4 752.9
		德国	台	1 319 377	4 750.3
		阿尔及利亚	台	1 058 684	4 571.3
		中国香港	台	961 878	3 997.3
		伊朗	台	1 370 789	3 645.1
		意大利	台	1 624 436	3 564.7
		哈萨克斯坦	台	814 916	3 562.4
		吉尔吉斯斯坦	台	314 459	3 118.9
		刚果民主共和国	台	50 143	2 917.1
		荷兰	台	1 007 218	2 808.8
		阿根廷	台	1 176 786	2 667.5
		尼日利亚	台	471 852	2 565.3

（续）

商品税号	商品名称	国家（地区）名称	出口量单位	出口量	出口金额（万美元）
		加拿大	台	497 592	2 468.0
		中国台湾	台	388 271	2 445.1
		南非	台	347 514	2 420.6
		英国	台	656 079	2 385.9
		西班牙	台	475 186	2 349.0
		智利	台	493 483	2 237.0
		缅甸	台	435 856	2 095.4
		加纳	台	232 812	1 871.7
		法国	台	357 931	1 692.3
		巴基斯坦	台	566 902	1 633.4
		利比亚	台	553 104	1 571.2
		塞内加尔	台	497 269	1 379.6
		肯尼亚	台	233 766	1 267.5
		罗马尼亚	台	729 210	1 242.7
		塔吉克斯坦	台	157 762	1 227.9
		比利时	台	449 582	1 159.9
		坦桑尼亚	台	185 898	1 152.8
		哥伦比亚	台	325 999	1 066.9
		老挝	台	57 465	1 057.8
		蒙古	台	38 278	1 028.2
		秘鲁	台	189 604	1 016.9
		科威特	台	52 589	929.3
		莫桑比克	台	198 955	896.9
		津巴布韦	台	55 936	837.5
		厄瓜多尔	台	140 303	795.8
		埃塞俄比亚	台	23 320	793.2
		科特迪瓦	台	130 510	757.1
		乌克兰	台	329 783	751.2
		捷克	台	1 215 953	714.6
		白俄罗斯	台	416 347	707.4
		希腊	台	201 307	690.5
		安哥拉	台	106 341	682.9
		柬埔寨	台	146 251	672.1
		摩洛哥	台	101 373	664.8

（续）

商品税号	商品名称	国家（地区）名称	出口量单位	出口量	出口金额（万美元）
		土库曼斯坦	台	252 611	664.1
		巴拿马	台	227 386	663.0
		委内瑞拉	台	286 507	650.6
		黎巴嫩	台	217 801	636.7
		苏丹	台	90 618	619.9
		约旦	台	271 610	600.8
		阿塞拜疆	台	194 328	598.4
		赞比亚	台	25 614	592.1
		丹麦	台	49 452	587.3
		多米尼加	台	191 935	576.0
		匈牙利	台	65 164	553.2
		阿曼	台	129 056	497.4
		奥地利	台	37 070	482.5
		塞尔维亚	台	22 096	472.9
		新西兰	台	52 008	471.4
		危地马拉	台	142 725	470.5
		古巴	台	17 889	456.2
		也门	台	129 461	439.7
		以色列	台	68 889	439.5
		斯里兰卡	台	77 787	438.3
		喀麦隆	台	89 595	428.6
		吉布提	台	30 196	422.8
		斯洛文尼亚	台	588 081	403.4
		几内亚	台	64 062	376.2
		马里	台	53 302	372.5
		格鲁吉亚	台	96 089	331.7
		多哥	台	97 788	316.5
		突尼斯	台	83 259	315.9
		塞拉利昂	台	8 271	298.1
		阿尔巴尼亚	台	69 557	279.7
		刚果共和国	台	14 163	274.5
		卡塔尔	台	29 174	268.2
		利比里亚	台	10 597	266.7
		乌拉圭	台	60 478	264.4

（续）

商品税号	商品名称	国家（地区）名称	出口量单位	出口量	出口金额（万美元）
		葡萄牙	台	44 474	252.7
		塞浦路斯	台	31 593	245.2
		爱尔兰	台	52 058	242.1
		瑞典	台	82 887	223.0
		洪都拉斯	台	55 796	219.6
		毛里塔尼亚	台	69 892	219.3
		纳米比亚	台	21 289	218.1
		圭亚那	台	57 907	213.8
		玻利维亚	台	7 351	210.3
		克罗地亚	台	74 164	202.9
		尼泊尔	台	51 126	201.6
84138100	未列名液体泵	俄罗斯	台	94 322	1 076.6
		美国	台	1 680 494	967.5
		韩国	台	34 643	531.5
		日本	台	154 544	482.3
		印度尼西亚	台	942 087	439.1
		德国	台	626 963	404.8
		越南	台	170 019	346.7
		菲律宾	台	121 872	308.3
		印度	台	30 497	306.2
		泰国	台	317 154	272.3
		波兰	台	239 878	262.4
		柬埔寨	台	1 133	247.9
		阿拉伯联合酋长国	台	20 062	242.0
		孟加拉国	台	1 865	233.3
		土耳其	台	252 450	180.6
		英国	台	92 588	171.7
		老挝	台	2 847	170.8
		伊拉克	台	13 798	156.2
		马来西亚	台	40 887	155.0
		乌兹别克斯坦	台	6 289	153.9
		巴基斯坦	台	2 617	146.4
		巴西	台	228 403	146.3
		阿尔及利亚	台	29 401	142.3

（续）

商品税号	商品名称	国家（地区）名称	出口量单位	出口量	出口金额（万美元）
84138200	液体提升机	新加坡	台	11 815	135.9
		刚果民主共和国	台	1 486	134.6
		秘鲁	台	15 804	132.7
		澳大利亚	台	52 835	131.8
		缅甸	台	125 230	120.5
		罗马尼亚	台	44 149	120.5
		西班牙	台	13 286	108.3
		哈萨克斯坦	台	29 713	100.9
		阿曼	台	191	100.2
		哥伦比亚	台	8 844	100.2
		尼泊尔	台	25 066	55.7
		俄罗斯	台	814	30.5
		泰国	台	839	26.0
		英国	台	712	19.7
		印度尼西亚	台	80 074	10.1
		越南	台	288	8.6
		波兰	台	310	6.8
		埃及	台	1	6.7
		乌兹别克斯坦	台	8	6.5
		马来西亚	台	77	5.9
		柬埔寨	台	4	5.4
		老挝	台	13	4.5
		中国台湾	台	2	4.2
		利比亚	台	3 366	4.2
84141000	真空泵	美国	台	1 865 770	8 061.9
		俄罗斯	台	343 550	5 404.2
		日本	台	764 289	2 756.1
		德国	台	376 384	2 339.3
		越南	台	198 229	2 153.7
		韩国	台	677 798	2 066.2
		印度	台	186 428	1 789.2
		马来西亚	台	341 078	1 739.8
		中国台湾	台	163 489	1 665.8
		印度尼西亚	台	137 218	1 457.1

（续）

商品税号	商品名称	国家（地区）名称	出口量单位	出口量	出口金额（万美元）
		巴西	台	401 400	1 214.9
		墨西哥	台	454 858	1 200.8
		新加坡	台	296 815	1 030.3
		意大利	台	238 556	986.2
		澳大利亚	台	294 986	980.0
		泰国	台	183 621	948.3
		阿尔及利亚	台	15 238	829.9
		波兰	台	494 577	786.3
		比利时	台	85 167	611.8
		中国香港	台	293 944	580.4
		英国	台	135 925	568.2
		荷兰	台	308 784	470.2
		土耳其	台	253 618	450.5
		阿拉伯联合酋长国	台	95 619	441.4
		加拿大	台	85 689	358.6
		奥地利	台	1 402	264.5
		菲律宾	台	35 019	251.6
		法国	台	60 641	241.3
		西班牙	台	126 376	212.3
		白俄罗斯	台	5 046	201.8
		孟加拉国	台	6 344	201.7
		哈萨克斯坦	台	10 758	181.7
		南非	台	14 144	168.1
		捷克	台	4 769	164.8
		沙特阿拉伯	台	15 090	157.8
		老挝	台	342	151.9
		巴基斯坦	台	99 410	148.3
		伊拉克	台	4 451	141.9
		瑞士	台	3 582	133.0
		阿根廷	台	27 088	123.2
		新西兰	台	3 118	112.3
		伊朗	台	14 873	107.2
		乌兹别克斯坦	台	7 132	106.5
		柬埔寨	台	1 485	101.6

（续）

商品税号	商品名称	国家（地区）名称	出口量单位	出口量	出口金额（万美元）
84142000	手动或脚踏式空气泵	以色列	台	8 395	95.2
		尼日利亚	台	5 978	92.3
		刚果民主共和国	台	181	85.8
		美国	台	11 311 829	3 467.4
		印度	台	13 362 223	2 538.7
		越南	台	5 048 495	1 734.2
		马来西亚	台	2 936 819	1 143.0
		印度尼西亚	台	6 674 025	1 094.2
		英国	台	3 281 424	1 088.2
		日本	台	5 530 254	1 000.9
		墨西哥	台	6 226 181	975.3
		菲律宾	台	5 055 917	957.8
		泰国	台	3 904 446	928.6
		巴西	台	6 817 117	845.2
		德国	台	2 643 325	749.4
		荷兰	台	2 873 054	746.6
		新加坡	台	857 113	734.5
		加纳	台	3 007 691	727.8
		法国	台	2 528 822	666.5
		俄罗斯	台	5 060 715	641.3
		澳大利亚	台	1 784 090	584.3
		韩国	台	2 678 455	486.7
		西班牙	台	2 118 581	437.3
		阿拉伯联合酋长国	台	1 569 131	425.9
		波兰	台	2 059 055	390.6
		巴基斯坦	台	2 576 234	362.5
		土耳其	台	2 737 575	331.6
		坦桑尼亚	台	2 194 027	326.2
		智利	台	1 402 188	315.5
		沙特阿拉伯	台	1 110 523	285.9
		意大利	台	1 547 470	278.8
		加拿大	台	1 025 479	263.1
		多哥	台	1 248 649	257.0
		伊拉克	台	1 148 865	255.7

（续）

商品税号	商品名称	国家（地区）名称	出口量单位	出口量	出口金额（万美元）
		尼日利亚	台	2 099 144	250.2
		哈萨克斯坦	台	785 929	246.3
		哥伦比亚	台	1 835 886	239.7
		塞内加尔	台	1 040 714	234.9
		莫桑比克	台	1 230 328	231.9
		南非	台	993 410	220.3
		吉尔吉斯斯坦	台	447 651	204.0
		希腊	台	1 296 986	199.1
		摩洛哥	台	1 332 327	185.8
		秘鲁	台	1 195 058	170.8
		肯尼亚	台	914 994	160.0
		喀麦隆	台	727 612	150.8
		比利时	台	369 459	146.3
		阿根廷	台	896 276	127.7
		中国香港	台	163 982	126.1
		罗马尼亚	台	765 473	122.8
		厄瓜多尔	台	642 239	122.8
		以色列	台	486 514	121.8
		吉布提	台	395 031	104.2
		孟加拉国	台	315 534	104.0
		瑞典	台	424 038	101.0
		中国台湾	台	435 779	95.2
		委内瑞拉	台	424 813	93.2
		埃及	台	663 579	84.6
		伊朗	台	411 616	79.9
84145930	离心通风机	美国	台	1 782 869	7 013.2
		俄罗斯	台	840 637	5 176.9
		印度尼西亚	台	182 269	3 996.8
		日本	台	2 650 313	3 789.1
		墨西哥	台	1 535 818	3 383.5
		韩国	台	5 154 470	3 207.3
		印度	台	1 011 109	3 059.1
		德国	台	1 050 842	2 466.8
		越南	台	152 419	2 194.0

（续）

商品税号	商品名称	国家（地区）名称	出口量单位	出口量	出口金额（万美元）
		马来西亚	台	160 554	2 164.4
		意大利	台	1 519 708	2 054.9
		西班牙	台	131 018	1 546.9
		中国香港	台	1 025 826	1 508.0
		泰国	台	1 203 260	1 484.0
		土耳其	台	986 760	1 449.8
		阿拉伯联合酋长国	台	283 841	1 444.3
		菲律宾	台	3 278 578	1 442.1
		澳大利亚	台	208 821	1 438.1
		法国	台	523 640	1 191.0
		阿尔及利亚	台	18 477	1 165.6
		加拿大	台	334 687	1 121.7
		中国台湾	台	61 379	990.7
		新加坡	台	71 083	935.3
		英国	台	452 528	932.5
		伊朗	台	271 091	870.6
		沙特阿拉伯	台	107 469	807.7
		荷兰	台	82 847	682.7
		巴西	台	99 664	563.4
		波兰	台	154 595	556.7
		乌兹别克斯坦	台	29 156	540.1
		瑞典	台	250 223	539.6
		尼日利亚	台	7 315	481.6
		约旦	台	20 236	466.8
		刚果民主共和国	台	1 253	461.1
		蒙古	台	14 883	458.1
		埃塞俄比亚	台	4 626	424.1
		埃及	台	79 368	383.5
		南非	台	21 628	379.0
		伊拉克	台	104 660	378.5
		哈萨克斯坦	台	62 644	376.6
		科威特	台	47 915	371.7
		匈牙利	台	320 367	355.7
		孟加拉国	台	6 403	342.4

（续）

商品税号	商品名称	国家（地区）名称	出口量单位	出口量	出口金额（万美元）
		以色列	台	33 182	300.8
		巴基斯坦	台	20 206	295.9
		老挝	台	2 264	275.8
		柬埔寨	台	8 713	258.8
		津巴布韦	台	1 042	239.1
		坦桑尼亚	台	10 648	215.9
		智利	台	24 886	192.4
		塞内加尔	台	5 794	192.3
		比利时	台	12 124	191.0
		吉尔吉斯斯坦	台	33 174	181.8
		塔吉克斯坦	台	4 127	168.6
		丹麦	台	28 414	165.3
		中国澳门	台	986	150.3
		摩洛哥	台	20 690	148.8
		厄瓜多尔	台	14 954	136.9
		新西兰	台	11 299	122.1
		爱尔兰	台	10 771	122.0
		乌克兰	台	23 909	113.0
		希腊	台	14 459	108.9
		奥地利	台	28 777	107.7
		喀麦隆	台	8 402	106.8
		秘鲁	台	9 154	106.1
		白俄罗斯	台	29 584	104.0
		缅甸	台	4 731	100.8
		斯洛文尼亚	台	157 918	92.2
		葡萄牙	台	5 174	91.3
		哥伦比亚	台	23 011	87.0
		利比亚	台	21 776	84.1
		罗马尼亚	台	9 111	83.6
84145990	未列名风机、风扇	美国	台	31 239 433	45 035.2
		中国香港	台	107 263 850	34 785.8
		日本	台	31 100 179	13 809.7
		中国台湾	台	24 227 057	11 179.7
		越南	台	24 645 882	10 155.0

（续）

商品税号	商品名称	国家（地区）名称	出口量单位	出口量	出口金额（万美元）
		印度	台	27 319 996	9 904.8
		韩国	台	23 497 585	9 869.4
		印度尼西亚	台	7 533 060	9 100.6
		马来西亚	台	8 669 323	8 546.5
		墨西哥	台	8 946 821	8 484.2
		俄罗斯	台	7 815 792	8 379.8
		德国	台	13 325 653	8 306.3
		泰国	台	11 002 382	6 612.4
		巴西	台	12 454 719	5 728.0
		新加坡	台	6 348 830	5 413.0
		波兰	台	7 628 408	4 827.1
		土耳其	台	10 308 250	4 282.2
		意大利	台	5 383 075	4 159.9
		英国	台	3 589 576	4 062.6
		澳大利亚	台	2 073 126	3 741.4
		阿拉伯联合酋长国	台	2 653 972	3 472.2
		菲律宾	台	4 379 864	2 949.9
		荷兰	台	3 064 536	2 901.1
		西班牙	台	1 750 998	2 613.6
		法国	台	4 277 739	2 609.7
		捷克	台	4 848 761	2 465.2
		加拿大	台	1 139 229	2 443.8
		沙特阿拉伯	台	901 827	1 723.7
		埃及	台	1 384 315	1 379.8
		孟加拉国	台	1 785 715	1 317.5
		尼日利亚	台	825 480	946.9
		以色列	台	951 804	945.0
		南非	台	564 580	892.6
		匈牙利	台	1 458 570	874.6
		哈萨克斯坦	台	666 219	808.2
		哥伦比亚	台	779 913	743.4
		智利	台	385 011	728.3
		巴拿马	台	302 323	657.0
		比利时	台	429 121	621.2

商品税号	商品名称	国家（地区）名称	出口量单位	出口量	出口金额（万美元）
		乌兹别克斯坦	台	262 224	572.8
		刚果民主共和国	台	91 094	561.0
		阿根廷	台	611 547	553.4
		瑞典	台	467 355	541.5
		秘鲁	台	545 015	533.0
		伊朗	台	756 181	522.5
		奥地利	台	996 550	498.6
		罗马尼亚	台	999 438	495.9
		丹麦	台	285 889	453.6
		新西兰	台	262 179	453.3
		科威特	台	141 858	449.6
		柬埔寨	台	195 670	447.1
		希腊	台	316 155	421.1
		爱尔兰	台	488 590	403.3
		蒙古	台	3 320	401.9
		伊拉克	台	254 160	394.0
		巴基斯坦	台	966 401	378.7
		加纳	台	162 338	377.8
		斯洛文尼亚	台	901 416	354.7
		阿尔及利亚	台	284 695	340.8
		厄瓜多尔	台	206 312	336.8
		葡萄牙	台	912 588	336.3
		吉尔吉斯斯坦	台	240 963	329.5
		缅甸	台	117 121	322.8
		中国澳门	台	40 779	321.1
		多米尼加	台	285 813	272.8
		白俄罗斯	台	363 859	271.4
		委内瑞拉	台	121 866	269.3
		斯洛伐克	台	1 048 108	268.7
		塞尔维亚	台	297 885	263.3
		巴拉圭	台	97 833	242.8
		保加利亚	台	1 020 100	241.6
		乌拉圭	台	146 262	217.7
		卡塔尔	台	48 653	203.8

（续）

商品税号	商品名称	国家（地区）名称	出口量单位	出口量	出口金额（万美元）
84148020	二氧化碳压缩机	芬兰	台	251 288	203.2
		摩洛哥	台	148 878	200.8
		安哥拉	台	128 651	184.0
		乌克兰	台	314 599	179.8
		斯里兰卡	台	72 146	175.4
		爱沙尼亚	台	59 203	171.8
		赞比亚	台	18 635	168.0
		坦桑尼亚	台	45 175	166.7
		老挝	台	21 764	163.9
		埃塞俄比亚	台	13 680	161.7
		日本	台	178 430	2 120.3
		阿拉伯联合酋长国	台	417	1 040.8
		俄罗斯	台	3 012	190.5
		马来西亚	台	16 481	143.5
		巴基斯坦	台	341	70.9
		新加坡	台	13 240	67.0
		澳大利亚	台	24 662	65.5
		菲律宾	台	231	44.0
		中国香港	台	8 676	26.1
		泰国	台	1 660	25.2
		韩国	台	3 432	22.2
		沙特阿拉伯	台	56	15.6
		阿尔及利亚	台	3	14.5
		缅甸	台	7	14.0
		刚果民主共和国	台	3	12.5
		越南	台	507	10.3
		德国	台	865	9.5
		英国	台	1 510	9.3
84148041	螺杆空压机	俄罗斯	台	20 306	4 061.0
		韩国	台	3 396	3 751.4
		越南	台	7 356	3 532.4
		印度尼西亚	台	3 184	3 269.5
		泰国	台	3 200	2 689.6
		澳大利亚	台	3 409	2 645.8

商品税号	商品名称	国家（地区）名称	出口量单位	出口量	出口金额（万美元）
		中国台湾	台	3 944	2 345.9
		印度	台	4 364	2 236.8
		美国	台	3 729	1 854.5
		马来西亚	台	1 787	1 444.3
		伊拉克	台	88	1 216.7
		墨西哥	台	2 200	1 136.6
		阿拉伯联合酋长国	台	5 893	1 122.1
		南非	台	1 505	936.1
		菲律宾	台	1 358	830.1
		德国	台	1 952	785.9
		土耳其	台	3 862	735.4
		新加坡	台	989	712.5
		巴西	台	7 765	590.7
		哈萨克斯坦	台	1 635	533.1
		乌兹别克斯坦	台	1 271	441.6
		沙特阿拉伯	台	503	428.9
		巴基斯坦	台	453	414.6
		阿根廷	台	494	409.8
		孟加拉国	台	814	408.8
		日本	台	147	347.3
		尼日利亚	台	504	314.9
		智利	台	482	297.0
		加拿大	台	823	293.2
		波兰	台	1 228	249.1
		白俄罗斯	台	533	248.2
		刚果民主共和国	台	131	236.6
		柬埔寨	台	165	219.9
		英国	台	433	214.5
		阿尔及利亚	台	1 242	209.7
		比利时	台	114	188.5
		缅甸	台	469	186.6
		新西兰	台	210	185.4
		摩洛哥	台	1 065	174.9
		秘鲁	台	585	173.8

（续）

商品税号	商品名称	国家（地区）名称	出口量单位	出口量	出口金额（万美元）
		老挝	台	415	158.6
		法国	台	542	154.5
		中国香港	台	322	147.3
		西班牙	台	700	144.3
		哥伦比亚	台	930	140.6
		吉尔吉斯斯坦	台	1 228	139.3
		荷兰	台	155	135.1
		苏丹	台	1 458	133.0
		埃及	台	240	116.5
		以色列	台	584	110.8
		莫桑比克	台	118	102.9
		坦桑尼亚	台	479	102.9
		黎巴嫩	台	6 756	100.6
		蒙古	台	132	98.7
		挪威	台	141	98.3
		意大利	台	292	98.1
		塞尔维亚	台	49	92.6
		埃塞俄比亚	台	67	79.6
84148049	未列名空气及其他气体压缩机	美国	台	2 291 007	23 443.5
		印度	台	237 835	11 850.6
		俄罗斯	台	613 337	11 754.8
		印度尼西亚	台	224 312	10 568.1
		越南	台	129 221	5 473.3
		阿拉伯联合酋长国	台	112 752	4 823.0
		伊朗	台	40 766	4 625.7
		德国	台	513 078	4 454.9
		中国台湾	台	47 080	4 368.1
		泰国	台	179 872	4 354.9
		乌兹别克斯坦	台	43 867	4 254.6
		韩国	台	160 310	3 937.1
		意大利	台	2 054 262	3 801.4
		科威特	台	1 816	3 636.0
		波兰	台	583 783	3 532.9
		马来西亚	台	56 564	3 469.3

（续）

商品税号	商品名称	国家（地区）名称	出口量单位	出口量	出口金额（万美元）
		墨西哥	台	426 706	3 404.3
		土耳其	台	464 776	3 322.5
		孟加拉国	台	40 447	3 314.4
		澳大利亚	台	167 688	3 186.1
		伊拉克	台	16 682	2 981.2
		巴西	台	231 968	2 759.7
		日本	台	282 608	2 331.1
		哈萨克斯坦	台	103 262	2 288.8
		英国	台	163 063	2 134.3
		荷兰	台	210 298	1 779.9
		南非	台	48 466	1 582.3
		刚果共和国	台	373	1 565.2
		法国	台	166 098	1 488.1
		比利时	台	43 519	1 419.0
		加拿大	台	144 384	1 382.3
		卡塔尔	台	2 122	1 341.5
		阿尔及利亚	台	17 689	1 335.7
		新加坡	台	31 589	1 232.0
		菲律宾	台	83 148	1 151.8
		沙特阿拉伯	台	26 309	1 115.2
		阿根廷	台	82 973	1 069.5
		巴基斯坦	台	42 798	1 009.3
		尼日利亚	台	9 047	1 008.7
		西班牙	台	104 678	964.4
		埃及	台	42 044	757.1
		刚果民主共和国	台	1 746	666.9
		秘鲁	台	59 704	622.7
		智利	台	41 555	604.2
		捷克	台	58 747	593.4
		乌克兰	台	45 977	548.5
		巴林	台	972	528.7
		以色列	台	27 695	504.7
		津巴布韦	台	2 779	477.7
		瑞典	台	53 763	475.2

（续）

商品税号	商品名称	国家（地区）名称	出口量单位	出口量	出口金额（万美元）
		希腊	台	19 808	438.0
		瑞士	台	30 215	437.2
		缅甸	台	30 380	423.1
		坦桑尼亚	台	8 889	410.6
		吉尔吉斯斯坦	台	26 952	407.0
		罗马尼亚	台	38 966	357.3
		摩洛哥	台	9 858	356.2
		厄瓜多尔	台	29 977	352.2
		新西兰	台	17 055	332.4
		哥伦比亚	台	33 314	329.9
		柬埔寨	台	6 818	299.2
		塔吉克斯坦	台	15 006	272.0
		白俄罗斯	台	21 978	266.9
		葡萄牙	台	29 139	264.0
		科特迪瓦	台	1 891	263.0
		丹麦	台	38 687	247.8
		约旦	台	4 891	240.6
		中国香港	台	25 940	231.0
		利比亚	台	22 563	225.0
		危地马拉	台	20 617	224.2
		格鲁吉亚	台	8 822	217.9
		巴拉圭	台	8 830	217.1
		老挝	台	8 538	212.1
		加纳	台	8 715	202.5
		蒙古	台	5 555	202.3
		土库曼斯坦	台	4 433	201.4
		塞尔维亚	台	15 850	199.3
		委内瑞拉	台	14 450	185.9
		斯里兰卡	台	7 151	182.5
		莫桑比克	台	2 384	180.1
		黎巴嫩	台	11 698	168.8
		斯洛文尼亚	台	16 002	160.9
		匈牙利	台	6 735	155.3
84148090	其他空气泵，通风罩、循环气罩	美国	台	21 283 750	33 673.0

（续）

商品税号	商品名称	国家（地区）名称	出口量单位	出口量	出口金额（万美元）
		德国	台	6 504 053	8 978.6
		英国	台	4 202 660	7 078.3
		俄罗斯	台	4 187 998	6 970.5
		日本	台	7 935 193	6 574.7
		韩国	台	4 451 315	4 485.5
		荷兰	台	3 357 606	4 084.0
		印度	台	5 398 795	3 519.5
		越南	台	3 254 056	3 217.2
		墨西哥	台	2 534 420	2 696.9
		加拿大	台	1 314 793	2 576.9
		澳大利亚	台	1 237 502	2 473.2
		泰国	台	2 146 588	2 409.1
		阿拉伯联合酋长国	台	562 910	2 237.9
		马来西亚	台	1 142 166	2 154.1
		印度尼西亚	台	2 838 674	2 077.2
		法国	台	2 386 100	2 076.0
		波兰	台	1 561 583	1 945.7
		巴西	台	2 462 135	1 854.9
		中国香港	台	14 024 500	1 833.2
		捷克	台	3 163 272	1 756.8
		沙特阿拉伯	台	1 066 294	1 739.6
		西班牙	台	867 526	1 648.5
		土耳其	台	927 089	1 336.1
		意大利	台	489 415	1 264.9
		新加坡	台	610 282	1 212.8
		哈萨克斯坦	台	745 723	1 171.1
		中国台湾	台	1 479 313	1 099.7
		巴基斯坦	台	1 411 230	1 042.7
		菲律宾	台	699 102	994.5
		比利时	台	357 300	991.6
		厄瓜多尔	台	97 540	912.5
		南非	台	259 946	750.7
		乌兹别克斯坦	台	140 826	734.9
		伊拉克	台	290 503	678.0

（续）

商品税号	商品名称	国家（地区）名称	出口量单位	出口量	出口金额（万美元）
		埃及	台	334 071	673.6
		伊朗	台	266 668	657.8
		柬埔寨	台	180 061	637.3
		希腊	台	254 975	579.1
		阿根廷	台	327 071	507.0
		智利	台	279 830	482.1
		以色列	台	342 774	478.2
		白俄罗斯	台	202 020	469.4
		利比亚	台	169 262	443.1
		孟加拉国	台	87 159	435.5
		阿尔及利亚	台	139 623	418.6
		秘鲁	台	203 597	397.8
		哥伦比亚	台	275 326	363.0
		尼日利亚	台	59 420	360.6
		吉尔吉斯斯坦	台	113 867	345.4
		斯洛文尼亚	台	304 013	323.0
		缅甸	台	39 038	314.6
		瑞典	台	144 931	275.2
		津巴布韦	台	23 828	249.7
		吉布提	台	24 874	223.3
		坦桑尼亚	台	40 222	219.6
		罗马尼亚	台	195 745	213.0
		新西兰	台	108 959	201.0
		立陶宛	台	54 124	199.5
		摩洛哥	台	50 723	194.9
		乌克兰	台	115 926	194.2
		科威特	台	68 071	189.3
		奥地利	台	220 572	188.5
		瑞士	台	33 415	178.7
		巴拿马	台	119 348	174.5
		约旦	台	96 710	174.0
		哥斯达黎加	台	154 209	172.9
		加纳	台	61 808	164.9
		肯尼亚	台	31 431	164.5

（续）

商品税号	商品名称	国家（地区）名称	出口量单位	出口量	出口金额（万美元）
84149011	84143011 至 84143014、84143090 的压缩机进、排气阀片	多米尼加	台	98 813	161.8
		丹麦	台	113 804	152.9
		老挝	台	9 583	142.7
		匈牙利	台	63 904	141.3
		塞内加尔	台	44 357	132.9
		保加利亚	台	151 926	129.3
		科特迪瓦	台	14 738	128.2
		危地马拉	台	80 119	127.4
		刚果民主共和国	台	9 889	119.1
		莫桑比克	台	32 420	118.0
		格鲁吉亚	台	71 506	112.6
		黎巴嫩	台	58 493	107.3
		也门	台	54 288	105.4
		芬兰	台	47 488	103.2
		印度	kg	1 098 253	437.7
		巴西	kg	180 589	140.3
		斯洛伐克	kg	153 159	135.2
		越南	kg	146 298	114.6
		泰国	kg	145 129	103.3
		墨西哥	kg	72 691	102.0
		日本	kg	93 091	73.4
		奥地利	kg	21 521	61.4
		韩国	kg	30 347	58.7
		俄罗斯	kg	9 820	50.7
		美国	kg	10 238	40.9
84196011	制氧量 ≥ 15 000m³/h 的制氧机	刚果民主共和国	台	3	1 029.7
		美国	台	2 154	961.9
		俄罗斯	台	1	760.8
		越南	台	1	259.7
		阿尔及利亚	台	1	204.8
		科威特	台	1	63.3
		叙利亚	台	1	9.5
		英国	台	190	4.5
84196019	其他制氧机	印度尼西亚	台	118	1 271.8

（续）

商品税号	商品名称	国家（地区）名称	出口量单位	出口量	出口金额（万美元）
		韩国	台	3 205	1 177.3
		美国	台	45 556	1 138.4
		菲律宾	台	11 710	665.7
		俄罗斯	台	3 088	555.5
		印度	台	1 997	491.9
		马来西亚	台	4 778	373.8
		乌干达	台	142	290.2
		巴基斯坦	台	555	273.7
		巴西	台	44	255.2
		沙特阿拉伯	台	209	251.6
		埃塞俄比亚	台	78	210.9
		刚果民主共和国	台	180	156.8
		老挝	台	19	133.6
		加纳	台	205	128.8
		土耳其	台	1 274	127.3
		哈萨克斯坦	台	4 754	126.5
		孟加拉国	台	466	118.2
		莱索托	台	5	117.4
		泰国	台	9 980	105.7
		日本	台	3 816	103.9
		新加坡	台	3 264	102.8
		津巴布韦	台	4	101.2
		吉尔吉斯斯坦	台	807	99.4
		纳米比亚	台	4	97.0
		西班牙	台	921	94.0
		波兰	台	1 846	86.4
		叙利亚	台	7	77.7
		缅甸	台	32	76.8
		坦桑尼亚	台	516	60.4
		德国	台	3 878	58.7
		尼日利亚	台	426	56.6
		意大利	台	373	51.7
		中国香港	台	667	51.0
84196090	未列名液化空气或其他气体的机器	阿拉伯联合酋长国	台	33	22 941.2

商品税号	商品名称	国家（地区）名称	出口量单位	出口量	出口金额（万美元）
		印度尼西亚	台	96	6 005.5
		美国	台	161	4 816.2
		韩国	台	36	3 850.1
		中国台湾	台	153	2 440.7
		马来西亚	台	209	1 766.9
		印度	台	90	1 657.4
		加拿大	台	10	1 585.9
		日本	台	29	1 211.2
		沙特阿拉伯	台	10	1 206.6
		俄罗斯	台	537	1 111.0
		刚果共和国	台	35	973.6
		尼日利亚	台	44	880.3
		泰国	台	259	759.8
		越南	台	94	693.5
		卡塔尔	台	4	580.1
		新加坡	台	211	576.4
		中国香港	台	20	471.9
		科威特	台	5	312.2
		伊拉克	台	563	301.6
		土耳其	台	21	265.8
		孟加拉国	台	47	217.7
		玻利维亚	台	4	214.7
		阿曼	台	2	203.4
		法国	台	9	191.7
		柬埔寨	台	18	184.9
		科特迪瓦	台	1	183.4
		津巴布韦	台	4	170.7
		刚果民主共和国	台	5	154.2
		墨西哥	台	265	125.6
		坦桑尼亚	台	388	114.8
		波兰	台	15	97.4
		老挝	台	95	93.7
		阿尔巴尼亚	台	2	86.5
		哈萨克斯坦	台	192	83.1

（续）

商品税号	商品名称	国家（地区）名称	出口量单位	出口量	出口金额（万美元）
84211920	固液分离机	澳大利亚	台	53	80.0
		俄罗斯	台	1 024	1 660.2
		美国	台	30 045	1 278.2
		印度尼西亚	台	718	1 053.3
		印度	台	826	679.4
		越南	台	1 454	515.0
		法国	台	623	503.8
		韩国	台	5 989	475.3
		泰国	台	303	354.5
		刚果民主共和国	台	883	334.4
		中国香港	台	276	293.1
		阿尔及利亚	台	2 961	278.2
		巴西	台	98	274.9
		马来西亚	台	3 283	259.5
		日本	台	539	238.7
		澳大利亚	台	2 555	189.6
		德国	台	5 056	186.6
		土耳其	台	226	186.5
		阿拉伯联合酋长国	台	1 005	180.3
		智利	台	468	158.7
		坦桑尼亚	台	188	153.5
		新加坡	台	5 331	153.3
		阿根廷	台	26	134.3
		英国	台	1 888	125.0
		科特迪瓦	台	9	120.2
		墨西哥	台	990	117.3
		巴基斯坦	台	46	115.6
		老挝	台	86	112.7
		沙特阿拉伯	台	294	109.0
		意大利	台	21	100.7
		中国台湾	台	58	99.4
		伊朗	台	117	91.9
		突尼斯	台	2	86.2
		波兰	台	508	81.9

商品税号	商品名称	国家（地区）名称	出口量单位	出口量	出口金额（万美元）
		埃及	台	23	70.6
		加拿大	台	1 145	62.8
		秘鲁	台	317	61.4
		奥地利	台	13	61.1
		伊拉克	台	1 731	57.9
		哈萨克斯坦	台	27	56.2
		孟加拉国	台	41	55.6
		埃塞俄比亚	台	469	55.6
		安哥拉	台	19	55.2
		尼日利亚	台	121	53.0
		哥伦比亚	台	987	51.3
		塞拉利昂	台	2	50.1
84212910	压滤机	印度尼西亚	台	432	5 410.4
		俄罗斯	台	616	2 042.8
		韩国	台	1 850	1 007.8
		蒙古	台	37	738.1
		越南	台	273	732.3
		印度	台	4 934	628.6
		阿拉伯联合酋长国	台	2 013	627.3
		马来西亚	台	18 142	596.8
		刚果民主共和国	台	60	403.3
		阿根廷	台	17	305.3
		南非	台	63	292.1
		墨西哥	台	48	283.4
		中国台湾	台	100	278.9
		美国	台	1 527	264.6
		泰国	台	3 278	264.5
		埃及	台	54	261.2
		澳大利亚	台	287	187.1
		巴西	台	63	167.2
		乌兹别克斯坦	台	241	149.9
		津巴布韦	台	24	146.1
		新加坡	台	40	141.8
		智利	台	40	106.9

（续）

商品税号	商品名称	国家（地区）名称	出口量单位	出口量	出口金额（万美元）
		老挝	台	42	96.5
		土耳其	台	800 134	86.0
		匈牙利	台	26	85.2
		乌克兰	台	43	85.0
		北马其顿	台	1	84.2
		阿尔及利亚	台	12	83.0
		波斯尼亚和黑塞哥维那	台	1	76.7
		莫桑比克	台	15	75.0
		哈萨克斯坦	台	19	64.6
		吉尔吉斯斯坦	台	9	59.2
		日本	台	10	58.4
		孟加拉国	台	592	57.6
		哥伦比亚	台	38	53.9
		马达加斯加	台	14	50.2
84811000	减压阀	美国	台	6 154 096	5 106.7
		韩国	台	3 922 318	2 767.6
		日本	台	2 342 703	2 746.9
		俄罗斯	台	2 777 423	1 984.3
		孟加拉国	台	4 904 520	1 573.4
		马来西亚	台	1 997 543	1 204.6
		新加坡	台	341 401	1 201.7
		印度尼西亚	台	2 476 951	1 173.0
		越南	台	3 277 040	1 150.7
		墨西哥	台	2 390 742	1 143.2
		德国	台	1 060 082	932.8
		巴西	台	2 472 852	912.6
		印度	台	3 291 398	905.1
		澳大利亚	台	656 406	903.1
		中国台湾	台	2 163 774	852.9
		泰国	台	564 830	676.5
		意大利	台	1 623 750	669.7
		伊朗	台	599 447	599.6
		阿拉伯联合酋长国	台	930 190	572.1

商品税号	商品名称	国家（地区）名称	出口量单位	出口量	出口金额（万美元）
		中国香港	台	271 498	554.2
		菲律宾	台	2 016 413	527.2
		吉尔吉斯斯坦	台	414 489	501.3
		南非	台	1 930 982	484.0
		伊拉克	台	1 896 043	468.1
		土耳其	台	659 552	428.4
		比利时	台	597 440	425.9
		荷兰	台	532 632	419.2
		波兰	台	2 030 878	412.2
		英国	台	619 505	390.1
		尼日利亚	台	1 934 925	379.8
		西班牙	台	780 837	338.8
		沙特阿拉伯	台	428 448	317.9
		乌兹别克斯坦	台	321 209	303.4
		法国	台	259 619	240.2
		丹麦	台	495 570	237.6
		阿尔及利亚	台	2 189 742	231.7
		智利	台	499 591	228.1
		哥伦比亚	台	1 111 140	204.4
		哈萨克斯坦	台	300 422	189.8
		巴基斯坦	台	447 549	188.2
		玻利维亚	台	229 128	172.4
		加拿大	台	285 642	163.3
		芬兰	台	760 880	161.2
		白俄罗斯	台	166 964	156.4
		埃及	台	436 065	151.5
		摩洛哥	台	1 186 451	146.6
		斯里兰卡	台	310 001	138.6
		阿根廷	台	646 546	138.3
		厄瓜多尔	台	531 624	129.3
		加纳	台	863 706	127.4
		危地马拉	台	662 403	113.8
		巴拿马	台	440 934	110.3
		多米尼加	台	595 484	92.9

（续）

商品税号	商品名称	国家（地区）名称	出口量单位	出口量	出口金额（万美元）
84812010	油压传动阀	肯尼亚	台	388 666	89.4
		坦桑尼亚	台	137 067	87.4
		秘鲁	台	126 183	84.7
		俄罗斯	台	1 487 846	3 698.4
		美国	台	2 200 174	3 039.5
		韩国	台	1 301 937	2 885.0
		印度	台	1 246 385	1 680.2
		日本	台	307 753	1 649.0
		巴西	台	273 398	1 615.7
		德国	台	1 217 388	1 089.5
		英国	台	1 348 031	1 035.6
		印度尼西亚	台	39 346	584.9
		土耳其	台	287 243	562.2
		泰国	台	280 513	387.4
		法国	台	147 258	363.9
		越南	台	137 478	356.4
		澳大利亚	台	190 436	349.2
		意大利	台	401 394	327.7
		白俄罗斯	台	46 005	297.1
		新加坡	台	95 875	291.4
		阿拉伯联合酋长国	台	234 246	283.8
		墨西哥	台	417 048	246.9
		加拿大	台	161 351	245.7
		中国台湾	台	565 683	237.9
		波兰	台	250 503	222.6
		中国香港	台	6 608	208.6
		伊朗	台	72 309	197.6
		西班牙	台	310 520	173.8
		比利时	台	20 314	170.7
		匈牙利	台	243 588	156.3
		马来西亚	台	19 541	117.9
		荷兰	台	45 291	112.0
		巴基斯坦	台	5 907	93.8
		刚果民主共和国	台	6 272	83.2

（续）

商品税号	商品名称	国家（地区）名称	出口量单位	出口量	出口金额（万美元）
84812020	气压传动阀	南非	台	48 847	79.6
		德国	台	1 592 945	2 264.7
		日本	台	509 213	1 595.9
		美国	台	1 142 213	1 375.7
		韩国	台	675 093	1 267.9
		新加坡	台	287 065	646.5
		墨西哥	台	487 612	598.6
		俄罗斯	台	198 018	531.0
		中国台湾	台	667 503	529.3
		印度尼西亚	台	137 616	526.8
		中国香港	台	60 430	520.4
		印度	台	1 322 150	423.3
		土耳其	台	516 378	346.9
		匈牙利	台	90 644	288.4
		阿拉伯联合酋长国	台	184 643	253.4
		巴西	台	183 501	223.3
		泰国	台	237 075	222.8
		越南	台	898 007	222.1
		澳大利亚	台	100 113	204.3
		马来西亚	台	103 239	191.1
		南非	台	35 666	132.1
		意大利	台	942 563	120.4
		英国	台	168 525	115.7
		法国	台	52 630	114.7
		波兰	台	40 556	110.5
		伊拉克	台	17 303	109.7
		尼日利亚	台	332 282	108.7
		乌干达	台	152	105.1
		加拿大	台	75 802	76.4
		西班牙	台	48 670	68.8
		伊朗	台	58 027	66.0
		哈萨克斯坦	台	45 387	63.6
		塔吉克斯坦	台	1 686	58.3
		乌兹别克斯坦	台	13 607	58.2

（续）

商品税号	商品名称	国家（地区）名称	出口量单位	出口量	出口金额（万美元）
84813000	止回阀	埃及	台	9 566	50.9
		美国	台	217 665 516	10 220.8
		印度尼西亚	台	210 272 573	3 509.9
		泰国	台	155 186 909	2 491.8
		俄罗斯	台	60 001 916	2 423.1
		韩国	台	43 819 447	2 298.4
		越南	台	64 654 648	2 100.5
		意大利	台	105 645 580	1 827.9
		墨西哥	台	51 129 299	1 770.0
		阿拉伯联合酋长国	台	21 424 457	1 668.2
		日本	台	29 696 800	1 492.6
		巴西	台	103 299 047	1 328.6
		西班牙	台	16 789 874	1 261.3
		波兰	台	60 054 262	1 224.9
		德国	台	60 454 415	1 214.2
		加拿大	台	12 344 579	1 202.7
		印度	台	111 608 107	1 197.6
		中国香港	台	13 941 870	1 173.2
		英国	台	35 697 883	1 160.9
		新加坡	台	1 448 904	1 151.2
		法国	台	143 184 778	1 145.9
		澳大利亚	台	22 201 953	1 038.8
		马来西亚	台	6 876 582	854.4
		伊朗	台	44 067 076	812.4
		中国台湾	台	23 142 212	788.0
		土耳其	台	36 845 628	775.0
		巴基斯坦	台	71 167 598	694.2
		孟加拉国	台	42 444 738	684.5
		沙特阿拉伯	台	19 157 922	602.3
		伊拉克	台	3 054 608	536.0
		阿根廷	台	22 358 219	518.4
		爱尔兰	台	7 226 720	472.4
		智利	台	5 747 523	437.7
		荷兰	台	23 246 878	408.1

（续）

商品税号	商品名称	国家（地区）名称	出口量单位	出口量	出口金额（万美元）
		菲律宾	台	10 568 426	396.4
		哥伦比亚	台	7 348 876	380.8
		埃及	台	5 807 077	372.2
		尼日利亚	台	42 750 089	358.1
		南非	台	13 146 079	355.8
		阿尔及利亚	台	5 770 003	333.1
		乌兹别克斯坦	台	3 481 617	325.2
		缅甸	台	10 838 277	263.4
		瑞典	台	1 842 834	248.3
		丹麦	台	1 203 956	241.8
		卡塔尔	台	431 985	217.0
		哈萨克斯坦	台	1 061 881	214.9
		刚果民主共和国	台	153 433	202.5
		以色列	台	1 687 998	198.3
		比利时	台	287 006	168.8
		肯尼亚	台	24 427 261	165.5
		科威特	台	2 033 435	160.4
		秘鲁	台	3 487 802	150.3
		阿曼	台	876 650	141.9
		土库曼斯坦	台	106 360	131.5
		捷克	台	3 385 121	124.0
		罗马尼亚	台	3 110 691	116.7
		加纳	台	1 196 931	112.6
		吉尔吉斯斯坦	台	87 318	110.1
		新西兰	台	2 660 048	107.2
		老挝	台	16 363	105.2
		摩洛哥	台	3 192 117	97.3
		巴拿马	台	2 295 496	82.9
		坦桑尼亚	台	552 591	82.0
84814000	安全阀或溢流阀	美国	台	4 793 325	3 363.5
		加拿大	台	297 951	2 153.3
		俄罗斯	台	3 150 987	1 870.9
		阿拉伯联合酋长国	台	498 865	1 464.1
		沙特阿拉伯	台	62 092	1 259.1

（续）

商品税号	商品名称	国家（地区）名称	出口量单位	出口量	出口金额（万美元）
		泰国	台	2 648 166	1 076.9
		印度尼西亚	台	16 018 653	1 017.0
		印度	台	8 671 635	992.6
		越南	台	26 810 304	977.8
		韩国	台	2 414 303	846.5
		日本	台	1 079 287	703.3
		中国香港	台	390 246	663.7
		中国台湾	台	1 062 449	624.5
		澳大利亚	台	229 765	584.5
		新加坡	台	73 078	573.7
		卡塔尔	台	3 088	533.7
		挪威	台	990	502.5
		德国	台	679 701	446.1
		墨西哥	台	813 919	429.8
		意大利	台	789 979	425.7
		马来西亚	台	180 053	424.5
		巴西	台	1 011 807	391.8
		阿尔及利亚	台	310 496	340.8
		乌兹别克斯坦	台	637 145	298.8
		土耳其	台	895 362	279.9
		伊拉克	台	50 575	238.8
		丹麦	台	764 541	235.7
		尼日利亚	台	5 606	228.1
		英国	台	231 354	212.4
		菲律宾	台	241 081	191.0
		比利时	台	213 016	189.4
		埃及	台	694 974	145.1
		巴基斯坦	台	383 441	104.0
		伊朗	台	2 664 735	93.4
		波兰	台	174 281	89.5
		西班牙	台	339 480	88.0
		土库曼斯坦	台	5 523	87.4
		刚果民主共和国	台	5 137	78.3
		哈萨克斯坦	台	85 355	76.1

（续）

商品税号	商品名称	国家（地区）名称	出口量单位	出口量	出口金额（万美元）
		科威特	台	1 214	70.2
		荷兰	台	119 854	70.2
		阿根廷	台	36 256	68.5
		白俄罗斯	台	77 786	66.5
		加蓬	台	248	63.7
		捷克	台	281 730	60.3
		巴拿马	台	2 219	55.6
		法国	台	110 082	52.9
		巴林	台	3 862	52.8
		南非	台	252 898	52.1
		文莱	台	392	50.8
84818029	其他换向阀	美国	台	1 877 493	901.5
		俄罗斯	台	71 386	530.4
		印度	台	195 583	431.5
		日本	台	29 679	346.4
		巴西	台	82 928	200.6
		越南	台	80 024	200.1
		德国	台	96 979	179.6
		土耳其	台	130 331	177.1
		泰国	台	24 418	164.3
		中国香港	台	18 213	158.5
		澳大利亚	台	123 813	147.3
		新加坡	台	14 026	140.6
		波兰	台	57 882	129.3
		印度尼西亚	台	262 217	115.4
		马来西亚	台	18 129	110.0
		韩国	台	16 197	105.4
		中国台湾	台	213 273	92.7
		孟加拉国	台	2 354	52.6
		意大利	台	86 420	49.5
84818040	其他阀门	美国	台	223 485 898	133 553.8
		俄罗斯	台	226 160 430	69 239.4
		印度尼西亚	台	46 492 218	29 322.3
		阿拉伯联合酋长国	台	47 403 790	24 383.8

（续）

商品税号	商品名称	国家（地区）名称	出口量单位	出口量	出口金额（万美元）
		韩国	台	67 957 894	23 816.4
		英国	台	57 128 859	23 164.3
		墨西哥	台	82 518 455	22 234.4
		印度	台	105 759 194	21 638.1
		德国	台	45 886 769	21 226.4
		西班牙	台	48 559 686	20 839.4
		日本	台	24 848 890	18 426.0
		加拿大	台	19 750 320	18 033.4
		巴西	台	42 143 214	16 909.0
		澳大利亚	台	18 883 919	16 844.9
		波兰	台	47 764 778	15 977.7
		意大利	台	22 822 043	15 525.1
		新加坡	台	8 605 929	14 639.6
		马来西亚	台	18 140 802	14 518.1
		泰国	台	48 070 631	13 797.7
		法国	台	24 255 137	13 202.4
		伊拉克	台	12 177 437	12 749.9
		越南	台	42 316 286	11 501.0
		沙特阿拉伯	台	47 118 201	10 463.1
		中国台湾	台	13 674 425	10 399.9
		土耳其	台	76 311 790	9 568.0
		荷兰	台	15 171 986	9 541.3
		哈萨克斯坦	台	21 498 804	7 215.2
		阿根廷	台	11 083 892	7 156.3
		中国香港	台	9 215 195	6 881.1
		智利	台	12 157 859	6 400.2
		阿尔及利亚	台	18 190 743	6 268.8
		乌兹别克斯坦	台	11 855 872	6 011.9
		菲律宾	台	32 012 882	5 925.3
		南非	台	17 461 413	5 881.2
		科威特	台	1 223 536	5 861.8
		埃及	台	14 437 762	5 861.7
		卡塔尔	台	732 749	5 843.7
		孟加拉国	台	25 747 420	5 614.4

（续）

商品税号	商品名称	国家（地区）名称	出口量单位	出口量	出口金额（万美元）
		伊朗	台	34 144 750	5 289.5
		阿曼	台	3 663 442	5 199.8
		哥伦比亚	台	15 363 593	5 038.0
		罗马尼亚	台	19 965 757	4 620.2
		尼日利亚	台	31 942 307	4 399.2
		丹麦	台	4 019 042	4 108.4
		巴基斯坦	台	14 816 314	3 805.4
		以色列	台	7 475 950	3 197.8
		瑞典	台	4 530 416	3 184.1
		摩洛哥	台	20 991 008	3 081.8
		坦桑尼亚	台	6 298 849	2 953.2
		比利时	台	4 437 510	2 829.0
		刚果民主共和国	台	781 517	2 817.7
		吉尔吉斯斯坦	台	5 143 498	2 748.1
		秘鲁	台	11 693 810	2 576.1
		捷克	台	4 508 033	2 561.6
		希腊	台	5 182 766	2 101.9
		白俄罗斯	台	10 751 621	1 954.6
		乌克兰	台	7 078 098	1 936.2
		乌拉圭	台	1 548 913	1 840.0
		匈牙利	台	1 946 957	1 823.7
		厄瓜多尔	台	6 039 265	1 761.1
		爱尔兰	台	3 679 326	1 737.0
		巴林	台	369 271	1 612.8
		保加利亚	台	8 187 847	1 526.4
		葡萄牙	台	4 013 776	1 418.5
		加纳	台	4 893 373	1 408.5
		芬兰	台	1 262 159	1 405.6
		肯尼亚	台	6 039 651	1 384.6
		新西兰	台	1 503 011	1 196.3
		柬埔寨	台	1 002 030	1 080.7
		挪威	台	645 272	992.6
		塞内加尔	台	4 189 183	988.2
		巴拿马	台	4 614 450	953.1

（续）

商品税号	商品名称	国家（地区）名称	出口量单位	出口量	出口金额（万美元）
		斯里兰卡	台	4 197 551	934.2
		塔吉克斯坦	台	689 525	922.1
		约旦	台	4 480 527	921.3
		科特迪瓦	台	3 093 623	882.7
		老挝	台	586 788	879.1
		缅甸	台	3 466 186	871.7
		危地马拉	台	3 793 360	817.1
		蒙古	台	352 864	794.3
		塞尔维亚	台	1 385 247	785.6
		津巴布韦	台	1 094 542	775.8
		刚果共和国	台	209 040	768.3
		多米尼加	台	3 766 711	720.5
		瑞士	台	558 879	703.8
		利比亚	台	4 059 828	684.4
		安哥拉	台	1 422 545	629.1
		也门	台	2 922 754	615.9
		埃塞俄比亚	台	435 555	609.3
		阿塞拜疆	台	2 679 276	607.4
		黎巴嫩	台	2 711 540	590.4
		克罗地亚	台	994 813	557.1
		哥斯达黎加	台	1 590 080	547.2
		格鲁吉亚	台	2 445 100	541.6
		土库曼斯坦	台	743 783	507.9
		中国澳门	台	93 047	504.8
84819010	阀门零件	美国	kg	89 692 114	81 893.1
		日本	kg	21 302 742	27 571.3
		意大利	kg	20 162 581	18 412.2
		德国	kg	13 396 988	16 565.8
		韩国	kg	23 919 182	13 493.5
		印度	kg	10 785 888	10 605.8
		俄罗斯	kg	10 576 362	9 177.2
		中国台湾	kg	14 597 721	9 007.3
		墨西哥	kg	9 357 041	8 766.6
		西班牙	kg	12 745 882	7 244.3

（续）

商品税号	商品名称	国家（地区）名称	出口量单位	出口量	出口金额（万美元）
		英国	kg	7 642 678	7 113.7
		加拿大	kg	6 418 624	5 892.3
		丹麦	kg	8 660 730	5 812.1
		阿拉伯联合酋长国	kg	10 264 616	5 446.5
		中国香港	kg	1 342 504	5 252.1
		荷兰	kg	5 240 530	5 200.3
		新加坡	kg	3 984 233	4 862.6
		法国	kg	6 578 824	4 800.0
		印度尼西亚	kg	3 236 474	4 722.7
		泰国	kg	4 097 025	4 576.1
		越南	kg	3 698 588	4 377.5
		沙特阿拉伯	kg	6 989 426	4 337.9
		马来西亚	kg	3 444 372	4 136.7
		波兰	kg	4 825 211	3 629.6
		土耳其	kg	5 564 122	3 098.3
		巴西	kg	2 447 086	2 963.4
		澳大利亚	kg	2 482 256	2 851.0
		芬兰	kg	1 588 202	2 298.6
		罗马尼亚	kg	2 640 865	2 144.1
		阿根廷	kg	2 616 073	2 132.6
		捷克	kg	2 004 924	1 947.5
		以色列	kg	3 536 134	1 738.5
		阿尔及利亚	kg	2 348 665	1 657.1
		比利时	kg	1 389 978	1 466.4
		伊朗	kg	2 043 650	1 406.8
		瑞士	kg	1 218 860	1 330.8
		卡塔尔	kg	2 187 908	1 241.3
		埃及	kg	2 045 994	1 132.6
		匈牙利	kg	550 797	865.8
		瑞典	kg	629 323	828.8
		阿曼	kg	662 990	764.1
		挪威	kg	731 523	757.7
		坦桑尼亚	kg	1 063 956	711.1
		哈萨克斯坦	kg	1 342 111	684.3

（续）

商品税号	商品名称	国家（地区）名称	出口量单位	出口量	出口金额（万美元）
		南非	kg	1 279 774	671.1
		菲律宾	kg	751 786	648.4
		巴基斯坦	kg	510 076	631.1
		斯洛文尼亚	kg	556 205	553.5
		孟加拉国	kg	547 319	537.3
		乌兹别克斯坦	kg	937 429	508.0
		智利	kg	433 919	501.5
		奥地利	kg	428 982	490.7
		科威特	kg	373 683	448.2
		保加利亚	kg	1 089 184	439.3
		白俄罗斯	kg	558 746	430.5
		利比里亚	kg	54 303	385.9
		伊拉克	kg	349 639	363.2
		巴林	kg	297 255	352.0
		新西兰	kg	275 785	330.1
		哥伦比亚	kg	317 824	325.7
		吉尔吉斯斯坦	kg	371 843	317.2
		爱尔兰	kg	289 931	259.1
		尼日利亚	kg	264 300	257.6
		巴拿马	kg	90 811	229.8
		摩洛哥	kg	352 187	215.4
		葡萄牙	kg	187 188	200.0
		秘鲁	kg	201 660	187.2
		斯洛伐克	kg	85 135	185.6
		克罗地亚	kg	127 826	174.6
		厄瓜多尔	kg	155 512	141.1
		黎巴嫩	kg	146 657	137.6
		希腊	kg	221 018	135.2
		塔吉克斯坦	kg	144 381	128.8
		突尼斯	kg	133 790	116.9
		乌拉圭	kg	98 732	116.1
		卢森堡	kg	34 263	113.8
84834020	行星齿轮减速器	德国	个	51 776	3 483.7
		美国	个	1 344 568	2 933.3

（续）

商品税号	商品名称	国家（地区）名称	出口量单位	出口量	出口金额（万美元）
		日本	个	807 857	2 647.6
		印度	个	7 117 754	2 641.1
		墨西哥	个	446 425	1 892.7
		韩国	个	142 515	1 665.1
		意大利	个	105 004	1 439.9
		印度尼西亚	个	1 118 862	1 292.6
		俄罗斯	个	166 133	1 292.1
		巴西	个	21 299	784.9
		加拿大	个	5 593	430.8
		菲律宾	个	589 519	379.3
		澳大利亚	个	4 400	316.4
		乌兹别克斯坦	个	262 482	305.0
		土耳其	个	58 003	288.2
		荷兰	个	4 050	270.1
		埃及	个	1 375 393	268.9
		越南	个	42 964	264.8
		马来西亚	个	52 695	238.3
		罗马尼亚	个	4 896	182.2
		泰国	个	129 627	181.0
		匈牙利	个	98 918	169.9
		阿尔及利亚	个	920 646	167.7
		阿拉伯联合酋长国	个	922 835	167.2
		伊朗	个	411 010	159.8
		新加坡	个	49 566	146.5
		伊拉克	个	809 280	141.4
		南非	个	223 228	138.8
		刚果民主共和国	个	188	136.2
		沙特阿拉伯	个	516 068	134.3
		哈萨克斯坦	个	31 535	129.8
		斯洛文尼亚	个	137 274	119.1
		哥伦比亚	个	600 993	110.0
		法国	个	42 591	108.4
		白俄罗斯	个	954	100.9
		厄瓜多尔	个	109 977	95.6

（续）

商品税号	商品名称	国家（地区）名称	出口量单位	出口量	出口金额（万美元）
		巴基斯坦	个	405 321	92.5
		中国台湾	个	6 098	88.2
		西班牙	个	2 483	86.8
		缅甸	个	2 203	85.0

〔供稿单位：中国通用机械工业协会〕

（续）

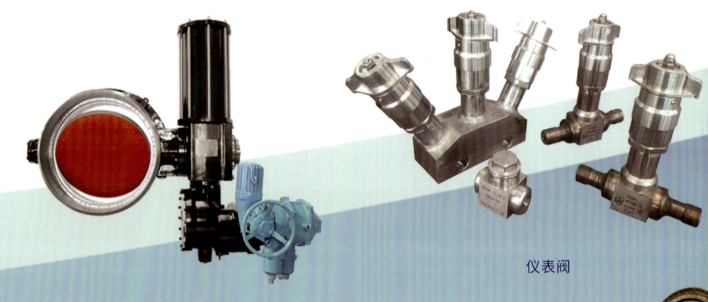